대가에게 배우는

집단상담

Master Group
Counselors

• 권경인 · 김창대 공저 •

학지사

집단상담 대가들의 특성에 대해 '기록'을 남겨야겠다고 처음 생각한 것은 故 이형득 선생님의 생전이었다. 선생님께서 연로해지시는 것을 보면서 우리는 조금씩 바빠졌다. 하지만 때를 알지 못한 게으름은 진한 아쉬움을 남겼다.

집단상담을 처음 시작하고 지금까지 나는 집단상담과 연애를 한 듯하다. 처음의 신선함과 놀라움, 어려운 고비들, 격정적인 순간들, 나는 집단상담이 사람이 할 수 있는 일 중에서 최고의 경험이라는 찬사를 보내기도 했다. 시간이 지나고 어느 순간, 이것으로 아무것도 할 수 없을 것 같은 깊은 무력감까지 내려가기도 했다. 지금은 공기처럼 내 옆에 가까이 머물러 있는 집단상담을 목격하게 된다. 마치 오랜 연인처럼 조금은 담담하게, 하지만 단단하게 집단상담이 보인다.

여기까지 오는 데 나름대로 여러 가지 우여곡절이 있었다. 집단상담자로서 제대로 자라가고 있는지에 대한 고민과 염려가 올라올 때, 내가 제대로 가고 있는가를 확인해 보고 싶었다. 집단상담자들은 어떻게 성장해 가는가? 집단상담을 정말 잘하는 상담자들은 어떤 발달의 경로를 거쳐서, 어떤 방법으로, 그 자리에 도달하게 되었는지가 궁금했다.

이 책은 그러한 집단상담자들에 대한 이야기다. 그들이 집단상담을 선택하게 된 이유, 그들의 멘토, 그들이 경험한 좌절, 고통, 결핍, 불안에 대해서 진솔한 이야기를 전해 주고 있다. 한국에서 집단상담 전문가들에 의해 '최고의 전문가' 라고 지명된 집단상담 대가들이 지금의 탁월한 전문성을 가지게 되는 데 기여한 상황 및 탁월한 전문성 획득의 구체적 전략을 찾아 내었다. 이들이 가진 전문적 특성과 인간적 특성에 대한 요긴한 답을 기대해도 좋을 듯하다.

다섯 명의 집단상담 대가들을 만나는 작업은 연구라는 특수한 상황이었음에도 불구하고 충만감과 기쁨을 느끼게 해 주었다. 그들을 만나기 위해 기차를 타고, 버스를 타고 반나절이 꼬빡 걸리는 길을 가도 멀게 느껴지지 않았다. 그들의 이야기를 들으면서 자주 '주옥'(珠玉)같다는 말을 속으로 되뇌었다. 무엇엔가 삶을 바친 사람들, 무엇엔가 자신을 던져 본 사람들이 하는 이야기에는 힘과 애정이 그 속에 있었던 까닭이리라. 그들은 이 연구를 위해 참으로 오랜 시간을 허락해 주었고, 더할 수 없는 진지함과 진솔함으로 임해 주었다. 다시 한 번 깊은 감사와 존경을 보낸다.

이 책이 나오기까지 여러 가지 수고를 아끼지 않은 학지사 김진환 사장님과 직원들께도 감사드린다. 특별히 상담자로서 나를 키워 가는 가장 핵심적인 에너지인 사랑하는 가족에게 마음 깊은 고마움을 전한다.

2008년 4월
저자대표 권경인

차 례

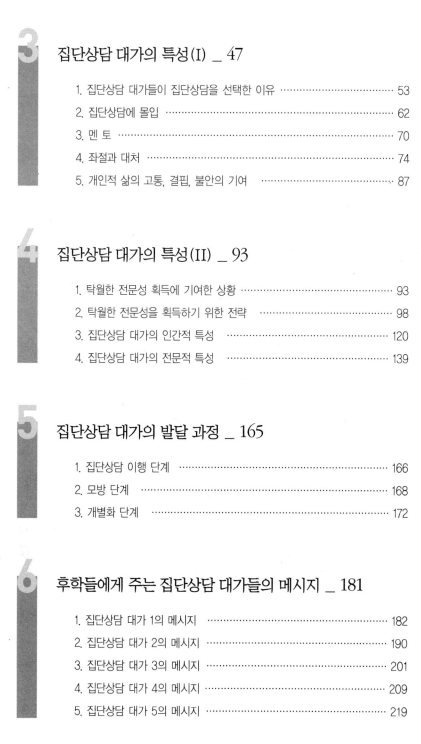

일러두기

본문 중에서는 연구 대상으로 참여한 집단상담 대가들을 편의상 〈사례 1〉, 〈사례 2〉 등으로 분류하여 표기하였다. 또한 집단상담 대가들과의 면담 자료에서 발췌된 부분은 최대한 원자료를 그대로 인용하였으므로 사투리나 구어체를 그대로 사용하였다. 또한 제6장은 집단상담 대가 5명이 후학들을 위해 직접 작성한 메시지들을 제시한 것임을 밝혀 둔다.

제1장

집단상담 대가들의 어깨 위에 서서

1. 왜 집단상담인가

지난 반세기에 걸쳐 상담은 한국에서 급속한 발전을 이루었다(김계현, 2002). 그중에서도 특히 집단상담은 개인상담의 역사에 비추어 볼 때 그 기간이 짧음에도 불구하고 괄목할 만한 성장을 했으며(이형득, 김성회, 설기문, 김창대, 김정희, 2002) 앞으로도 그러한 성장은 지속될 것으로 기대되고 있다.

한국에서 집단상담의 활성화는 상담자 발달에 관련된 많은 맥락 중에서 집단상담을 중요한 맥락으로 선택하게 되는 이유이기도 하다. 한국에서 집단상담에 대한 학술적 논의가 처음으로 시도된 것은 1970년 한국카운슬러협회 제6차 연차대회이며, 전남 광주와 대구 경북, 서울에서 집단상담 실제가 처음 소개된 것이 1971년이라고 볼 때(이형득 외, 2002), 집단상담의 역사는 40년 가까이 되어 가고 있다. 40년이라는 시간은 한 세대가 조금 넘는 시간으로 이제 집단상담 1세대들이 퇴임을 하거나 경우에 따라서는 유명을 달리하는 경우도 있다. 이 시간은 집단상담자의 입장에서는 집단상담의 1세대가 초심 집단상담자로 시작하여 집단상담계에서 원로로 자리 잡아 가는 시간이기도 하다.

첫 세대가 가지는 열정, 척박한 환경을 일구어 가야 하는 어려움들과 한계, 개척자로서의 역할 등은 이 시기에 한국에서 집단상담 전문가로서 정체감을 가지고 원로가 된 상담자들의 독특한 배경이라고 할 수 있다. 집단상담자로서 발달의 한 세대를 경험한 이 시점은 국내에서 집단상담자의 전 생애적인 발달을 탐색해 볼 수 있는 기본적인 시간을 확보했다는 점에서 의미가 있다.

물론 여러 세대를 거치면서 전문가 집단이 좀 더 안정적으로 형성되었을 때 더 많은 정보와 보편적 지식을 추출해야 한다는 입장도 타당한 면이 있다. 또한 집단상담 전문가의 층 자체가 아직은 얇으며 집단상담 및 집단치료, 집단교육 등의 분명한 개념 정의 없이 혼재되어 있다는 지적도 있다. 그러나 집단상담이 소개되고 한 세대가 지나가는 이 시점에서 집단상담자의 특성 및 발달에 대해 살펴보는 것은 집단상담 영역에서 더 나은 상담자 교육 및 슈퍼비전, 전문적 영역으로서의 자리매김을 위해서 의미 있는 작업이라고 생각된다.

한국에서 집단상담이 급속한 발전을 이루게 된 이유에 대해서 이형득 등(2002)은 다음과 같이 정리하고 있다. 첫째, 상담 전문가들이 집단상담의 중요성과 효능에 대해서 더욱 깊이 이해하게 되었다. 상담 전문가들은 개인상담과 집단상담이 함께 제공될 필요성을 느끼기도 하고, 내담자의 문제에 따라서 집단상담이 더 적합한 경우를 변별하게 되었다.

둘째, 청소년상담이 활발하게 이루어짐과 동시에 집단상담이 청소년들에게 적합한 상담의 형태로 자리 잡게 되었다. 상담의 대상을 기준으로 볼 때 지난 10년간 한국에서 가장 급속도로 발전한 상담 영역 중 하나는 청소년상담이다. 한국에서 청소년문제가 사회문제로 부각됨에 따라 상담적 개입의 필요성이 야기되었지만 사회구성원들의 상담에 대한 인식이 부족하고 문화적 준비도가 낮음으로 인해 적극적인 개입에 어려움을 겪기도 했다. 그러한 가운데 조력의 적극적인 방식으로 학교로 개입하는 방식을 채택했고 학교조직인 교실이라는 현장에 맞는 상담 형태로 집단상담이 활용되었다. 게다가 상담의 발달 예방적인 기능에 대하여 전문가들의 이해가 확장됨에 따라 청소년들의 적응을 돕고 대인관계를 원활히 하며 그들의 인성적 특성을 긍정적인 방향으로 계발하기 위해 집단상담을 활용하기 시작하였다. 따라서 초·중·고등학교에서는 인성교육의 일환으로, 대학교에서는 학생들의 적응을 돕는 프로그램의 일환으로 집단상담을 활용하게 되었다.

셋째, 상담을 전공하는 학생들은 그들의 전문가적인 자질과 인간적 자질을 계발하기 위해 집단상담을 활용한다. 그들은 집단상담 과정에서 나타나는 집단역동을 관찰하고 적절하게 개입하는 전문적 능력을 개발할 뿐 아니라 자신의 내면세계를 탐구하고 재발견함으로써 상담자로서 인간적 자질을 심화하는 장으로 집단상담을 활용한다. 또한 상담 전문가들이 실제로 상담하는 모습을 관찰할 기회가 적은 한국에서 상담 관련 학과의 대학원생들은 집단상담을 상담 전문가들이 내담자를 대하는 방법이나 상담을 운영하는 방법을 관찰하는 기회로 삼기도 한다. 즉, 상담 전문가들이 집단상담의 효능과 중요성을 더 깊이 인식하게 된 것, 청소년상담의 방법론으로 집단상담의 선택, 상담 전공자를 위한 교육장으로서의 활용도 증가 등은 한국에서 집단상담을 활성화시키는 데 중요한 역할을 한 것으로 보인다. 한국에서 집단상담에 대한 관심과 확산은 고무적인 일이며 이 흐름은 당분간 지속될 것으로 보인다.

김계현(2000)은 집단상담이 개인상담에 비해서 가지는 장점이 많으며,

한국의 문화적 특성으로 인해 집단상담이 더욱 활성화될 것이라는 전망을 내놓으며, 한국에서 상담에 대한 연구를 더 많이 해야 한다는 필요성을 제시하고 있다. 특히 미국이나 서구에서는 집단상담이 덜 발달한 부분이라고 본다면, 이 점이야말로 우리나라 상담 전문가들이 국제적 공헌을 할 수 있는 절호의 기회라고 하였다.

이상의 측면들을 감안할 때, 집단상담에 대한 더욱 과학적이고 체계적인 연구가 필요하며, 그 탐색 가운데는 집단원들에 대한 이해와 더불어 집단상담자에 대한 이해가 포함되어야 한다. 집단상담자에 대한 체계적이고 공유될 수 있는 지식을 축적하여야 하고, 이를 기반으로 전문가의 질 관리가 이루어져야 할 것이다. 상담자 요인은 상담의 성과를 가져오는 중요한 요인이다(Wampold, 2007). 집단상담 전문가의 특성 및 그들의 발달단계, 발달과정상의 중요한 촉진기제 등을 탐색하는 것은 현재 한국적 상황에서 매우 필요한 작업이라고 할 수 있다(권경인, 2004).

2. 왜 대가인가

상담을 하면서 힘들거나 좌절에 부딪힐 때마다 나 자신을 돌아보는 동시에 유능한 상담자들은 어떻게 할까 하는 궁금함이 생기곤 한다. 또한 그들의 핵심적이고 구체적이며, 놀라운 특징들을 뽑아내어 좀 더 선명하게 볼 수 있었으면 좋겠다고 생각했다. 그것은 우리에게 어디로 가야 할지, 무엇을 해야 할지, 내가 어디쯤에 서 있는지에 대한 풍성한 정보를 제공해 줄 것으로 기대되었기 때문이다. 또한 내가 가야 할 길을 먼저 갔고, 제대로 목적지에 잘 도착한 전문가들의 행보나 특성은 좋은 모델을 제공할 것이라고 여겼기 때문이다.

우리가 잘 아는 과학자 Newton은 Hooke의 역제곱근 법칙에 대한 표절

시비로 인한 논쟁이 발생하자 1676년 Hooke에게 개인적인 편지를 보낸다. 그 편지에 다음과 같은 글이 쓰여져 있다. "내가 당신보다 더 멀리 보았다면, 그것은 거인들의 어깨 위에 서 있었기 때문이오(If I have seen farther, it is by standing on the shoulders of giants)"(Hawking, 2004에서 재인용). 이 문장에서 중요한 사실 하나를 발견하게 된다. 학문을 비롯한 많은 분야의 진보는 그 이전에 이루어진 성과 위에 누적되어 구축된다는 점이다. 정말 멀리 보기 위해서는 거인의 어깨 위에 올라가는 것이 필요하다.

상담 전문가의 전문성 발달이라는 어려운 과제를 수행하면서 우리 모두가 똑같은 시행착오를 처음부터 겪어 나가는 것은 시간과 노력의 낭비이다. 대부분의 학문이나 전문성에 관련된 일이 마찬가지겠지만 우리는 축적된 경험과 연구 그리고 앞서 미리 가 본 사람들을 통해 시행착오의 시간을 단축시킬 필요가 있다. Newton의 말처럼 우리는 거인의 어깨 위에 서서, 더 멀리 보고 아직도 남아 있는 산적한 과제를 해결해 나가야 할 것이다. 집단상담 영역에서 지난 40년 가까운 세월을 통해 한국적 집단상담의 풍토와 전문성을 만들어 온 대가들의 어깨 위에 서서 우리는 좀 더 멀리 보고 이 시점에서 우리가 해야 할 일들을 부지런히 찾아내야겠다.

높은 수준의 전문성에 도달한 상담자들의 특성에 관심을 가지기까지 상담 영역에서 상담자 요인에 대한 관심이 아주 오래전부터 지속되어 왔다. 상담 영역에서 상담자 요인은 매우 중요한 의미를 가진다. 상담자는 내담자와 함께 상담의 중요한 주체이며, 상담자에 대한 탐색은 상담자 전문성의 확인과 질 관리를 위해서 필요한 부분이다. 지난 몇십 년간 연구자들은 효과적인 상담에 기여하는 요인들이 무엇인가를 확인하는 데 관심을 가져 왔고(Miller, 1993) 그 중에서도 상담자 요인은 상담과정이나 성과에 영향을 주는 주요한 요인으로 간주되었다(김계현, 2000).

최근 상담 성과를 가져오는 요인에 대한 연구들은 상담자 요인이 성과의 차이를 만들어 내는 중요한 요인임을 밝히기 시작하였다(Kim, Wampold, &

Bolt, 2006; Wampold & Brown, 2006). 이러한 연구들은 상담 성과에 영향을 미치는 요인들을 확인하는 기존의 연구들이 상담자 요인을 간과해 왔다는 비판을 제기하고 있다. Wampold(2007)는 기존의 연구들이 주목했던 처치의 종류에 따라 상담의 성과가 달라지는 것이 아니라 상담자가 상담 성과의 차이를 만들어 낸다고 결론내리고 있다. 즉, 이론이나 방법에 차이를 가지는 처치의 효과보다 상담자 효과가 더 중요하다는 것이다. 기존의 연구에서 간과되었던 상담자 요인의 효과에 대한 탐색을 위해서는 유능한 상담자의 특성이 무엇인가를 확인하는 작업이 선행되어야 한다고 했다.

　지금까지 상담자에 대한 관심은 주로 상담자 교육인 슈퍼비전에서 상담자 발달에 대한 탐색을 통해서 이루어져 왔다. 상담자 발달이란 상담자의 전문성 수준이 한 인간의 심리 발달과 유사하게 일련의 과정을 통해 향상되어 가며, 발달 단계가 높아감에 따라 상담자 경험에도 체계적인 구조적 변화가 이루어진다고 가정하고 발달 단계적 관점을 상담자에게 적용한 것이다(Skovholt & Rønnestad, 1995). 상담자 발달 이론에서는 상담자를 개인적으로나 전문적으로 발달하는 존재로 보고 상담자가 성장하는 과정에서 보이는 특성에 따라 발달 과정을 몇 개의 서로 구분되는 단계나 수준으로 나누어 기술한다. 상담자 발달 과정에 대해 지금까지 여러 모형들이 제시되었다(Skovholt & Rønnestad, 1995; Stoltenberg & Delworth, 1987; Worthington, 1987). 기존의 상담자 발달에 대한 여러 모형들은 상담자에 대한 다양한 정보를 제시하고 상담자 발달에 대한 이해의 틀을 제공한다는 점에서 중요한 의미가 있지만 몇 가지 제한점을 가지고 있다.

　상담자 발달에 대한 기존 연구들 중 상당수는 상담자 전문성 발달의 최종적인 결과를 단계의 특성으로 제시하는 방식을 채택하고 있다. 경험적 연구를 통한 확인 없이, 단계의 간략한 특성을 발달에 대한 전체 설명으로 제시하는 경우가 많다. 이는 상담자 발달을 탐색하는 중요한 의도가 슈퍼비전 과정과 방법을 구체화시키기 위해서였고, 상담자 발달 그 자체에 대한 관심은 아니었기 때문이다. 따라서 상담자 발달 자체를 탐색하는 것을 목적으로 하는 더 많은 경험적 연구가 필요하며, 방식에 있어서도 결론적인 전문성 제시 방식을 벗어나 발달 과정에 대한 설명, 발달 과정을 촉진시킨 요인 또는 제한시킨 요인 등에 대한 탐색이 필요하다.

한편 상담자의 전문성 발달에 있어 인지적 발달은 경험적 연구의 중요한 주제가 되어 왔다. 상담자의 전문성이 높아짐에 따라 상담자의 인지적 복잡성이 구체적으로 어떻게 달라지는지, 인지적 복잡성을 높이기 위해 어떤 교육을 제공해야 하는지에 대한 관심을 가지고 이에 대한 경험적 연구들이 수행되어 왔다(유성경, 2003). 특히 1980년대 이후 경력에 따라 사례개념화 수준에서 나타나는 차이에 대한 탐색이 상담자의 인지적 발달에 관련된 중요한 연구주제로 대두되었다(Borders et al., 1998; Brammer, 1997; Cummings et al., 1998; Glasser & Chi, 1988; Martin, Slemon, Hiebett, Hallberg, & Cummings, 1989).

그러나 이러한 연구들은 상담자의 전문성 발달의 인지적 측면만을 강조했다는 제한을 가지고 있다. 또한 극단적으로 인지적 측면을 강조하는 입장에서는 상담자 경력과 전문성을 유사하게 보는 관점을 비판하는 것을 넘어, 상담자 경력이 차지하는 중요성을 간과하고 있다는 지적을 받기도 한다. 상담에서의 전문성은 인지적 영역을 넘어선 통합적인 발달 과정이라고 할 수 있다. 통합적 발달의 관점에서는 상담자의 전문성은 상담 실제의 경험, 상담자의 관계적 특성 및 정서적 특성, 그리고 개인내적 경험의 통합에 의해 형성되는 것임을 강조한다(Skovholt & Rønnestad, 1992). 상담자의 전문성 발달에 대한 통합적 관점은 전생애적 관점과 함께 상담자 발달을 바라보는 새로운 시각이자 바람직한 관점이라고 할 수 있다.

앞서 언급했듯이 상담자 전문성 발달에 대한 가장 최근 연구들은 탁월한 전문성을 성취한 상담자들의 발달에 관심을 가진다. 상담자들에 의해 전문가 중의 전문가로 지명된 대가(master)나 원로상담자(senior counselor)들의 발달적 특성이 무엇인가를 확인하는 연구들이 나타난 것이 그 예가 될 수 있다(Jennings & Skovholt, 1999). 상담자 발달에서 최종 단계에 도달한 상담자들의 전문성에 대한 탐색은 상담자 훈련과 교육에 있어서 중요한 정보를 제공한다. 이러한 연구들의 결과는 상담자 교육의 목표로 제시될 수 있고, 자라나는 상담자들의 발달에 있어 자기평가의 지표를 제시할 수 있다.

최근 전문성에 대한 연구들은 다양한 영역의 전문가들이 공유하는 특성도 있지만, 각 영역에 따른 고유성도 있다고 전제한다(Skovholt & Jennings, 2004). 상담자 발달 후기의 연구들은 상담 및 심리치료 영역의 전문가들이 가지고 있는 독특성에 대한 관심을 가지고 있으며, 다른 전문 영역과 구별되는 상담자의 전문성에서 강조되는 몇 가지 요인들을 밝히고 있다(Jennings & Skovholt, 1999). 체스나 수학, 과학 등의 영역에서의 전문성과 비교하여 상담은 불확실성이나 애매함을 다루는 능력이 중요하며, 익숙한 유형의 문제를 빠르고 정확하게 해결하는 일상적 전문성(routine expertise)보다는 새로운 문제나 상황을 해결하기 위해 전문적 지식을 사용하는 적응적 전문성(adaptive expertise)이 더 강조된다고 할 수 있다. 기존의 전문성 연구들에서 소외되어 온 정서적인 전문성 또한 상담자의 전문성에서는 중요한 측면이 될 수 있다(Skovholt & Jennings, 2004).

이처럼 다른 영역과 대비되는 상담 영역의 독특한 전문성이 존재한다는 관점은 더 나아가 집단상담이라는, 개인상담과 구별되는 맥락에서의 집단상담자 발달 역시 나름의 독특성을 가지고 있을 것이라는 기대를 가능하게 한다.

이 책에서는 집단상담이라는 맥락에서 상담자 발달 중 최종 단계에 도달한 대가들의 발달 특성과 과정을 제시하고자 한다. 이를 위해 앞서 언급했던 기존 상담자 발달에 대한 연구나 문헌들이 가지고 있는 제한점을 극복하고자 노력하였다. 첫째, 상담자 발달 및 전문성에 대한 연구들이 집중했던 개인상담이나 슈퍼비전의 맥락을 넘어서서 집단상담 맥락에서 상담자 발달을 고찰하고자 하였다. 둘째, 상담자 발달에 있어 전문성의 최종적인 결과만을 단계의 특징으로 제시하는 방식에서 벗어나, 상담자 발달 과정을 촉진한 요인과 제한한 요인 등을 살펴보고자 하였다. 셋째, 상담자 발달에 있어 인지적 측면에만 초점을 두지 않고 상담자의 인지, 정서, 관계, 개인내적 특성 등에 대해서도 관심을 기울임으로써 통합적인 발달을 살펴보려고 하였다. 넷째, 상담자 발달의 최종적인 단계에 도달한 대가들의 특성을 탐색함으로써 상담자 교육에서 차별적으로 겨냥해야 할 구체적 목표 및 교육의 요소를 확인하고, 집단상담자의 전문성에 있어 독특성을 확인하고자 하였다.

이 책에서 사용되는 집단상담 대가라는 용어에 대해 간략하게 정리하고자 한다. 집단상담 영역에서 상담자 발달의 최종 단계에 도달한 전문가들을 대가(大家: master)로 지칭하였다. 대가의 사전적 의미는 '학문이나 기예 등 전문분야에서 조예가 깊은 사람'을 뜻한다. 대가라는 말은 실제로 개념적 명확성이 떨어짐에도 불구하고 동료들로부터 '최고 중의 최고'라고 생각되는 상담자들로, 정신건강 관련 분야에서 자주 사용되는 표현이다 (Jennings & Skovholt, 1999). 대가(master)와 전문가(expert)라는 개념은 중첩되는 부분이 있으면서 또한 구분된다고 할 수 있다. 대가는 전문가 중에서도 최상위 집단에 속하는 사람들로 내담자나 주변의 동료들로부터 인정받는 상담자라고 할 수 있다.

이 책에서 집단상담 '대가'라는 표현은 ① 가장 유능한 집단상담 전문가로 생각되는 사람, ② 가까운 가족이나 친한 친구를 집단상담에 의뢰할 때 이 상담자가 전문가라고 가장 자주 생각하게 되는 사람, ③ 상담자가 자신이 집단상담에 참여한다면 이 집단상담 전문가의 집단상담에 참여할 것이라고 생각되는 사람을 의미한다. 즉, 이 책에서 대가란 우리가 흔히 사용하는 전문가보다 높은 발달적 성취를 이룬 전문가를 의미하는 것으로 사용되었다. 높은 전문성 수준의 집단상담자들을 지칭하기 위해 다양한 표현이 시도되다가, 기존 연구(Goldberg, 1992; Jennings & Skovholt, 1999)의 표현들을 검토하여 대가라는 단어를 선택하였다. 한국의 집단상담 역사가 짧고 전문가 층이 얇은 현실에서 대가라는 말의 적합성에 논란의 여지가 있을 수 있다. 하지만 집단상담 도입 이래 전생애적 발달을 탐색할 수 있는 기본적인 시간이 흘렀다는 점, 연구 참여자들의 상담 경력과 주변 전문가들로부터의 인정, 실제적인 집단상담자로서 이들의 활동 등을 기존 대가 연구(Jennings & Skovholt, 1999)와 비교하여 이 명칭을 선택하였다.

제2장

상담자 발달의 어제와 오늘

1. 상담자 발달 이해의 중요성

상담 및 심리치료 영역에서 연구자들은 지난 몇십 년간 효과적인 상담에 기여하는 요인들을 확인하는 데 많은 관심을 가져 왔다. 그동안의 연구들을 살펴보면 이러한 요인들에는 크게 내담자 요인, 상담자 요인, 내담자−상담자 특성이 조합된 형태로서의 요인, 다양한 상담접근에 공통된 요인 등이 포함된다(Miller, 1993). 그중에서도 상담자 요인은 상담 과정이나 성과에 영향을 주는 중요한 요인임이 확인되고 있으며, 의미 있는 상담자 요인을 경험적 연구를 통해 밝히려는 시도들이 있어 왔다(김계현, 2000; Beulter, Crago, & Arizimendi, 1986; Beulter, Machado, & Neufeldt, 1994; Berry & Sipps, 1991; Cantor, 1991; Hill & O' Grady, 1985; Horvath & Greenberg, 1989; Holloway & Wampold, 1986; Propst, 1980).

이러한 상담자 요인에 대한 관심에도 불구하고 기존 연구들이 상담 성과에 영향을 미치는 상담자 요인의 중요성을 간과해 왔다는 비판을 면하기는 어렵다. 그런 가운데 최근 연구들에서 상담자 요인이 상담의 성과를 가져오는 중요한 요인임을 밝혀내며, 상담자 요인의 효과 크기(effect size)를 확인하려는 움직임들이 나타나고 있다(Kim, Wampold, & Bolt, 2006; Wampold & Brown, 2006). 효과적인 상담처치가 무엇인가를 확인하는 것에 집중되어 있던 연구의 관심이 상담자 요인에 대한 탐색으로 옮겨가기 시작하면서, 상담자 요인이 상담의 성과에 미치는 효과 크기가 처치나 다른 요인들보다 크다는 것을 알게 되었다. Wampold(2007)는 상담자의 효과 크기가 처치의 효과 크기보다 훨씬 크다는 것을 확인하고, 상담자가 성과의 차이를 만들어 낸다고 결론내리고 있다. 상담자 요인에 대한 더 분명한 확인을 위해서는 상담자의 어떤 특성이 성과의 차이를 만들어 내는지를 확인해야 하며, 이를 위해서 유능한 상담자들의 특성을 탐색할 필요성이 있음을 주장하고 있다. 상담자 요인이 상담의 성과를 좌우하는 중요한 요인임이 상담 실제와 연구를 통해서 동시에 확인되고 있다는 점에서 이러한 연구 결과는 의미를 가진다.

상담이라는 학문이 성장하면서 상담의 중요한 주체인 상담자도 성장하고 자라가는 존재라는 것을 확인하게 된다. 지적 논의로 이루어진 이론으로서가 아니라 한 사람의 초심 상담자가 성숙한 상담자로 만들어지는 과정 및 대가로서의 명성을 얻으며 발달하는 과정들을 경험하면서 상담자 발달에 대한 경험적이고 체계적 이해를 추구하는 것은 상담이라는 학문적 발달 과정에서도 자연스러운 현상이다.

상담 전문영역의 질을 향상시키는 직접적인 방법인 상담자 교육을 위해서도 상담자 발달에 대한 탐색이 요구된다. 점차 상담자 요인에 대한 관심들이 높아지면서 상담자의 다양한 요인이 통합적으로 설명되는 상담자 전문성 발달에 대한 관심이 높아졌다. 즉, 상담자는 어떤 발달 과정을 거치는가? 발달 단계의 중요한 특징은 무엇인가? 발달의 최종 단계에 도달한 전문가들은 어떤 특성을 가지고 있는가? 등의 질문들이 대두되었고 최근에는 다양한 상담자 발달 모형이 제시되었다.

상담자 발달 이론에서는 상담자의 전문성 수준이 한 인간의 심리 발달과 유사하게 일련의 과정을 통해 향상되어 가며, 발달 단계가 높아짐에 따라 상담자 경험에도 체계적이고 구조적인 변화가 이루어진다고 가정한다(Skovholt & Rønnestad, 1995). 이러한 발달적 관점은 심리 발달 이론 가운데 특히 단계 이론으로부터 영향을 받았다. 심리 발달 단계 이론의 기본 전제는 개인의 발달이 연속적으로 이루어지며 몇 개의 서로 구분되는 단계를 거치며 진행된다는 것이다. 단계 이론은 새로운 단계의 시작을 나타내는 분명한 특징들에 주목한다. 이런 발달 단계적 관점을 상담자에게 적용시킨 것이 상담자 발달 이론이다. 상담자 발달 이론에서는 상담자를 개인적, 전문적 측면에서 발달하는 존재로 보고 상담자가 성장하는 과정에서 보이는 특성들에 따라 발달 과정을 몇 개의 서로 구분되는 단계나 수준으로 나누어 기술한다. 상담자 발달 과정에 대해서 지금까지 여러 모형들이 제시되었다(Stoltenberg & Delworth, 1987; Worthington, 1987).

상담자 발달 과정에 대한 이해와 이에 대한 규명은 다양한 측면에서 의미를 가진다. 먼저 상담자 발달 과정에 대한 이해는 상담자 교육이나 슈퍼비전에 적합한 교육 내용과 목표로 제시될 수 있다. 각 단계에 맞는 교육 내용이나 슈퍼비전은 상담자 성장을 촉진할 수 있고, 더불어 상담자 교육의 효율성을 높일 수 있다. 더 나아가 상담자 양성을 위한 대학원 교과 과정의 적합성을 검토하고 효율성을 제고하는 데 유용한 정보를 제공할 수 있다.

둘째, 상담자의 입장에서는 성장에 있어서 전체적인 지도를 얻는 효과를 가진다. 즉, 상담자 발달 이론은 상담자 자신의 경험을 거시적 안목과 과정적 관점에서 조망할 수 있는 개념적 틀이 된다. 상담자로 하여금 앞으로 나아갈 방향을 보여 주며, 자신의 현재 상태를 점검하는 것을 가능하도록 해준다. 상담자가 경험하는 어려움이 개인적 특성에 의한 것인지 발달 단계별 특성에 의한 것인지를 구분하는 데 유용한 단서를 제공해 줄 수 있다. 초심 상담자들이 경험하는 어려움 중 하나는 발달 단계상의 어려움을 자신의 개인적인 어려움으로 받아들이는 것이며, 자신감을 상실하는 경우도 많다. 이런 경우 상담자 발달에 대한 이해가 선행된다면 불필요한 자신감의 상실로 인한 에너지 소모를 막을 수 있다. 또한 상담자가 발달상 다음 단계에 대한 이해를 통해 성장을 위한 과업과 난점들을 미리 확인할 수 있다. 이는 다음 단계로의 순조로운 이행에 필요한 심리적, 실제적 준비를 하는데도 도움이 될 것으로 기대된다(김진숙, 2001; 심흥섭, 1998).

셋째, 상담자들의 진로 의사결정에 있어 유용한 정보를 제공한다. 다양한 맥락에서의 상담자 발달의 확인은 자신의 구체적 영역을 확인하고 성장해 나가는 데 있어 중요한 의사결정의 근거로 활용될 수 있을 것이다.

2. 상담자 발달 모형 및 이론의 개관

상담자 발달에 대한 관심은 다양한 상담자 발달 모형을 만들어 냈다(Skovholt & Rønnestad, 1995, Stoltenberg & Delworth, 1987; Worthington, 1987). 상담자 발달 관점은 Fleming(1953)을 선두로 하여, Hogan(1964)의 발달 단계 모형을 본격적인 시작으로 볼 수 있다. Hogan의 모형에서는 상담자들이 선호하는 이론적 접근과는 무관하게 일련의 연속적이고 위계적인 단계를 거치며 성장한다고 주장하고 있다. 이어서 Hill, Charles와 Reed (1981)의 상담 박사 과정 수련생들의 발달을 다룬 모형, Loganbill, Hardy와 Delworth(1982)의 여덟 가지 슈퍼비전 주제를 다룬 3단계 모형, Yorgev (1982)의 1년차 석사 과정 수련생들에게 초점을 맞춘 3단계 모형, Blocher

(1983)의 상담자의 인지적 기능에 초점을 둔 4단계 모형, Hess(1987)의 기존 상담자 발달 단계 모형을 통합한 4단계 모형, Stoltenberg와 Delworth(1987)의 통합적 모형으로 Stolenberg(1981)의 모형과 Loganbill 등(1982)의 모형을 통합하고 정교화시킨 모형, Skovholt와 Rønnestad(1995)의 상담자의 전생애적 관점을 강조한 8단계 모형 등이 대표적이다(김진숙, 2001; 심흥섭, 1998). 이들 각각의 발달 모형에 대한 내용들을 요약하여 살펴보면 다음과 같다.

상담자 발달적 관점에 대해 구체적으로 살펴보면, 먼저 Fleming(1953)이 슈퍼비전 영역에서 상담자 학습을 분류한 것이 시작이다. 상담자 발달의 단계나 수준이라는 개념을 직접적으로 사용하지는 않았으나 상담자의 경험 수준에 따라서 학습방법이 다르다고 전제하고 모방(imitatitive)학습, 교정(correctivetive)학습, 창의적(creative) 학습으로 학습방법을 분류하여 제시하였다. 또한 이런 다양한 학습방법을 슈퍼바이저의 지도방법과 연결시켜 논의하였다.

모방학습은 주로 슈퍼바이저를 모방하는 것을 통해 이루어진다. 따라서 이 단계의 슈퍼비전은 교육적 요소가 강하며 지침 제시와 시범에 초점이 있다. 모방학습의 단계에 있는 상담자들은 전문가로서 유능감이 결여되어 있어 슈퍼바이저의 지지적 태도를 필요로 한다. 교정학습 단계에서는 상담자의 유능감이 높아지기 때문에 슈퍼비전에서 지지보다는 잘못된 부분을 교정하는 데 비중을 두어야 한다. 마지막으로 창의적 학습에서는 상담자가 심리치료의 기본 기술을 숙달했다는 전제 하에 슈퍼바이저는 상담자가 창의적 발달을 추구할 수 있는 토양을 마련해 주는 데 주력한다. Fleming이 제시한 모형은 상담자 발달에 대한 초기 이론적 모형 가운데 하나로 이후 역동적 정신치료 영역에 크게 기여했다(Skovholt & Rønnestad, 1995). 이를 정리하면 〈표 2-1〉과 같다.

이후 Hogan(1964)은 슈퍼비전 과정의 개요를 제시한 논문에서 상담자

〈표 2-1〉 Fleming(1953)의 모형

상담자에 따른 학습방법	모방학습	교정학습	창의적 학습
상담자 특징	슈퍼바이저를 모방함	유능감의 상승	심리치료의 기본 기술 숙달
슈퍼바이저의 지도방법	교육적 요소 강함 지침 제시, 시범에 초점 지지적 태도 중요	지지보다는 잘못된 부분을 수정하는 데 초점	상담자의 창의적 발달을 추구하는 토양을 마련하는 데 주력

들이 선호하는 이론적 접근과는 관계없이 일련의 연속적이고 위계적인 단계를 거치며 성장한다고 가정하고 발달 과정을 네 가지 수준으로 개념화하였다. Hogan은 상담자 발달 모형에서 처음으로 '수준' 이라는 용어를 사용하여 상담자 발달 단계에 대한 설명을 시도하였다. Hogan의 모형에서는 각 수준별 상담자 특징을 간략히 묘사하고 각 수준에 대한 슈퍼바이저의 개입방법을 제시하였다. 이는 슈퍼비전의 발달적 모형의 기초가 되었을 뿐 아니라 이후 상담자 발달 모형 연구에도 영향을 미쳤다.

Hogan의 모형은 각 단계별 상담자 특성과 슈퍼비전 전략을 간단명료하게 제시했다는 점에서 의의가 있다. 하지만 Fleming의 모형과 마찬가지로 너무 요약된 형태로 제시되어 슈퍼비전 전략이나 상담자 성장을 촉진할 수 있는 기제에 대한 구체적인 설명이 빠져 있고 각 수준들 사이의 전환이 언제 일어나는지에 대한 언급이 없다. 또한 기존의 발달 이론과 접목을 시도하지 않았다는 것이 단점이다(Stoltenberg & Delworth, 1987). 이를 정리하면 〈표 2-2〉와 같다.

Hill, Charles와 Reed(1981)의 모형은 상담 전공 박사 과정 학생들의 발달 단계를 4단계로 설명했다. 각 단계를 상담자들의 주요한 과업 중심으로 분류했으며, 각각 동정심, 입장 채택, 과도기, 통합된 개인적 상담스타일 등으로 제시되었다. 제1단계는 동정심(sympathy)으로 내담자에게 동정심을 갖고 지속적으로 긍정적 지지를 해 주는 것이 주된 관심사이다. 내담자의 상태가 나아지면 상담자는 자신의 개입이 성공적이었다고 믿는다. 제2단

▌〈표 2-2〉 Hogan(1964)의 상담자 발달 모형

수 준	제1수준	제2수준	제3수준	제4수준
상담자의 특징	• 심리적으로 불안 정하고 신경증적 이며, 의존적 • 상담자가 되고자 하는 자기 동기에 대한 통찰 부족	• 의존성과 자율성 의 갈등 및 적정 한 균형을 찾아 가는 과정 • 때론 지나친 자 신감과, 때론 압 도당하는 느낌을 함께 경험	• 전문가로서의 자신감이 높아 지고 필요한 경 우에만 슈퍼바 이저에게 의존	• 높아진 자율성, 통찰, 알아차림, 안정감 • 전문적, 개인적 문제의 직면
상담에 대한 동기수준	• 동기 수준이 높으 나 한 가지 방법에 과도하게 의존	• 동기 수준의 기복 이 심함	• 이전 단계보다 안정적이고 통 찰력도 깊어짐.	• 안정된 동기 수준
효과적 슈퍼비전 전략	• 가르치기, 해석, 지지, 알아차리기 훈련	• 개인적 상담을 받 을 것을 권유 • 예시, 양가적 감 정 및 태도에 대한 명료화	• 슈퍼바이저와 동료관계적 성격 을 띰. • 경험공유, 예시, 직면	• 자문 형식의 슈퍼 비전 • 상호 간의 경험 공유와 직면

계에서는 상담자 입장 채택(counselor stance)으로 내담자를 이해하고 상담적 개입방법을 적극적으로 모색한다. 이 단계에서 상담자는 어떤 방법을 선택하면서 이것을 자신의 성격적 특성에 맞게 통합하기보다는 그 방법을 기계적으로 숙달하는 데 주력한다. 제3단계는 과도기(transition)로 상담자는 경험이 쌓여 가면서 내담자와 슈퍼바이저 및 이론에서 보다 많은 정보와 피드백을 얻게 되고, 이를 통해 이전 단계에서 의존했던 특정한 방법의 한계를 인식하게 된다. 제4단계는 마지막 단계로 통합된 개인적 상담 스타일(integrated personal style)이다. 이 단계에서는 다양한 기법들과 이론을 상담자의 개인적 특성에 맞게 통합하는 시도가 시작된다. 내담자의 피드백도 이전보다 좀 더 객관적인 관점에서 받아들이게 된다. 이를 정리하면 〈표 2-3〉과 같다.

▌〈표 2-3〉 Hill, Charles, Reed(1981)의 모형: 상담 전공 박사 과정 학생들의 발달 모형

단 계	제1단계 동정심 (sympathy)	제2단계 상담자 입장 채택 (counselor stance)	제3단계 과도기 (transition)	제4단계 통합된 개인적 상담 스타일 (integrated personal style)
특 징	• 내담자에게 동정심을 가지고 지속적으로 긍정적 지지를 해 줌 • 내담자의 상태 호전은 자신의 개입이 성공했다는 것을 의미	• 내담자를 이해하고 상담적으로 개입할 수 있는 방법을 적극적으로 모색 • 상담방법에 대한 기계적 숙달에 주력	• 상담 경험이 축적 • 내담자와 슈퍼바이저 및 이론에 대한 많은 정보와 피드백 획득 • 특정한 방법의 한계 인식	• 다양한 기법들과 이론을 상담자 개인적 특성에 맞게 통합하고자 하는 시도 • 내담자의 피드백을 좀 더 객관적인 관점에서 채택

　　Yogev(1982)는 1년차 석사 과정 수련생들에게 초점을 맞추어 그들의 발달 단계를 3단계로 설명하였다. 첫 번째는 역할 정의 단계로 학생들은 상담자가 되기 위해 헌신하며, 상담에 대한 신비감을 제거한다. 상담에 대한 불안을 경험하며 또한 자신의 강점을 인식하게 된다. 이 시기에 슈퍼바이저들은 상담자의 역할을 정의하는 것을 돕고 슈퍼비전에 대한 기대를 명확히 하는 데 초점을 둔다. 두 번째는 기술 획득의 단계로 상담의 기술을 학습하는 것이 주요 과제이다. 슈퍼비전에서는 슈퍼바이저를 관찰하고 가능한 한 공동치료를 시도한다. 세 번째는 상담 실제를 정교화하고 평가하는 단계로 상담자의 정서적인 측면과 기술 연습 두 가지 모두에 관심을 가지고 다룬다. 이를 정리하면 〈표 2-4〉와 같다.

　　Loganbill 등(1982)의 모형은 상담자 발달 단계의 특징과 슈퍼비전의 주요 쟁점에 대해 다른 모형들에 비해 훨씬 더 상세하게 제시한 점이 특징이다. 이 모형의 주된 이론적 배경은 Erikson과 Mahler의 이론, Chickering (1969)의 심리 발달 이론, Hogan(1964)의 상담자 발달 모형 등이다. 이들은 상담자의 상담자 발달 단계별 특징을 제시하고 상담자가 발달 과정에서 부딪히게 되는 주제 혹은 문제를 슈퍼비전의 쟁점으로 하여 다음의 여덟

단 계	제1단계 역할 정의	제2단계 기술 획득	제3단계 실제의 정교화와 평가
주요 특징	• 치료자로서의 헌신 • 치료에 대한 신비성 제거 • 강점의 인식	• 상담 기술의 학습	• 상담 실제에 대한 정교화 • 평가

슈퍼바이저의
역할
	• 역할을 정의하는 것을 도움
	• 슈퍼비전에 대한 기대를
	  명확히 함.
	• 슈퍼바이지를 평가
		• 슈퍼바이지를 관찰
		• 슈퍼바이지와 가능한
		  한 공동치료
			• 감정적 측면과 기술 연습
			  측면을 도움

가지로 나누어 제시하였다. 이 쟁점들은 상담 계획을 실행하기 위해서 상담기술과 기법들을 숙달하고 활용할 수 있는 능력, 상담자 자기이해와 자신의 정서적 상태를 자각할 수 있는 능력, 주어진 상황에서 스스로 판단하고 주도적으로 행동할 수 있는 자율성, 잘 통합된 이론적 정체감, 내담자들 간의 개인차와 다양성을 인식하고 존중하는 능력, 상담 목표를 세우고 상담 계획을 설정하는 능력, 상담에 대한 자신의 동기를 유지하는 능력, 마지막으로 전문가로서의 가치와 윤리 등이다.

Loganbill 등은 이 여덟 가지 주제별로 상담자가 정체기(stagnation), 혼란기(confusion), 통합기(integration) 등의 세 단계를 걸쳐 발달한다고 보았다. 아울러 상담자 발달은 여덟 가지 주제에서 동시적으로 이루어지는 것이 아니라 차별적으로 이루어진다고 가정하였다. 즉, 상담자마다 주제별로 강점과 취약점을 가지고 있기 때문에 발달 과정의 어떤 시점에서 상담자는 몇 가지 주제에서는 1단계에 머물러 있고 다른 몇 가지 주제에서는 2단계, 그 나머지 주제에서는 3단계에 있을 수 있다는 것이다. 이들은 상담자 발달을 전문가로서의 전생애에 걸쳐 지속적으로 이루어지는 과정으로 보았다. 하지만 발달이 단순하게 선형적으로 이루어지는 것이 아니라 순환적 양상을 띤다고 주장했다. 즉, 상담자가 세 단계를 한 번만 거치는 것이 아니라 되풀이해서 거치고, 되풀이할 때마다 어떤 특정 주제를 더 깊은 차원에서 더 철저하게 다루게 된다는 것이다. Loganbill 등은 주제별로 세 단계의 특징을 상세하게 기술하였다. 〈표 2-5〉는 각 단계의 주요 특징을 정리한 것이다.

▮〈표 2-5〉 Loganbill 등(1982)의 모형: 8가지 슈퍼비전 주제를 다룬 3단계 모형

슈퍼비전의 8가지 주제	• 상담 계획을 실행하기 위해 상담 기술과 기법을 숙달하고 활용하는 능력 • 상담자 자기 이해와 자신의 정서적 상태를 자각할 수 있는 능력 • 주어진 상황에서 스스로 판단하고 주도적으로 행동할 수 있는 자율성 • 잘 통합된 이론적 정체감 • 내담자들 간의 개인차와 다양성을 인식하고 존중하는 능력 • 상담 목표를 세우고 상담 계획을 설정하는 능력 • 상담에 대한 자신의 동기를 유지하는 능력 • 전문가의 가치와 윤리		
단 계	제1단계 정체기	제2단계 혼란기	제3단계 통합기
주요 특징	• 상담 수행의 어려움이나 미비한 점에 대한 인식이 없거나 극복을 못하고 정체	• 불안정, 혼란, 동요, 갈등 • 전통적 행동방식의 탈피	• 재구조화와 통합 • 새로운 인지적 이해, 융통성 • 불안정을 인정하는 데서 오는 안정감
세상을 대하는 태도	• 편협, 경직, 이분법적, 단선적	• 흑백논리의 문제해결 방식이 지속되거나 문제점 발견	• 객관적으로 보고, 있는 그대로 받아들임 • 문제에 대해 새롭고 창의적으로 대응
자신을 대하는 태도	• 낮은 전문적 자존감 또는 과도한 전문적 자존감(전문가로서의 부족함을 알지 못함)	• 전반적 혼란감과 양가감정(무능감과 유능감 사이에서 동요)	• 능력에 대한 현실적 견해 • 강점과 약점을 모두 수용 • 피드백 수용, 자기성찰
슈퍼바이저를 대하는 태도	• 슈퍼바이저를 전지전능하게 보거나 슈퍼비전이 필요 없다고 봄	• 슈퍼바이저에게 의존, 하지만 해답을 갖고 있지 않다는 것을 앎 • 전능한 존재와 무능한 존재로 번갈아 보는 반응이 나타남	• 강점과 약점을 가진 한 인간 • 슈퍼비전에 대한 현실적 기대

Blocher(1983)는 상담자의 인지적 발달에 초점을 둔 슈퍼비전 모형을 제시하였다. 이 모형은 학습심리학과 행동변화심리학 및 인지 발달 이론을 토대로 하고 있다. 슈퍼비전을 상담자와 내담자 간의 상호작용을 주된 교육 매체로 삼아 상담자의 인지적 기능 수준 향상을 꾀하는 교수 과정으로 보았다. 또한 Blocher는 슈퍼바이저의 역할을 일반적이고 포괄적으로 개념화하고 범주화시킨 다른 모형들을 비판하면서 슈퍼비전의 궁극적 목표는 인간의 상호작용에 대한 보다 복잡하고 포괄적인 개념적 도식을 습득하는 것이라고 주장했다.

이 모형은 슈퍼비전 과정에서 슈퍼바이저와 상담자 간의 관계 및 의사소통을 강조한다. 슈퍼비전 과정에서 중요한 목표 중에 하나는 분명하고 진솔한 피드백을 통해 슈퍼바이저와 상담자가 신뢰와 존중을 상호 전달하고, 폭넓은 주제에 대해 논의할 수 있는 의사소통 과정과 분위기를 만들어 나가는 것이다.

Blocher는 또한 슈퍼비전의 목적과 목표를 분명히 하고 목표 달성을 위한 계약을 지속적으로 재검토하고 재설정해 나가는 것이 바람직하다고 하였다. 상담 실습 초기에 비중을 차지하는 목표는 면접 기술과 관계 형성, 성격의 구성 개념 및 자신감과 위로, 진솔성 등이다. 실습 후반기에는 과정 목표의 설정 및 실행, 전반적 사례 관리, 전문가로서의 역할 규정 등과 같은 보다 광범위한 주제를 슈퍼비전에서 다루게 된다.

Blocher의 모형이 상담자 발달 이론에 기여한 부분은 상담자를 위한 발달적 학습환경에 대해 언급한 것이다. 그는 발달적 학습환경을 개인과 환경 간의 역동적 상호작용으로 개념화하고 기본적 개인-역동으로 도전과 개입, 지지, 구조, 피드백, 개선(innovation) 및 통합이라는 일곱 가지를 제시하였다. 상담자 발달을 촉진할 수 있는 학습환경을 제공하기 위해서 슈퍼바이저는 상담자를 위한 도전과 지지가 한쪽으로 치우치지 않고 균형을 이룰 수 있도록 해야 한다고 주장했다(Borders & Leddick, 1987). 균형의 유지는 새로운 요소의 도입이라고 할 수 있는 개선과 기존 접근법의 통합에서도 적용된다. 이때 균형을 이룬다고 하는 것은 모든 상담자들에게 일률적으로 적용할 수 있는 어떤 고정된 균형을 말하는 것이 아니다. 균형이란 개별적 상담자의 경험 수준과 특성을 고려하여 도전과 지지, 개선과 통합 간의 비중을 상대적으로 달리하는 것을 말한다.

Stoltenberg와 Delworth(1987)의 상담자 통합 모형은 3개의 구조와 8가지 영역 개념을 도입하여 상담자의 발달 수준을 설명하고 있다. 이 모형에서 3가지 구조란 상담자의 심리적 속성으로 자각(awareness) 수준, 상담에 대한 동기, 슈퍼바이저에 대한 의존 등을 준거로 상담자 발달 수준을 평가한다. 이러한 구조가 변화함에 따라 8가지 영역, 즉 개입 기술, 평가 기술, 대인 평가, 내담자 개념화, 개인차 이해, 이론적 접근, 치료 목표, 전문가 윤리라는 상담자 행동이나 태도 면에서 변화가 일어나며 이는 상담자로서 학습해야 할 교육내용이라고 할 수 있다.

상담자 통합 모형은 일찍이 Stoltenberg(1981)가 제시한 상담자 복합 모형에서 상담자 발달 수준을 구분하는 데 자율-의존, 동기, 상담 이론/기술 습득의 3가지 개념 중에서 자율-의존과 동기의 개념을 선택하고, Loganbill 등(1982)의 모형에서 제시한 8가지 슈퍼비전 주제에서 정서자각 개념을 선택하여 상담자 발달 수준에 대한 세 가지 심리적 속성으로 구성한 것이다. 그리고 상담자 복합 모형(Stoltenberg, 1981)의 세 번째 개념인 상담 이론/기술 습득의 개념을 8개의 상담자가 학습하게 되는 인지적 영역으로 확장하였다.

Stoltenberg와 Delworth(1987)는 상담자 발달 수준, 즉 구조와 영역 간의 상호관계를 살펴볼 때 구조적인 측면과 관련하여 발달 수준은 역행할 수 없다고 주장하였다. 이들은 상담자 발달 수준에 적합한 슈퍼비전을 제공할 것을 강조하였다(심흥섭, 1998). 이를 정리하면 〈표 2-6〉과 같다.

3가지 구조(심리적 속성)	8가지 영역	
자각 수준	• 개입 기술	• 평가 기술
상담에 대한 동기	• 대인평가	• 내담자 개념화
	• 개인차 이해	• 이론적 접근
슈퍼바이저에 대한 의존	• 치료 목표	• 전문가 윤리
구조(심리적 속성)의 변화	발달 수준의 변화	8가지 영역에 대한 변화가 일어남

Hess(1987)는 기존 주요 발달 모형들을 검토한 후 이들의 통합을 모색하여 4단계 발달 모형을 제시하였다. 4단계는 시작(inception), 기술 향상(skill development), 정착(consolidation), 상호성(mutuality) 단계 등이다. Hess는 상담자 발달이 선형적으로 이루어지는 것이 아니라 나선형으로 이루어진다고 가정하였다.

각 단계별 특징을 살펴보면 먼저 시작 단계에서 상담자는 상담자라는 새로운 역할에 노출되고 상담을 신비로운 과정으로 보던 기존의 시각에서 벗어나기 시작한다. 점차 상담 기술이 무엇인지 깨달아 가고 상담에 필요한 물리적, 심리적 경계선을 설정하고 지켜 나가기 시작한다. 둘째, 기술 향상 단계에서 상담자는 상담 훈련을 통해 배우게 되는 이론적, 경험적 지식을 내담자 욕구에 맞게 적용하는 능력을 키워 나간다. 또한 숙련 상담자로부터 배우는 수련 상담자로서의 역할에 적응해 나가며, 특정한 치료적 접근과 인간의 본질에 대한 철학을 자신의 것으로 받아들이기 시작한다. 셋째, 정착 단계의 주요 특징은 이전 단계에서 습득한 지식의 통합이다. 정착 단계에서 상담자들은 대개 특정한 자질이나 소질을 인정받게 되고 자신의 전문적 정체감의 일부가 상담 기술에 의해 규정된다는 것을 인식하게 된다. 상담 기술과 전문적 수행능력이 점차 정교화되고 숙달되며, 상담자 자신의 성격이 전문적 수행능력에 미치는 역할에 대한 깨달음을 얻게 된다. 넷째, 상호성 단계에서 상담자는 자율적으로 기능하는 전문인으로 성장하며 동

▌〈표 2-7〉 Hess(1987)의 4단계 발달 모형

단 계	시 작 (inception)	기술 향상 (skill development)	정 착 (consolidation)	상호성 (mutuality)
특 징	• 상담자라는 새로운 역할에 노출 • 상담을 신비롭게 보던 시각에서 벗어나기 시작	• 상담 훈련을 통해 배우게 되는 이론적, 경험적 지식을 내담자 욕구에 맞게 적용하는 능력을 길러 나감 • 수련 상담자의 역할에 적응 • 특정 치료적 접근과 인간관을 자신의 것으로 받아들임	• 상담 기술과 전문적 수행능력이 점차 정교화, 숙달됨 • 자신의 성격이 전문적 수행능력에 미치는 영향에 대해서 자각	• 자율적으로 기능하는 전문인으로 성장 • 동료 전문가들과 자문을 주고받음 • 문제에 대한 적합한 해결책을 창의적으로 찾아내는 능력 향상 • 상담자 소진과 발달 정체의 문제 대두

료 전문가들과 상호 간의 자문을 주고받게 된다. 또한 문제에 대한 적합한 해결책을 창의적으로 찾아내는 능력이 향상된다는 특징을 가지게 된다. 한편 이 단계에서 발생할 수 있는 주요 문제는 상담자 소진(burnout) 현상과 발달 정체이다. 이를 정리하면 〈표 2-7〉과 같다.

Skovholt와 Rønnestad(1992)의 8단계 발달 모형은 이전의 상담자 발달 모형들이 지닌 한계, 즉 지나치게 개인 슈퍼비전에 국한된 개인상담 경험에만 치중하였다는 점을 보완하여 상담자 발달의 원천에 개인적인 삶, 여러 환경적인 요인들을 포함시켰다. 또한 상담자가 대학원을 졸업하고 전문 상담자로 은퇴하기까지의 전생애적인 발달경로를 탐색했다.

Skovholt와 Rønnestad(1992)는 상담자의 전문성 수준이 높아짐에 따라 상담자의 경험에는 구조적인 변화가 나타나게 되며, 그 결과 상담자의 능력 및 기술에도 변화를 가져온다고 보았다. 상담자의 전문성 수준이 높아짐에 따라 나타나는 변화로는 첫째, 전문적 개별화 특징이 나타난다. 둘째, 상담 스타일과 개념화 방식이 외부에서 내부 지향적인 형태로 변화된다. 셋째, 지속적인 전문적 자기성찰(reflection)이 핵심적인 역할을 하게 된다. 넷째, 인수된 지식(received knowledge)보다는 자기 구성적인 지식

(constructed knowledge)을 더 많이 사용하게 된다. 다섯째, 불안감이 감소한다는 것이다.

기존의 모형들이 대체로 이론적 모형인 데 비해 이 모형은 경험적 연구를 토대로 하여, 100여 명의 상담자를 대상으로 면접을 실시하였고 그 자료를 토대로 상담자 발달 과정을 다음의 8단계로 개념화했다. 각 단계는 첫째, 인습적 단계(conventional stage), 둘째, 전문적 훈련기로 이행하는 단계(transitional of expert training stage), 셋째, 대가 모방 단계(imitation of experts stage), 넷째, 조건적 자율성 단계(conditional autonomy stage), 다섯째, 탐구 단계(exploration stage), 여섯째, 통합 단계(integration stage), 일곱째, 개별화 단계(individuation stage), 여덟째, 개별성 보존 단계(integrity stage) 등이다. 단계별 특징은 다음의 8개 항목으로 나누어 기술되어 있다. 각 단계에 대한 개념정의 및 소요기간, 상담자가 수행해야 할 주요 과업, 두드러지게 나타나는 정서, 상담자 발달에 영향을 미치는 요인들, 상담자가 채택하는 역할과 상담방식, 내담자 문제를 이해하고 해결책을 모색하는 데 적용하는 개념체계, 정보를 얻고 새로운 배움을 얻기 위해 주로 사용하는 학습방법, 상담의 효과성과 만족도 등이다. 각 단계에 대한 설명은 〈표 2-8〉에 제시하였다.

이상 대표적인 상담자 발달 모형을 살펴볼 때 모형의 대부분은 발달 단계에 대한 특징을 기술하는 것을 핵심적인 내용으로 하고 있다. 이런 정보들은 상담자 발달에 대한 기본적인 이해를 가능하게 했다는 데 의의가 있다. 하지만 기존의 상담자 발달 이론은 몇 가지 제고해야 할 부분들을 가지고 있다. 첫째, 대부분의 발달 모형은 개인상담 맥락에서 상담자의 발달을 설명하고 있다(Hogan, 1964; Stoltenberg & Delworth, 1987; Worthington, 1984). 이는 상담자 발달에 대한 관심이 슈퍼비전이라는 맥락에서 시작되었으며, 슈퍼비전의 중요한 대상이 개인상담자였기 때문이다. 이는 개인상담과 개인상담 슈퍼비전을 중시하는 미국의 상담 교육 현황을 반영한 것일

〈표 2-8〉 상담자 발달 단계 모형(stage model)(Skovholt & Rønnestad, 1992)

단 계	제1단계	제2단계	제3단계	제4단계	제5단계	제6단계	제7단계	제8단계
범 주	관습적	전문적 훈련으로 이행	대가 모방 단계	조건적 자율성	탐구	통합	개별화	개별성 보존의 단계
정의와 기간	미훈련상태. 몇 년이 걸릴 수 있음	대학원 첫 해	대학원 중반	인턴십, 6개월~2년	대학원 졸업 2~5년	2~5년	10~30년	1~10년
핵심 과제	자연스럽게 아는 것을 사용	많은 출처의 정보를 동일시하고 실제에 적용해 봄	실습수준에서 전문가들을 모방, 상위 수준에서 개방성 유지	전문가로서 기능	알려진 것 이상을 탐색	진정성 개발	깊이 있는 진정성	자기로 존재, 은퇴를 준비
우세 정서	공감	열정과 불안	당황 이후 차분하고 일시적인 안심	가변적 확신	자신감과 불안	만족과 희망	만족과 고뇌	수용
영향의 우세한 원천	자신의 개인적 삶	새로운 정보와 과거 정보의 많은 상호작용으로 압도된 듯한 느낌	슈퍼바이저, 내담자, 이론/연구, 또래, 개인의 삶, 사회적·문화적 환경을 포함하여 복합적	슈퍼바이저, 내담자, 이론/또래, 개인의 삶, 사회문화적 환경을 포함하여 복합적	새로운 자료 기초, 새로운 작업환경, 전문가로서 자신, 다른 복합적인 원천들	새로운 영향력, 다른 복합적 원천, 선배 전문가로서 자신	경험에 기반한 일반화와 축적된 지혜가 중요해짐, 초기 영향력의 원천들이 내재화, 선배 전문가로서 자신	경험에 기반한 일반화와 축적된 지혜가 중요해짐, 초기 영향력의 원천들이 내재화, 선배 전문가로서 자신
역할과 작업 스타일	공감적 친구	실습과 이론을 맞추려고 고군분투, 확신없고 변하기 쉬움	전문가 역할과 작업 스타일에서 엄격함의 증가	전문가 역할과 작업 스타일에서 엄격함의 증가	외적으로 부과된 전문가 스타일을 수정해 감	외적으로 부과된 엄격성과 내적으로 부과된 느슨함이 혼합된 역할 및 작업 스타일	유능한 전문적 테두리 내에서 자아로 성장	자기 자신으로 존재
개념적 견해	상식	이론적 개념과 기법을 배우는 데 급급함	개념과 기법에 대한 세련된 숙달	개념의 기법에 대한 세련된 숙달	초기에 수집한 이론적 개념에 대한 개인적인 거부	새롭게 나타나는 자신이 선택한 상승적, 절충적 형태	개별화·개인화 됨	매우 개별적으로 선택되고 통합됨
학습 과정	경험적	인지적 처리와 자기 성찰	모방, 자기성찰, 인지 과정	변화, 자기성찰, 인지적·과정 지속적인 모방	숙고	개인적으로 선택한 방법들	개인적으로 선택한 방법들	개인적으로 선택한 방법들
효과성과 만족도	대체로 효과를 가정, 관심 없음	가시적 내담자개선과 슈퍼바이저의 반응	내담자 피드백 슈퍼바이저 반응	내담자 피드백과 슈퍼바이저 반응에 대한 좀 더 복잡한 관점	현실적이고 내재화된 범주 증가	현실적이고 지속적인 내재화된 범주의 증가	현실적이고 내적	심오하게 내적이고 현실적임

Skovholt & Rønnestad (1992). Themes in Therapist and Counselor Development. *Journal of Counseling and Development*, 70, 508-509. 참조

34 ■■■■□ 제2장 상담자 발달의 어제와 오늘

수도 있다. 개인상담이 상담의 중심적인 방식이라고 하더라도 상담자의 발달을 개인상담의 맥락에서만 본다는 것은 제한된 관점을 제시할 수밖에 없다. 상담자가 처한 환경에 따라 차이는 있겠지만 상담자는 개인상담 이외에도 집단상담, 행정, 기획, 프로그램 개발, 연구, 교육 등의 업무를 담당한다. 하지만 기존의 발달 모형들은 이러한 맥락에서의 상담자 발달을 충분히 탐색하거나 논의하지 못하고 있다(김진숙, 2001).

상담자 발달에 영향을 끼치는 다양하고 중요한 맥락에서의 발달에 대한 관심을 가지고 발달의 중요한 특성을 종합 정리할 수 있는 통합 모형이 만들어져야 할 것이다. 특별히 상담의 중요한 형태로서 상담 현장에서 널리 사용되고 있는 집단상담은 상담자 발달의 중요한 맥락이 될 수 있다. 개인상담과 달리 집단상담자의 독특한 특성 및 발달 단계가 존재하며, 이를 규명하는 것은 집단상담자 교육과 집단상담 슈퍼비전, 집단상담자 개개인의 성장을 위해 탐색되어야 할 중요한 주제이다(권경인, 2004).

둘째, 기존의 상담자 발달 모형은 발달 단계의 최종적인 특징을 기술하는 방식으로 제시되는 경우가 많았다. 상담자 발달에서 시간의 경과에 따른 개인내적인 변화와 변화에서의 개인차를 기술하는 데 치중하여 단계별 특성을 기술하는 수준에 머물러 있다는 제한점을 가지고 있다. 상담자 발달에서 변화 과정에 대한 설명이나 변화의 촉진 기제가 무엇이었는지, 변화를 제한한 요인이 무엇인지, 변화를 위한 전략은 무엇인지에 대한 설명은 충분히 탐색되지 못하고 있다. 상담자 발달을 제대로 이해하기 위해서는 발달을 촉진한 요인과 발달을 제한한 요인에 대한 확인이 필요하다. 상담자의 발달의 단계별 최종 결과만을 제시하는 방식에서 벗어나 그런 특성을 형성하게 되는 과정적 요인 및 변화 촉진 기제에 대한 설명이 함께 제시될 필요가 있다.

셋째, 상담자 발달 모형에 대한 많은 연구와 문헌들은 슈퍼비전의 맥락에서 상담자 발달을 다루고 있다. 슈퍼비전은 상담자 교육의 중요한 방식으로서, 효과적인 슈퍼비전의 제공을 위해서는 상담자 발달에 대한 이해가 필요했다. 슈퍼비전 발달 모형 연구들에서 상담자 발달은 그 자체에 대한 관심보다는 슈퍼비전 과정과 방법의 일환으로 탐색되었다(Stoltenberg & Delworth, 1987; Worthington, 1987). 이런 과정에서 상담자 발달에 대한 경험적 연구 없이 여러 가지 형태의 이론적 모형들이 제시되었다. Worthington(1987)은 상담자 발달과 슈퍼비전을 연결시킨 16가지 이론적 모형을 검토한 연구에서 모형들 간의 높은 유사성을 보고하며, 대부분의 모형이 단순하고 포괄적인 수준에서 상담자 발달을 기술하여 상식적인 차원을 넘어서지 못하고 있음을 지적했다. 앞으로의 연구에서는 상담자 발달 자체에 대한 관심과 더불어 경험적 연구를 통한 상담자 발달을 탐색해 볼 필요가 있다.

넷째, 기존의 상담자 발달 연구들은 대학원 과정에서의 상담자 발달에 치중되어 있다. 상담자의 발달은 전생애적인 것인 데 반해 대학원 과정은 상담자 발달의 초기와 중기 초반에 해당하는 제한된 시간대이다. 상담자 발달에 대한 바른 이해를 위해서는 지금까지 주목하지 못했던 대학원 과정 이후의 길고 중요한 발달 과정을 포함시킨 전생애적 탐색이 필요하다. 최근 상담자 발달에 관련된 연구 가운데 공식적인 학위 과정 이후의 상담자 발달에 대한 관심이 나타나면서 전생애적 관점이 대두된 것(Skovholt & Rønnestad, 1995)은 매우 바람직한 현상이다. 이러한 경향에 맞추어 국내에서도 상담자들의 발달 초기부터 후기까지를 포함하는 탐색이 필요하다.

3. 상담자 전문성 발달에서 인지적 발달과 통합적 발달

상담자 발달 모형 연구와 함께 상담자 발달 연구의 큰 흐름 중 하나는 상담자의 발달에 따른 인지적 차이에 대한 연구이다. 발달 모형에 관련된 연구가, 전문성이 높아짐에 따라 어떠한 변화가 나타나는지를 기술하는 차원을 벗어나지 못했기 때문에, 상담자의 인지적 발달을 강조하는 입장에서는 전문성이 높아짐에 따라 상담자의 인지적 복잡성의 변화 과정을 밝히려고 노력하였다. 더불어 상담자의 인지적 복잡성을 높이기 위해서 어떤 교육을 제공해야 하는지에 대해 관심을 가지고 이에 대한 경험적 연구를 수행해 왔다(유성경, 2003).

Pepinsky와 Pepinsky(1954)가 처음으로 상담자들의 인지적 활동에 대한 중요성을 부각시킨 이후로 상담자의 전문성 발달에서 인지적 측면은 지속적으로 논의되어 오고 있다(Etringer, Hillerbrand, & Clariborn, 1995; Johnson & Heppener, 1989). 1980년대 후반에 들어오면서 인지적 측면에 대한 연구는 상담자의 사례개념화 수준에서 보이는 차이에 주목하기 시작했다(Borders et al., 1998; Brammer, 1997; Cummings et al., 1998; Glasser & Chi, 1988; Martin, Slemon, Hiebett, Hallberg, & Cummings, 1989).

Glaser와 Chi(1988)의 연구에 의하면 경력 상담자들은 초심 상담자에 비해 그들의 전공 영역 내에서 더 크고 의미 있는 패턴의 지식을 보유하고, 단·장기 기억이 우수하며, 필요한 상담기술을 빨리 선택하여 사용하는 것으로 나타났다. 또한 사례 개념화를 발전시키는 데 보다 많은 시간을 투입하여 깊이 있는 개념화를 하며, 자기 관리감독 기술을 효율적으로 사용한다고 결론지었다.

Martin, Slemon, Hiebett, Hallberg와 Cummings(1989)는 초심 및 경력 상담자들에게 내담자문제와 상담에 대한 자유연상을 통해서 개념을 도식화하도록 하였다. 연구 결과 초심 상담자들은 경력 상담자들보다 지도 위에 더 많은 개념을 그려 넣었으나 대부분의 개념들은 내담자들의 기술에 의한 표면적 정보만을 담고 있었다. 경력 상담자들은 개념의 개수상으로는 초심 상담자보다 적으나, 보다 핵심적이고 깊이 있는 심리학적 원리들을 사용하여 내담자를 기술하였다.

Mayfield 등(1999)에 의하면 경력 상담자는 내담자가 진술한 정보를 기술하는 데 있어서 초심 상담자보다 더 적은 개수의 개념을 사용함으로써 초심 상담자에 비해 개념도 작성 속도가 유의미하게 빨랐다. 연구자들은 경력 상담자들에게는 내담자 정보를 효율적으로 구조화할 수 있는 잘 발달된 도식이 있어서 초심상담자에 비해 더 적은 개수의 군집을 보유하는 것으로 결론지었다.

사례 연구를 통해 경력 상담자와 초심 상담자를 비교한 연구로서 Cummings 등(1990)은 두 명의 초심 상담자와 두 명의 경력 상담자의 개념화를 비교하였다. 내용분석 결과 경력 상담자들은 내담자를 개념화할 때 대인간 상호작용 개념을 채택하여 내담자문제들이 발생하는 상황 속에서 복잡한 사회적, 대인관계적 맥락을 더 많이 인식하며, 내담자의 가족배경, 대인관계, 자아존중감, 자아개념을 주요한 요소로 보고 사례의 이해에서 반복적으로 참고하고 상담과정을 통해 지속적으로 검증하며 개념화를 정교화해 나간다는 점을 발견하였다. 즉, 경력 상담자는 상담 과정과 내담자문제를 개념화하는 데 있어 더욱 발전된 도식을 갖는 것으로 나타났다.

국내에서도 2000년대에 들어오면서 상담 경력이 높은 상담자들과 초심 상담자들의 사례 개념화 수준을 비교하면서 상담 경력에 따라 사례를 해석하고 정보를 처리하는 복잡성에 유의한 차이가 있음을 보고하는 연구들(손은정, 2000; 여혜경, 2000; 이윤주, 2001)이 발표되면서 상담자들의 인지구조 발달에 대한 관심이 높아지고 있다.

Etringer, Hillerbrand와 Clariborn(1995)은 인지적 변화에 기초하여 초심 상담자에서 경력 상담자로의 발달 과정을 다루면서, 상담자의 전문성 수준이 높아지면 인지적 유능성이 몇 가지 차원에서 달라진다는 점을 강조한다. 첫째, 기억 및 지식의 구조적 측면으로 경력 상담자들은 초심 상담자들과 비교하여, 정보를 수집하고 조직화하고 사용함에 있어 추상적인 개념을 적용하며, 문제에 적절한 범주의 지식을 사용한다. 이에 비해 초심 상담자들은 피상적이고, 당면한 문제의 속성 및 문제해결과 관련이 없는 단서에 주목하는 경향이 있다.

둘째, 전문성 수준이 높아진 상담자들이 보이는 인지적 유능성은 지식과 경험을 통합할 수 있는 능력이다. 상담자 발달에 있어서 지식 구조의 발달에 대한 강조는 상담 경험에만 초점을 둔 상담자 단계 이론과는 대비되는 관점이다. 상담 사례화와 관련된 연구들은 거의 한결같이 상담자의 경력과 전문성은 함께 공유되는 부분이지만 이 둘이 동일한 것이 아니라는 점을 지적하고 있다. 상담을 오랫동안 했지만 이러한 경험을 반추해 줄 수 있는 지식의 구조가 갖추어져 있지 않으면 전문성 발달은 이루어지지 않을 수 있다는 것이다.

셋째, 전문성 수준이 높아지면서 나타나는 인지적 유능성의 다른 부분은, 목표와 관련지으면서 인지 과정을 전개시켜 나갈 수 있다는 것이다. 이것은 전진식 추론화(forward reasoning)로서 목표를 향해 정보를 처리하면서 문제로부터 개념적, 진단적 결론을 도출하는 것을 의미한다. 전문적 수준이 높은 상담자들은 문제의 핵심적인 측면을 빨리 간파하고 목표에 도달하기 위해 문제의 특성들을 분석하고, 종합하는 인지 과정을 거치게 된다. 이는 상위 수준의 상담자일수록 목표 지향적으로 정보를 수집하나, 초심 상담자들은 이것저것 정보를 수집한 후에 목표를 구성하는 후진식 추론(backward reasoning)을 주로 함을 의미한다.

넷째, 문제 구조화에 있어서 경력 상담자와 초심 상담자는 유능성의 차이를 보인다. 내담자의 구조화되지 않은 문제를 경력 상담자가 다루느냐, 초심 상담자가 다루느냐에 따라 구조화되는 정도에 차이가 생긴다. 상위 수준의 상담자들은 절차적 지식, 즉 문제를 이해할 수 있는 이론적 지식을 바탕으로 충분한 이전 경험을 가지고 구조화가 되어 있지 않은 내담자의 문제를 개념적으로 환원시키고 이를 해결할 수 있는 목표와 해결방식을 명료화할 수 있는 능력을 지니고 있다(유성경, 2003).

이상과 같은 상담자 발달에서 인지적 발달에 대한 관심은 상담자 발달에 대한 구체적 정보를 경험적 연구를 통해 제시하였다는 점에서 매우 의미가 있다. 하지만 상담자의 발달을 인지적 측면으로만 제한한 것은 상담자 발달의 다양한 측면을 제대로 반영하지 못한다는 비판을 피하기 어렵게 했다.

Skovholt, Rønnestad와 Jennings(1997)는 상담에서의 전문성을 얻는 것은 인지적 영역을 넘어선 통합적인 발달 과정임을 강조한다. 이들은 상담 영역에서의 실무경험이 상담 전문성을 높이지 못한다는 극단적인 인지적 입장에 반대하며, 상담 및 심리치료 영역의 특수한 경험은 상담 분야에서의 전문성 발달에 필수적이라고 보았다. 이들은 또한 상담 효과에 영향을 미치는 것으로 상담 관계를 거론하며 상담 관계의 질을 좌우하는 것은 상담자의 인지적 능력 이상의 자질이라고 하였다. 이러한 입장에서 상담자의 통합적 발달에 대한 관심이 나타났고 통합적 발달에 도달한 대가들의 특성에 대한 관심을 가지게 되었다.

Jennings와 Skovholt(1999)는 상담과 심리치료 전반에 걸친 대가들의 특성을 인지적, 정서적, 관계적 영역으로 나누어 살펴보고 있다. 이들은 대가(master)라는 용어를 직접 사용하면서 대가 연구에 대한 모델을 제시하고 있다. 동료들에 의해서 상담 대가로 지명된 10명의 참여자를 대상으로 인지적, 정서적, 관계적 특성을 제시했다.

그들에 의하면 상담 영역에서의 소위 '대가'들은 인지적 영역에서 ① 지칠 줄 모르는 학습자이며, ② 축적된 경험이라는 주요한 자원을 가지고 있고, ③ 인지적 복잡성과 인간에 대한 모호함을 가치롭게 여긴다. 정서적 영역에서 대가들은 ④ 자기-자각, 반영적, 독립적, 피드백에 대한 개방 등으로 정의되는 정서적 수용성(receptivity)을 갖고 있으며, ⑤ 정신적으로 건강하고 자신의 정서적인 안녕(well-being)을 보살피는 성숙한 성품을 가지고 있고, ⑥ 자신의 정서적 건강이 그들의 일의 질에 어떻게 영향을 미치는지 잘 알고 있다. 관계적 영역에서 상담 대가들은 ⑦ 강력한 관계 기술을 가지고 있으며, ⑧ 치유적 변화를 위한 기초가 강한 작업동맹이라는 것을 믿을 뿐 아니라, ⑨ 상담에서 특별한 관계(exceptional relationship)를 사용하는 데 전문가였다. 즉, 깊이 있는 공감과 함께 강한 직면을 사용할 수 있는 것으로 드러났다. 이외에도 상담 대가들은 강한 감정에 대한 두려움이 없고, 내담자와 작업할 때 개입의 시기나 강도를 조절하는 감각이 뛰어났다.

이상의 연구 결과에 기반하여 상담자의 발달이 인지적 측면에만 국한된 것이 아니라 인지, 정서, 관계적인 측면이 통합적으로 나타나는 것임에 착안하여 Skovholt와 Jenning(2004)는 R-A-C 모형(Relational, Affective & Cognitive Model)을 제안하였다. 이 모형에 의하면 상담 대가의 전문성 발달은 상담자의 전인적 성숙을 포괄하고 있다. 이는 Orlinsky와 그의 동료들(1999)이 여러 문화권의 상담자들의 발달에서 나타나는 특성을 비교한 연구에서도 제안되었다. 이들에 따르면 각 문화권에서 응답한 79%의 상담자들이 전문성이 발달함에 따라 상담 과정에 대한 이해를 더 깊이 하게 되었으며, 이는 그들의 전문적인 자아와 개인적인 자아의 통합을 통해 이루어진 결과라고 보고하였다.

Goldfried(2002)는 상담자들이 어떤 이론적 오리엔테이션을 가졌느냐에 따라 상담자의 전문성 발달에서 나타나는 공통점과 차이점을 분석하였다. 그는 『상담자들은 어떻게 변화하는가(How therapists change: Personal reflection)』라는 책에서 15명의 대표적 상담자들의 자기 회고적 발달사를 제시하고 있다. 주된 이론적 접근으로 정신역동적, 인지-행동적, 경험적 접근을 가지고 있는 대표적 상담자 5명씩의 회고를 통해 상담자들의 변화 과정을 분석한 결과 상담자도 내담자와 유사한 변화 과정을 거친다는 결론을 도출하였다. 즉, 상담자도 타인으로부터 격려와 지지를 받으면서, 새로운 학습환경에 노출되어 인지적, 정서적, 행동적으로 새로운 접근을 할 수 있도록 도와주는 교정적 경험을 하면서 변화된다는 것이다.

실제 사례분석을 통해 상담자의 전문성 발달을 분석한 위의 연구들은 상담자의 발달이 개인적 자아, 전문적 자아, 이론적 지식과 상담 실제의 경험, 다양한 이론적 접근 간의 통합을 통해 이루어진다는 것을 확인해 주고 있다. 이는 상담자의 발달을 인지적 영역에 국한하기보다는 상담자의 개인 내적 특성, 정서적 특성, 주요 타자와의 관계 등 다양한 측면을 고려하여 살펴보아야 한다는 점을 지지하고 있다.

4. 탁월한 상담자들의 전문성에 대한 전생애적 탐색

유능한 상담자의 전문성에 대한 관심은 오래전부터 이어져 왔다. 상담자의 유능성(effectiveness)에 대한 초기 연구들은 대부분 초심 상담자나 수련 중인 상담자를 대상으로 이루어졌다. 몇몇 연구에서만 숙련된 상담자를 연구하였으나, 유능한 상담자의 개인적 특성에 대한 충분한 정보를 제시하는 데는 미흡한 점이 있었다(Jennings & Skovholt, 1999).

Wicas와 Mahan(1966)은 유능한 상담자가 덜 유능한 상담자에 비해 더욱 자기 통제적이고 공감적이라는 사실을 발견해 냈다. Jackson과 Thompson(1971)은 유능한 상담자는 덜 유능한 상담자보다 그들 자신과 내담자, 사람에 대해 그리고 상담에 대해서 긍정적인 태도를 가지고 있다고 보고하였다. Risks(1974)는 장애가 있는 남자 청소년을 상담하는 두 명의 상담자 간에 성공의 중요한 차이를 발견했다. 이는 두 상담자의 성격적 특성 및 역전이 반응을 다루는 방식의 차이에 기인하였다.

전통적인 연구로서 Orlinsky와 Howard(1975)는 상담에서 자신의 치료 경험에 대한 내담자와 상담자의 주관적인 보고에 초점을 둔 890개의 내담자 회기와 470개의 상담자 회기를 자료로 사용하기도 했다. Wiggins와 Weslandar(1979)는 유능한 상담자는 덜 유능한 상담자보다 높은 직업만족도를 나타냈다고 밝히고 있다. Luborsky 등(1985)은 내담자 성과와 치료적 동맹관계 사이에는 중요한 관계가 있다는 것을 발견했다. 그리고 효과적인 심리치료의 주요한 동인은 상담자의 인격이며 특별히 따뜻하고 지지적인 관계를 만드는 능력이라고 진술하고 있다. 한편, Luborsky 등(1985)은 인격은 치료적 성공 가능성을 만드는 작업동맹을 형성하는 결정적인 것이라고 주장했다.

상담자 발달에 있어 최근의 연구들은 치료자 발달에 탁월한 전문성을 획득한 상담자, 즉 대가(Master therapist)에 대한 연구로 관심을 옮겨가고 있다. Goldberg(1992)는 동료에 의해서 특별한 치료자라고 추천된 12명의 심리치료자들과 인터뷰하였다. Goldberg는 특별한 치료자 집단으로서 이들 치료자들이 민감하고, 잘 돌보며, 내담자의 안녕과 그들 자신의 개인적, 전문적 성장을 위해 전념하는 것으로 나타났다고 하였다. 그들은 그들의 직업적 선택에 만족했으며 유능한 멘토에게 도움을 받았고, 전문적으로 다른 사람을 멘토링하는 일로 활기를 갖게 된다고 보고하였다.

Albert(1997)는 그들의 동료들에 의해 전문 상담자로 지명된 12명의 심리치료자를 인터뷰하여, 전문 상담자들이 융통성이 있으며 민감하고, 내담자에게 안식처를 만들어 주는 능력을 가지고 있었으며, 효과적인 심리치료를 제공하는 데 있어서 무엇보다 중요한 치료적 동맹을 만들어 나가는 기술을 가지고 있다는 것을 밝혀 냈다.

앞서 기술한 바와 같이 Jennings와 Skovholt(1999)는 전문가들에 의해 추천된 대가들의 특성을 인지적, 정서적, 관계적 측면에서 제시하고 있다. Wampold(2007)는 상담 성과를 가져오는 상담자 요인의 중요성을 강조하며 이를 위해서 유능한 상담자들의 특성에 대한 탐색이 요구된다고 하였다.

탁월한 전문성을 획득한 상담자에 대한 탐색은 상담자 발달의 목표 및 진정한 전문성의 실체를 확인할 수 있다는 데 의의가 있다. 이러한 연구들이 미비했고, 기존의 연구들은 탁월한 전문성의 결과만을 제시함으로써 그들이 그러한 전문성을 획득하기까지의 전생애적 발달 과정이나 중요한 전략을 제시하지 못하고 있다는 제한점을 가지고 있다. 본서에서는 집단상담 대가들의 발달적 과정을 살펴봄으로써 탁월한 상담자 발달의 과정을 보여 주며, 그들이 전문성을 성숙시켜가기 위해 발달 과정에서 중요하게 사용한 전략 및 촉진적 요인, 배경 등에 대해서도 살펴보았다. 이는 성장해 가는 상담자에게 자신과는 너무 먼 미래의 이야기로서의 상담자 발달이 아닌 현재의 자신의 위치를 확인하여 보다 나은 성장을 위한 계획을 세우는 데 실제적인 도움을 제공할 수 있을 것이다.

한편, 상담 및 심리치료에서의 전문성의 독특성에 대한 관심이 높아지면서 전문가 특성에 대한 새로운 시각들이 등장하고 있다. 즉, 상담자의 전문성에서 몰입(flow)(Csikszentmihalyi, 1990), 불확실성의 영역(Hammond, 2000), 적응적 전문성(adaptive expertise)(Holyoak, 1991), 감성적 전문성(Goleman, 1995) 등의 특성이 거론되고 있다(Skovholt & Jennings, 2004).

다양한 영역에서의 전문성과 구별되는 심리치료 및 상담의 전문성이 거론되는 것처럼, 집단상담 영역에서의 상담자의 전문성은 또 다른 독특성을 가질 것으로 기대된다. 집단상담이 하나의 학문적 영역으로 자리 잡고, 독특한 상담방식으로서의 입지를 견고히 하기 위해서는 집단상담 자체의 차별화된 치료적 요인이나 개입방식의 확인과 더불어 집단상담자의 특성 및 발달 과정이 밝혀져야 할 것이다.

5. 집단상담에서 상담자 발달 관련 연구

상담자 발달에 있어 거의 대부분의 연구들은 개인상담이나 개인상담 슈퍼비전의 맥락에서 이루어진 연구들이다. 그러나 그 중에서 집단상담자의 발달과 관련된 연구로 집단상담자의 발달 수준에 따른 인지적 차이를 밝힌 Kivlighan과 Quigley(1991)의 연구가 있다. Kivlighan 등(1991)의 연구에서는 경력 집단상담자와 초심 집단상담자 간의 차이를 비교하기 위해서, 피험자들로 하여금 모의 집단상담 비디오를 본 후 집단원들 간의 유사성을 평정하도록 하고, 다차원 척도법을 사용하여 피험자들의 유사성 평정 자료를 분석하였다. 연구 결과는 경력 집단상담자는 집단원들 간의 유사성 평정을 위해 높은 수준의 복잡한 심리학적 차원을 사용하였으며, 집단원들에 대해 좀 더 차별화된 이해를 가지고 있는 것으로 나타났다.

국내 연구로 권경인(2001)은 집단상담의 성과에 영향을 미치는 상담자 특성으로 전문가와 초심자가 어떤 차이를 가지는지 집단상담 전문가 1명과 집단상담 초심자 1명의 사례를 비교하였다. 연구 결과 집단상담의 성과에 영향을 미치는 상담자 특성으로 초심자와 전문가의 공통점은 집단상담에 대한 호감을 가지고 있고, 집단상담에 대한 상담자 개인의 긍정적 경험이 있었다는 점이다. 또한 집단상담을 신뢰하고 집단원을 존중하며, 수용적이고 긍정적인 집단분위기 조성을 위해 노력했다는 것이다.

한편, 상담자의 기법에서 전문가가 초심자보다 다양하고 적극적인 기법들을 더 많이 사용하는 것으로 나타났다. 상담 목표를 설정하는 데 있어서도 전문가는 주도적이면서도 집단원의 상호작용을 촉진하는 형태를 보여주는 반면 초심자의 경우 주도적이지 못하고 집단원 간의 상호작용을 촉진하는 데 어려움을 느끼는 것으로 나타났다.

상담 목표를 설정하는 데 있어서 전문가는 집단원 개개인에 대한 목표와 전략을 수립하는 반면 초심자는 집단원 개개인에 대한 목표를 가지고 있지 않았다.

집단분위기 조성에 있어 전문가는 수용적이면서도 문제해결을 위한 진지한 분위기 조성에 힘을 썼으며, 초심자의 경우 긍정적이고 재미있는 분위기 조성을 위해 노력했다. 집단원과의 공동작업을 하는 방법에서도 차이가 있었는데 전문가의 경우 집단원 중에서 적극적인 집단원으로 하여금 코리더(co-leader) 역할을 하도록 촉진하는 등의 리더십 공유의 시도가 있는 반면 초심자의 경우 그러한 시도가 보이지 않았다.

집단상담자의 발달과 관련된 연구들이 소수 진행되었지만 집단상담 전문가의 전생애적 발달을 보지 못하고 인지적 측면에 국한되어 있다는 점과, 사례 수가 적고 본격적인 사례분석 연구가 아니었다는 제한점을 가지고 있다. 집단상담자의 발달에 대한 더 많은 관심이 연구를 통한 탐색으로 이어져야 할 것이다. 또한 집단상담자의 발달에 대한 앞으로의 연구들은 통합적이고 전생애적 발달을 탐색하는 경험적 연구의 방향으로 나아가는 것이 필요하다.

이상 상담자 발달 및 전문성에 대한 연구들을 돌아보며 본서에서 탐색된 집단상담 대가의 발달은 다음과 같은 측면을 고려한 것이다. 첫째, 상담자 발달의 중요한 맥락인 집단상담에서 상담자 발달을 탐색하였다. 둘째, 상담자 발달에 있어 단계별 특징을 기술하는 단순한 결과 제시보다는 상담자의 발달 과정 및 발달 과정을 촉진한 요인과 제한한 요인을 확인하고자 한다. 셋째, 상담자 발달을 대학원 과정에만 집중해서 볼 것이 아니라 발달 후기를 포함한 전생애적 관점으로 초점을 이동시킬 필요가 있다. 따라서 상담자 발달의 최종 단계에 도달한 집단상담 대가를 대상으로 하였다. 넷째, 기존의 경험적 연구가 인지적 측면에서의 전문성 발달에만 초점을 두었던 한계를 넘어서 집단상담 대가들의 인지, 정서, 관계 및 개인내적 특성 등에 대한 통합적인 발달을 살펴볼 것이다. 다섯째, 탁월한 전문성을 획득한 집단상담 대가들의 발달 과정을 탐색함으로써 상담자 교육 및 훈련의 구체적이고 바람직한 목표와 구성요소를 확인할 것이다.

이런 필요성에 근거하여 본서는 집단상담이라는 상담자 발달의 새로운 맥락에서 탁월한 전문성을 획득한 대가들의 통합적인 발달의 이해를 위해서 인간적 특성과 전문적 특성, 발달 과정, 발달 과정에서의 전문성 발달에 관여한 요인 및 전문성 획득 전략 등을 살펴보았다.

제3장

집단상담 대가의 특성(I)

　집단상담 대가들은 어떠한 특성과 과정을 거쳐 발달하는가? 이는 본서의 중요한 질문이다. 이를 위해 눈덩이 표집-동료 지명의 방법을 사용하여 국내 집단상담 전문가들에게 그들이 생각하는 최고의 집단상담자를 추천하게 하였다. 한 번이라도 거명된 27명의 집단상담자 중 가장 높은 빈도로 추천을 받았으며, 집단상담자로서의 분명한 정체성을 자타에 의해 인정받는 최상위 5명을 연구 참여자로 선정하였다. 이들을 대상으로 3차에 걸친 개별면담을 실시하고 면담자료를 근거 이론 접근방법(Strauss & Corbin, 1998)으로 분석하였다(자세한 연구의 방법에 대해서는 본서 8장을 참조).

　분석 과정 중 개방코딩에서 참여자들과 면담을 통해 얻은 자료를 한 줄 한 줄 읽어 가면서 지속적인 질문과 비교하기를 통해 개념을 명명하였다. 각 개념들을 무리지어 범주화하고 이 범주의 속성과 차원을 계속적으로 발달시켜 나갔다. 이러한 작업을 통해 최종적으로 65개의 개념, 28개의 하위

▌▌〈표 3-1〉 자료에서 도출된 개념, 하위범주, 범주

개 념	하위범주	속 성	차 원	범주
긍정적으로 첫 집단상담을 경험함 충격적으로 첫 집단상담을 경험함	강렬한 첫 집단상담 을 경험함	경험	있음-없음	집단을 선택함
나를 변화시킨 집단상담을 경험함	집단상담을 통한 개인적 변화를 경험함	경험	많음-작음	
집단상담만의 치료적 요인을 발견함	집단상담만의 치료 적 요인을 발견함	정도	큼-작음	
나에게 명약인 집단상담을 다른 사람 에게도 전해주고파	이타심을 가짐	정도	큼-작음	
개인상담보다 많은 수입이 가능함 기업 및 교육프로그램으로 전환 용이 능력에 대한 인정	강화물이 됨	정도	큼-작음	
집단상담이 재미있음	집단상담이 재미있음	정도	큼-작음	집단상담 에 몰입
집단상담에서 의미를 발견	집단상담에서 의미 를 발견	정도	큼-작음	
도전이 되지만 잘 해낼 수 있음	도전과 기술의 조화	정도	큼-작음	
집단상담 그 자체가 좋음	집단상담 그 자체가 좋음	정도	큼-작음	
집단상담 세부전공으로 교수가 됨 집단상담 전공인 지도교수의 제자가 됨 집단상담을 잘하고 싶음	외부와 내부의 요구 가 있음	위치	외부-내부	요구
현장에 집단상담 도입자가 됨	선구자 역할을 함	행위	있음-없음	선구자 역할을 함
집단상담을 생계수단으로 선택함	생계수단으로 선택함	정도	강함-약함	생계수단 으로 선택함
인간에 대해 깊이 신뢰함 수용력이 놀라울 정도로 높음 자기개방에 대한 두려움이나 꺼림이 매우 적음 다양성에 대한 호감과 추구 높은 위험감수 경향 있음	개인내적 특성	정도	큼-작음	개인내적 특성
멘토와 강렬한 관계 경험을 함 초기 집단상담지도자가 멘토가 됨	멘토	경험	많음-적음	중요한 타자와의 관계
함께 길을 가는 좋은 동료가 있음	동료	경험	많음-적음	
집단원은 나의 스승이자 자원	집단원	경험	많음-적음	

집단상담자로서의 초창기 좌절이 많았음 압도될 만한 큰 좌절은 없었음 후기의 내면적 좌절, 성장하기 위해 만들어 낸 좌절	좌절의 특성	경험	많음-작음	좌절과 이에 대한 대처방식
집단상담에 더 많이 나를 밀어 넣기 집단상담에 대한 기대를 조절함 자신의 한계에 대해 수용함 연결된 다른 영역으로 잠시 관심을 돌림 좌절에 대한 지속적 성찰과 책을 통한 학습	좌절의 대처방식	행위	적극적- 소극적	
개인적 삶의 고통 결핍의 경험 불안	고통, 결핍, 불안의 기여	정도	큼-작음	고통, 결핍, 불안의 기여
지독하게 끊임없이 자기보기를 함	지속적인 자기보기	정도	큼-작음	개인내적 측면의 작용/상호 작용전략
종교적, 철학적 힘을 축적함	종교적, 철학적 힘의 축적	정도	큼-작음	
2년 이상의 장기 집단상담 운영 및 경험하기 집단상담 시연 및 공개관찰 집단 참여하기 집단상담에 모든 삶을 건 분들과 밀착학습하기 '밥 먹듯' 집단상담하기 어려운 집단원들과 집단상담을 많이 하기	집단상담 경험의 축적	경험	많음-작음	행동적 측면의 작용/상호 작용전략
집단상담 돌아보기 슈퍼바이지와 슈퍼바이저 경험하기	집단상담 돌아보기	경험	많음-적음	
지칠 줄 모르는 학습자 되기	지칠 줄 모르는 학습자 되기	정도	큼-적음	
내 식의 집단상담 만들기	내 식의 집단상담 만들기	정도	큼-적음	개별화 측면의 작용/상호 작용전략

깊은 공감능력을 가짐 깊이 있는 진정성을 가짐 서두르지 않는 '기다림의 명수'가 됨 유연함과 융통성을 가짐 무거움과 아픔을 생산적으로 처리하도록 돕는 유머 다양하고 강렬한 감정에 대한 두려움이 적음	인간적 자질	정도	큼-작음	탁월한 전문성의 획득
집단역동에 대한 깊은 이해와 활용 집단 전체와 관계 맺는 리더십(강력한 관계 기술) 집단상담 진행의 편안함과 가벼움을 가짐 저항의 존중 빠르고 정확한 개개인에 대한 이해를 함 집단목표와 개인목표를 자유롭게 조형함 인지적 유능성: 많은 정보량, 정보 간 통합, 변별적 적용 집단상담을 조직, 사회, 민족문제의 해결책으로 확장	전문적 자질	정도	큼-작음	
자신의 능력에 대한 현실적인 기대를 함 개별화되고 특화된 스킬을 가짐 자신의 상담이론 형성함	개별화	정도	큼-작음	

범주, 13개의 범주가 도출되었다.

집단상담 대가의 특성과 발달 과정을 분석하기 위해 근거 이론에서 제시하는 패러다임, 즉 인과적 조건, 현상, 맥락적 조건, 작용/상호작용, 결과에 따라 개념과 범주를 엮는 축코딩 과정을 통하여 분석을 실시하였다. 이를 통하여 집단상담 대가들이 집단상담을 선택한 배경, 집단상담 대가의 발달에서 주요 현상인 집단상담에 몰입, 집단상담 대가의 발달에 기여한 맥락, 집단상담 대가의 발달을 위한 전략에 영향을 준 중재적 요인, 집단상담 대가 발달을 위해 취하는 작용/상호작용 전략, 결과로서 탁월한 전문성의 획득 등을 살펴보았다. 이러한 범주 분석 과정을 그림으로 표현하면

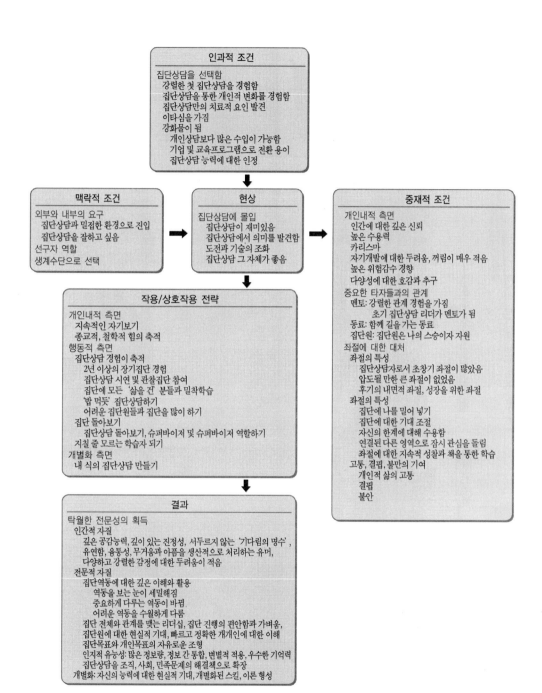

인과적 조건

집단상담을 선택함
  강렬한 첫 집단상담을 경험함
  집단상담을 통한 개인적 변화를 경험함
  집단상담만의 치료적 요인 발견
  이타심을 가짐
  강화물이 됨
    개인상담보다 많은 수입이 가능함
    기업 및 교육프로그램으로 전환 용이
    집단상담 능력에 대한 인정

맥락적 조건

외부와 내부의 요구
  집단상담과 밀접한 환경으로 진입
  집단상담을 잘하고 싶음
선구자 역할
생계수단으로 선택

현상

집단상담에 몰입
  집단상담이 재미있음
  집단상담에서 의미를 발견함
  도전과 기술의 조화
  집단상담 그 자체가 좋음

중재적 조건

개인내적 측면
  인간에 대한 깊은 신뢰
  높은 수용력
  카리스마
  자기개발에 대한 두려움, 꺼림이 매우 적음
  높은 위험감수 경향
  다양성에 대한 호감과 추구
중요한 타자와의 관계
  멘토: 강렬한 관계 경험을 가짐
        초기 집단상담 리더가 멘토가 됨
  동료: 함께 길을 가는 동료
  집단원: 집단원은 나의 스승이자 자원
좌절에 대한 대처
  좌절의 특성
    집단상담자로서 초창기 좌절이 많았음
    압도될 만한 큰 좌절이 없었음
    후기의 내면적 좌절, 성장을 위한 좌절
  좌절의 특성
    집단에 나를 밀어 넣기
    집단에 대한 기대 조절
    자신의 한계에 대해 수용함
    연결된 다른 영역으로 잠시 관심을 돌림
    좌절에 대한 지속적 성찰과 책을 통한 학습
고통, 결핍, 불만의 기여
  개인적 삶의 고통
  결핍
  불안

작용/상호작용 전략

개인내적 측면
  지속적인 자기보기
  종교적, 철학적 힘의 축적
행동적 측면
  집단상담 경험이 축적
    2년 이상의 장기집단 경험
    집단상담 시연 및 관찰집단 참여
    집단에 모든 '삶을 건' 분들과 밀착학습
    '밥 먹듯' 집단상담하기
    어려운 집단원들과 집단을 많이 하기
  집단 돌아보기
    집단상담 돌아보기, 슈퍼바이저 및 슈퍼바이저 역할하기
  지칠 줄 모르는 학습자 되기
개별화 측면
  내 식의 집단상담 만들기

결과

탁월한 전문성의 획득
  인간적 자질
    깊은 공감능력, 깊이 있는 진정성, 서두르지 않는 '기다림의 명수',
    유연함, 융통성, 무거움과 아픔을 생산적으로 처리하는 유머,
    다양하고 강렬한 감정에 대한 두려움이 적음
  전문적 자질
    집단역동에 대한 깊은 이해와 활용
      역동을 보는 눈이 세밀해짐
      중요하게 다루는 역동이 바뀜.
      어려운 역동을 수월하게 다룸
    집단 전체와 관계를 맺는 리더십, 집단 진행의 편안함과 가벼움,
    집단에 대한 현실적 기대, 빠르고 정확한 개개인에 대한 이해
    집단목표와 개인목표의 자유로운 조형
    인지적 유능성: 많은 정보량, 정보 간 통합, 변별적 적용, 우수한 기억력
    집단상담을 조직, 사회, 민족문제의 해결책으로 확장
  개별화: 자신의 능력에 대한 현실적 기대, 개별화된 스킬, 이론 형성

[그림 3-1] 집단상담 대가의 특성에 대한 패러다임 모형

집단상담 선택 배경	
강렬한 첫 집단상담을 경험함	강화물이 됨
집단상담을 통한 개인적 변화 경험	개인상담보다 더 많은 수입을 가져다 줌
집단상담만의 치료적 요인 발견	기업 및 교육 프로그램으로 전환이 용이
이타심을 가짐	집단상담 능력에 대한 인정

집단상담에 몰입	
집단상담이 재미있음	도전과 기술의 조화
집단상담에서 의미를 발견함	집단상담 그 자체가 좋음

멘토	
초기 집단상담 지도자가 멘토가 됨	강렬한 관계 경험을 가짐

좌절과 그에 대한 대처	
좌절과 그에 대한 대처	후기의 내면적 좌절, 성장하기 위해 만들어 낸 좌절
집단상담자로서 초창기 좌절이 많음	집단상담에 더 많이 나를 밀어 넣기
압도될 만한 큰 좌절은 없었음	집단상담에 대한 기대를 조절함
	자신의 한계에 대해 수용함
	연결된 다른 영역으로 잠시 관심을 돌림
	좌절에 대한 지속적 성찰과 책을 통한 학습

개인적 삶의 고통, 결핍, 불안의 기여	
개인적 삶의 고통	
결핍	
불안	

탁월한 전문성 획득에 기여한 상황	
외부와 내부의 요구가 있음	
선구자 역할을 함	
생계수단으로 선택함	

성장을 위한 전략	
2년 이상의 장기집단 경험	지속적인 자기보기
집단상담 시연 및 공개 관찰집단 참여	종교적 철학적 힘의 축적
집단상담에 모든 삶을 건 분들과 밀착학습	집단 돌아보기, 슈퍼바이지와 슈퍼바이저 경험
'밥 먹듯' 집단상담 하기	지칠 줄 모르는 학습자 되기
어려운 집단원들과 집단상담 많이 하기	내 식의 집단상담 만들기

인간적 특성	
자기개방에 대한 두려움, 꺼림이 매우 적음	높은 수용력
다양성에 대한 호감과 추구	깊은 공감능력
높은 위험감수 경향	깊이 있는 진정성
서두르지 않는 '기다림의 명수'	유연함과 융통성
인간에 대한 깊은 신뢰	무거움과 아픔을 생산적으로 처리하는 유머
	다양하고 강렬한 감정에 대한 두려움이 적음

전문적 특성	
집단역동을 보는 눈이 세밀해짐	저항의 존중
중요하게 다루는 집단역동이 바뀜	빠르고 정확한 개개인에 대한 이해
어려운 집단역동을 수월하게 다룸	인지적 유능성: 많은 정보량, 정보의 통합, 변별적 적용, 우수한 기억력
집단 전체와 관계를 맺는 리더십	자신의 능력에 대한 현실적 기대를 함
집단 진행의 편안함과 가벼움을 가짐	개별화되고 특화된 기술을 지님
집단목표와 개인목표를 자유롭게 조정함	자신의 상담이론을 형성
집단상담을 조직, 사회, 민족 문제의 해결책으로 확장	

[그림 3-2] 집단상담 대가의 발달 과정의 주요 주제

[그림 3-1]과 같이 설명할 수 있다.

근거 이론에 따른 패러다임 모형을 토대로 하여 집단상담 대가들의 발달의 중요한 주제(theme)를 찾아내었다. 즉, 집단상담 대가들이 집단상담을 선택한 이유, 집단상담에 몰입 현상, 멘토, 좌절과 대처, 고통과 결핍, 불안의 기여, 성장을 위한 전략, 인간적 특성, 전문적 특성 등을 살펴보았다. 이를 전체적으로 제시하면 [그림 3-2]와 같다.

1. 집단상담 대가들이 집단상담을 선택한 이유

자신의 전문 영역으로 집단상담을 선택하는 것은 집단상담자에게는 단회적인 사건이 아니다. 그것은 오랜 시간을 두고 일어나며 점차 그 선택에 대한 확신을 굳혀 가는 과정이다. 이런 과정 속에서 상담자들에게 자신이 집단상담자로서의 길을 가게 되는 결정적인 동기나 이유를 살펴보았다.

집단상담 대가들은 자신이 집단상담을 선택하게 되는 이유를 '강렬한 첫 집단상담을 경험함', '집단상담을 통한 개인적 변화를 경험함', '집단상담만의 치료적 요인을 발견함', '이타심을 가짐', '강화물이 됨' 등으로 이야기하고 있다. 이를 살펴보면 다음과 같다.

1) 강렬한 첫 집단상담 경험

(1) 긍정적으로 첫 집단상담을 경험함
첫 집단상담 경험은 집단상담 대가들이 집단상담을 자신의 영역으로 선택하는 데 영향을 주는 것으로 나타났다. 〈사례 1〉과 〈사례 4〉는 첫 번째 참여한 집단상담의 경험이 매우 긍정적이었다고 말하고 있다. 특히 〈사례 1〉의 경우 첫 번째 집단상담 경험을 '구원'이라고 표현하면서 의식 변성을 경험했다고 표현했다. 〈사례 4〉의 경우도 첫 번째 집단상담 경험에서 자유로움과 무조건적인 지지, 삶의 보람 등을 경험했다고 말한다. 이런 경험들은 집단상담자로서 발달 과정에 지속적으로 영향을 미치며 집단상담 진행의 목표가 되고, 집단상담에 대한 확신을 갖게 하는 중요한 자료가 되는 것으로 보인다.

좋은 정도가 아니라 난 구원을 받았어. 좀 심하지, 내 경우는. 그러니까 간략케만 얘기하면 나는 늘 삶의 의미를 찾아서 젊은 날을 보냈는데 못찾았어. 근데 첫 집단, 32살인데, 거기서 찾았어. 나는 뭐 철학 서적, 학문에서 못찾은 걸 집단상담의 체험 속에서 경험적으로 깨달았지. 깨달았다는 말, 깨닫고 변화하고. 그래서 그날 이후로 더 이상 삶의 의미를 묻지 않고 그담에 점점 의식의 변성 체험이 일어났어. 근데 또 모든 사람이 그런 건 아닌 거지. 그래서 이런 얘기를 하면 위화감을 일으킬까 봐. 근데 많은 사람들한테 이와 유사한 거를 체험하게 하기 때문에 사람들이 그룹을 선호한다는 건 인정해. 근데 정도에 있어서는 나는 좀 심했지.   〈사례 1〉

대학교 4학년 때 집단 처음 했는데 집단을 하니까 특히 ○○○ 선생님이 경험보고서를 써주셨는데 거기 늘 따뜻하게 마치 내가 최고인 것처럼, 그렇잖아요. 남의 경험보고서는 안 보고 내 것밖에는 안 보니까. 게다가 ○○○ 선생님이 good하고 느낌표를 몇 개씩 해주고 그러잖아. 그러니까 학교 쭉 다니면서도 초등학교 때 100점짜리 받을 때처럼 동그라미 5개 쫙 쳐진 그걸 받은 기분. 선생님이 100점이라고 쓰고 그 밑에 줄을 쫙쫙 쳐 줬을 때의 그 기분을 뭐 고등학교 때 이럴 때 대학교 이럴 때 못느끼다가, 특히 집에서는 못한다고 계속 말만 듣다가 한 장의 종이에 느낌표가 쫙쫙 쳐져 있고 마치 내가 이 세상에서 최고인 것처럼 그런 지지의 코멘트가 있을 때 사는 재미가 있고 내 존재 가치가 느껴지잖아요.   〈사례 4〉

(2) 충격적으로 첫 집단상담을 경험함

〈사례 3〉의 경우 첫 집단상담 경험을 좋다 나쁘다를 떠나서 너무나 충격적이었다고 말하고 있다. 지금까지 경험해 보지 못한 사람들의 강렬한 감정의 표현들이나 경험을 보면서 이럴 수도 있구나 하는 생각을 했다고 한다. 또 〈사례 4〉의 경우는 긍정적인 집단상담을 경험함과 동시에 마지막 시간의 피드백 주고받기에서 자신이 전혀 예상하지 못했던 자신의 모습을 알게 되어 매우 충격적이었다고 회상하고 있으며, 이 사건의 집단상담자로서 자신의 인생에 중대 사건이었다고 이야기한다. 반드시 긍정적인 경험이 아니더라도 자신에게 도전이 되거나 충격적으로 다가오는 경험은 집단상담을 지속하게 되는 힘으로 작용하는 것 같다.

> 내가 그 분을 산업훈련에 모시는 조건으로 난 집단 해 본 적도 없고 helper가 뭔지도 모르고 들어간 거야. 해 보니까 굉장히 충격을 받았죠. 저런 게 다 있구나. 좋다 나쁘다라고 하기보다 놀랐죠. 사람들이 울고불고 난리들이고, 누구라고 하면 알 만한 여자 교수는 그 때 한강에 빠져 죽는다고… 집단이라는 게 이렇게 엄청난 충격을 주는구나 하고 놀랐죠. 〈사례 3〉

> 첫 집단상담에서 마무리쯤에 피드백을 주고받기를 했는데 선생님이 피드백을 주고받는 활동 중에서 불편한 사람 선택하게 하는 걸 했는데 불편한 사람이 전부 다 나였다는 것… 쪽지를 다 열어 봤더니 전부 다 나야. 모든 친구들이 날 불편하다고 하는데요, 충격이었어. 〈사례 4〉

2) 집단상담을 통한 개인적 변화의 경험

집단상담을 선택하게 되는 또 하나의 중요한 이유는 집단상담을 통하여 자신이 변화되는 경험을 가지는 경우이다. 집단상담을 통해서 자신을 들여다 본 경험이 있거나 자신의 변화를 체험한 경우 그들은 집단상담에 더 몰입하게 되는 것으로 보인다. 상담자로서 이들은 개인상담을 비롯하여 다른 상담방법에도 노출되었지만 그런 여타의 경험보다 집단상담이 자신을 더 많이 보게 했으며 더 큰 변화를 가능하게 했다고 말했다.

집단이 나를 좀 보게 하고, 나를 변화시켜 준다는 거. 개인상담에 비해서 훨씬 나를 많이 보게 하고 나를 변화시킬 수 있는 방법들을 조금씩 깨닫게 하고. 내가 평생 동안, 지금까지 좀 관심을 가졌던 종교나 철학보다도 훨씬 구체적으로 나를 변화시켜 줄 수 있는 그런 길들을 제시해 준다는 거.
〈사례 2〉

집단상담 안 하고 그냥 수업만 했으면 난 계속 똑똑한 체하고 예를 들어서 어느 학문에서의 대가처럼 성장을 했을지는 모르겠지만 인간은 안 됐지. 그리고 내 주변에 사람들은 없었죠. (웃음) 그런 줄도 모르고 늘 잘난 줄만 알고. 그걸로 겸손함을 배우게 됐죠. 다른 사람도 보게 됐고.
〈사례 4〉

나는 개인분석보다 집단상담에서 더 많이 나를 본 것 같아. 내 생애 최초의 집단상담이 내 인생 최대의 전환점이 됐지.
〈사례 1〉

내가 나를 던지면서 했잖아, 나를 던지면서 했는데, 거기서 개인적인 변화가 많지. 그런데 내가 집단을 참여하면서 느꼈던 개인적인 변화, 이런 거보다는, 집단을 하면서, 그러니까 굉장히 미숙하게 시작을 하면서, 내가 진짜로 자의식이 강하다는 거. self-conscious한 것이 너무 너무 강하다는 거. 너무 뜨겁게 경험할 수밖에 없었잖아. 그거를 극복하는 과정에서 내가 변화를 했어. 그건 엄청났어, 집단이 제일 도움이 됐고 다른 장면에서보다는 집단에서 리더를 하면서 리더의 경험이 나를 바꾼 거. 그거는 다른 데서는 없었던 경험이야.
〈사례 5〉

3) 집단상담만의 치료적 요인 발견

집단상담만이 가지고 있는 독특한 치료적 요인의 발견은 집단상담 대가들이 집단상담을 선택한 중요한 이유 중 하나였다. 그들은 집단상담에 다른 형태의 상담이 줄 수 없는 그 자체의 독특한 치료적 요소가 있다고 확신하고 있으며, 이를 체험한 것으로 보고한다. 집단상담 대가들이 이야기하는 집단상담만의 독특한 치료적 요인은 다음과 같다.

'삶의 보편성이 주는 힘', '다양한 진실, 많은 진실을 한꺼번에 볼 수 있음', '상담자 혼자보다 여러 사람이 함께 해주는 피드백이나 직면의 강렬하고 효과적인 힘', '소속감과 연대감', '여러 사람이 힘을 합쳐 누군가를 돕는 경험을 제공', '획기적인 변화의 경험을 제공', '조직을 활성화하는 데 최고의 수단' 등이다. 이외에도 내담자 중에 더 많은 지지나 사랑, 힘을 경험하는 것이 중요한 이슈라면 개인상담보다 집단상담을 권하겠다고 말하는 경우가 있었다. 이를 자세히 살펴보면 다음과 같다.

> 사랑도 상담자 혼자 해 주는 것보다 집단에서 집단 지도자를 포함해서 집단 모두에게 사랑받는 게 훨씬 더 크잖아요. 그런 차원으로 내담자에게 힘이 되어주는 게 필요하다 하면은 전 개인보다는 집단으로 권해서 하는 경우가 있어요. 〈사례 4〉

> 사람들끼리, 여러 사람들이 만나서, 왜 뭐라 그러지, 어디 속했다고 하는 느낌 있잖아. (중략) 그거는 개인상담도 안 되고, 딴 데서는 구할 수 없고. 그 다음에 짧은 시간에 그런 느낌을 가지게 할 수 있는 그런 활동도 별로 없는 거 같고. 나는 또 끝날 때 그때쯤 잘 됐을 때 응집력이라고 표현해야 되는지, belongingness라고 표현해야 되는지 잘 모르겠는데, 그런 거 나는 굉장히 매력인 거 같애. 또 하나는 이제, 다른 사람들, 나 아닌 다른 사람들이랑 함께 이렇게 일을, 어떤 사람을 위해서라든지 나 아닌 다른 사람들을 위해서라든지 하는 게, 노력하거나 애를 쓴다거나 그런 게 보일 때, 그때 기분

좋고. 개인상담은 그건 아니잖아.   〈사례 5〉

　　물론 개인상담에서도 하지만. 아 그룹은 좀 다른 거 같애. 좀 더 삶의 보편성이 드러나기 때문에. 보편적인 진실들이 있잖아. 나같이 관심사가 다양하게 많은 사람은 다양한 진실들이 보다 더 우주적 진실이랄까 이게 드러나는 게 흥미로운 거야. 근데 개인상담에서는 내담자한테서 나올 수 있는 얘기가 그 사람의 문제와 특성에 따라 제한되잖아. 그니까 나도 제한된 얘기밖에 못할 수도 있고. 왜 그룹을 좋아하는가 하면 아 뭐 많은 진실들을 한꺼번에 볼 수 있어서….   〈사례 1〉

　　집단이 주는 가장 큰 치료적인 요인은 조직의 피드백이죠. 개인상담에 비해서 굉장히 강력한 피드백을 한다는 거죠. 그리고 개인상담에서는 내담자가 진술한 내용을 가지고 상담을 하잖아요. 그것을 어느 정도 방어를 깔고 얘기할 수 있는데 집단에서는 자기가 어느 순간 비방어적으로 드러나게 되고 그 사람의 모습이 생생하게 전달되기 때문에 개인상담하면서 집단상담을 같이 하는 경우가 많이 있는데 개인상담에서 보고한 내용하고 집단에서 참여한 모습하고 다른 경우가 많이 있어요. (중략) 집단에서는 실제는 그런 것을 보고 실제로 훈련을 시키게 된다는 것이죠.   〈사례 2〉

　　상담은 실험실이야. 개인과 집단 다 실험실인데 집단은 다른 사람과의 관계에서도 실험해 보는 과정이 있다는 것이 장점이라고 할 수 있지. 또 한 가지 좋은 점은 다른 집단원들이 그 과정을 직접 본다는 것, 그게 집단의 장점이라고 할 수 있겠지.   〈사례 5〉

4) 강화물이 됨

　　집단상담 대가들이 집단상담을 선택하게 되는 이유 중에 하나는 강화물이 있다는 것이다. 집단상담을 하는 데 있어 강화물로 작용한 것은 '개인상담보다 많은 수입이 가능함', '기업이나 교육 프로그램으로 전환이 용이함', '집단상담 능력에 대한 인정' 등으로 나타났다.

(1) 개인상담보다 많은 수입이 가능함

집단상담을 선택하게 되는 현실적인 이유 중 하나는 집단상담이 다른 상담이나 교육 프로그램의 제공보다 더 많은 돈을 얻을 수 있는 방법이기 때문이다. 〈사례 3〉은 현장에서 집단상담의 진행시 다른 상담방식의 제공보다 몇 배의 돈을 얻을 수 있다는 것도 큰 매력으로 다가왔다고 이야기하고 있다. 〈사례 5〉도 돈은 현실적으로 중요하게 작용할 것이라고 했고 〈사례 1〉은 2차면담에서 돈에 대한 언급이 매우 솔직한 이야기며 학교를 그만두고 상담센터를 운영하는 상태에서 돈은 더 중요한 주제가 된다고 말했다.

산업훈련에서는 집단상담을 하면 다른 프로그램보다 강사료를 20~30% 정도 더 많이 주기 때문에 수입이 좋아, 그것도 큰 이유야.　　　〈사례 3〉

돈도 중요한 이유일거야. 집단상담이 돈이 더 되지. 확실히 돈이 더 돼.
　　　　　　　　　　　　　　　　　　　　　　　　　　　　　〈사례 5〉

돈을 이렇게 직접적으로 이야기하기도 하네. 그래 용기 있네. 중요하지. 상담실을 오픈하면서 이런 게 더 중요한 주제가 되네.　　　〈사례 1〉

(2) 기업이나 교육 프로그램으로 전환이 용이함

집단상담 대가들이 집단상담을 선택하게 되는 또 하나의 이유는 집단상담이 기업 및 교육 프로그램으로 전환이 용이하다는 점이다. 집단상담이 학교, 상담소, 기업 등의 다양한 프로그램의 주된 방식으로 활용되면서 상담자들에게 집단상담 프로그램의 제작 및 운영, 평가에 대한 요구가 증가되고 있는 추세이다. 집단상담의 선택은 이러한 현장의 요구에 부응하는 적절한 방법으로 선택되기도 한다.

다른 것보다 집단상담은 기업이나 교육 프로그램으로 전환이 가능하거든. 기업이나 교육 프로그램으로도 전환이 용이하다는 뜻, 집단에서 감각이 있으면 교육 프로그램을 짤 때도 그 역동을 이용해서 짤 수밖에 없잖아. 역동을 모르는 상태에서 짤 때하고, 강의 프로그램을 짜더라도 마찬가지야. 모를 때와 알 때는 좀 차이가 있는 것 같고. 집단상담 자체를 프로그램화시켜서 기업에서 하기도 좋고. 상당히 치료적이기도 하지만, 내가 여기서 말하는 치료적이라는 것은, 실제로 병리를 가진 사람을 데리고 집단을 하기는 어려운 거 같애. 음, 그게 약점일 수도 있지만 강점은 상당히 교육적이 될 수 있다는 거, 일반 사람들에게 적용이 될 수 있다는 것이 굉장히 강점인 거 같아.

〈사례 5〉

(3) 집단상담자로서 능력에 대한 인정

무엇보다 이들은 집단상담을 실시하면서 집단상담자로서 자신의 유능성을 인정받았고 그런 경험들은 끊임없이 집단상담에 몰입할 수 있는 강화로 작용하였다. 집단을 진행하면서 집단원들이나 외부로부터 제공되는 긍정적인 피드백 및 집단상담을 실시해 달라는 지속적인 요구 자체가 이들에게는 집단상담에 대한 몰입을 유도하는 강화물이 되었다. 또한 단순히 잘 했다는 칭찬이 아니라 집단에서 자신의 색깔이나 이론적 접근을 잘 접목시켜 자신이 집단에서 이루어 내고자 하는 것을 해냈다는 평가는 이들에게 긍정적인 피드백이 되는 것으로 나타났다.

기업체에서는 훈련 성과가 좋으면 제일 뚜렷한 반응이 프로그램 요청이 계속되는 것이야. 예를 들면, ○○그룹 같은 경우 75년에 임원들 대상으로 집단을 했는데, 그 때 집단에 참가했던 사람들이 진급이 되었을 때 조직 내에서 갈등이 있거나 조직개발의 필요성이 생기면 다시 찾아 주고 해서 그때 인연이 지금까지 연결되는 거거든. 이처럼 계속 찾아주니까.　　　〈사례 3〉

시범하는 것에 대해서는 여러 사람들이 쉬는 시간에 전화하면… 되게 좋다든가… 그런 피드백 들으면 내가 집단상담자로서 잘 하고 있구나. 이렇게 해서 이렇게 해도 되겠구나. 개발을 하면 되겠다. 그런 자신감을 주는 게 있겠죠.　　　〈사례 2〉

능력은 잘한다는 능력도 있지만, ○○○집단은 이런 색깔이더라 하는
거, 그런 게 들리더라고. 그러면서 그게 나는 그런 의도가 아니었는데가 아
니고 그런 의도였는데 그런 의도로 받아들이더라고. 그게 소위 말하는 능력
에 대한 인정일거야. 〈사례 5〉

5) 이타심

집단상담 대가들은 자신이 경험한 집단상담의 효과를 다른 사람에게도
나누어 주고 싶다는 소망을 가지고 있는 것으로 보인다. 내가 경험한 좋은
것을 다른 사람도 경험하도록 돕는 일이 이들에게는 집단상담을 선택하게
된 이유이기도 하다. 이들은 자신을 변화시킨 경험을 집단원들도 체험하도
록 격려했으며, 자신이 경험한 긍정적인 집단경험을 집단장면에서도 다시
재현시키려는 노력을 하는 것으로 나타났다.

내 자신에 대한 존재가치를 많이 발견하게 된 게 음… 내가 다른 사람에
게도 집단으로 뭔가 힘을 줘야 되고 그 존재가치를 집단에서 발견하고 가치
롭게 살면서 신나게 사는 맛을 느끼게 해 줄 그런 게 필요 하겠다 해서 집단
상담의 매력 또는 강점 이런 걸로 다가갔던 것 같애요. 〈사례 4〉

나에게 어떤 명약이었기 때문에, 구원을 주는 계기였기 때문에 다른 사람
에게도 그랬으면 하는 기대와 희망이 있고, 또 실제 꼭 나와 비교를 안하더
라도 실제 그룹의 파워를 믿고 있기 때문에. 〈사례 1〉

이상에서 집단상담 대가들이 집단상담을 선택하게 되는 이유에 대해서
살펴보았다. 집단상담 대가들이 집단상담을 선택하는 이유로, 첫 집단상담
의 경험은 의미 있게 작용하는 것으로 보인다. 또한 집단상담을 통한 자신
의 변화 경험, 집단상담만의 독특한 치료적 요인의 발견도 집단상담을 선
택하는 이유가 된다. 현실적으로 집단상담이 개인상담보다 많은 수입이 가

⫴〈표 3-2〉 집단상담 대가들이 집단상담을 선택한 이유에 대한 개념, 하위범주, 범주

개 념	하위범주	속 성	차 원	범 주
긍정적으로 첫 집단상담을 경험함 충격적으로 첫 집단상담을 경험함	강렬한 첫 집단상담을 경험함	경험	있음-없음	
나를 변화시킨 집단상담을 경험함	집단상담을 통한 개 인적 변화를 경험함	경험	많음-작음	
집단상담만의 치료적 요인을 발견함	집단상담만의 치료적 요인을 발견함	정도	큼-작음	집단을 선택함
개인상담보다 많은 수입이 가능함 기업 및 교육 프로그램으로 전환용이 집단상담자로서의 능력에 대한 인정	강화물이 됨	정도	큼-작음	
나에게 명약인 집단을 다른 사람에 게도 전해주고과	이타심을 가짐	정도	큼-작음	

능하고, 기업 및 교육 프로그램으로 전환이 용이하다는 점, 집단상담을 했을 때 자신의 능력을 인정받는 것 등이 강화물로 작용했다고 한다. 한편 자신의 좋았던 경험을 다른 사람에게도 나누어 주고 싶어 하는 이타심도 집단상담의 선택 요인으로 나타났다.

집단상담 대가들이 집단을 선택하게 되는 배경은 근거 이론 패러다임 모형에서 인과적 조건에 해당하는 내용이다. 인과적 조건은 현상에 영향을 미치는 사건이나 일들로 구성된다(Strauss & Corbin, 1998). 집단상담 대가들이 집단상담을 선택한 이유에 대한 개념 및 하위범주, 범주를 정리하면 〈표 3-2〉와 같다.

2. 집단상담에 몰입

집단상담 대가들은 집단상담에 빠져드는 경험을 하는 것으로 나타났다. 이들이 집단에 빠져드는 경험은 기간과 강도에 차이가 있지만 집단상담에 대한 몰입(flow)은 모든 전문가에 공통되는 현상으로 보인다.

이들이 말하는 몰입은 집단에 대한 진술을 통하여 몇 가지 요소로 나누어진다. 첫째, 집단상담 대가들은 집단상담을 재미있어 한다. 둘째, 이들은 집단상담에 대한 각별한 의미를 부여하며, 이때 의미는 효율적인 방법으로서의 의미에서부터 인생전체를 걸 만하다는 것까지 다양하다. 셋째, 집단상담은 그 자체가 의미와 만족감을 주는 것이 된다고 말한다. 넷째, 집단상담은 도전이 되지만 그것을 다룰 수 있는 것이며 통제 가능한 것이 된다고 보고한다. 이를 구체적으로 살펴보면 다음과 같다.

1) 집단상담이 재미있음

집단상담 대가들은 대부분 집단상담에 대한 '재미'를 이야기했다. 그들은 집단상담을 경험하면서 재미있다고 말했다. 집단상담의 경험이 축적되면 될수록 그들에게 집단상담은 진지한 작업적인 요소보다는 흥미롭고 재미있는 경험으로 분류가 되는 것 같다. 집단상담자로서의 경험이 그들에게 일이라기보다는 자신이 가장 즐거워하고 좋아하는 것을 한다는 유희적 요소를 포함한 작업이 되는 것으로 나타났다. 그들은 집단상담을 즐기는 것으로 보인다. 〈사례 1〉과 〈사례 3〉, 〈사례 5〉는 집단상담의 재미에 대해 다음과 같이 말하고 있다.

> 나한테 집단상담이란 무엇인가? 재밌어. 아주 재밌어. 왜 재밌냐면은 여기선 진실을 말하는 게 정답이거든.　　　　　　　　　　　　〈사례 1〉

> 이번 11월달에도 거의 20일을 하루도 못 쉬는데… 재미가 있고, 요새는 나이가 들어가고 집단 하는 보람도 있지만 재미까지 붙어가지고… 집단상담 재밌어. 그렇게까지 재밌는 게 없어. 내가 늘 하는 소린데, 이 세상에 다른 장난감은 다 열거해 봐야 부속이 몇 개 안 돼. 사람은 뇌세포만 해도 약

150억 개는 되잖아. 그렇게 다양한 부속품을 가진 장난감을 가지고 그것도 하나도 아니고 여러 개를 가지고, 한 번에. 똑같은 게 하나도 없지. 그리고 사용 매뉴얼 없지. 전부 지 멋대로 놀지. 예측 불가능하지. 그게 얼마나 재밌는데. 그리고 자동차도 암만 좋은 자동차도 운전할 줄 모르면 사고 내지, 지가 별 수 있어. 잘 탈 줄 알면 얼마나 좋은데.   〈사례 3〉

재미가 있더라고. 어떤 재미가 있느냐면, 애들이 진짜 하나하나… 많이는 변하지 않아. 확실히. 그건 뭐 개인상담도 마찬가지고. 근데 올 때는 아무런 생각 없이 왔다가, (중략) 극복하기 어려운 challenge, 도전이 될 만한, 도전 거리로 삼으면 좋은 주제를 발견하고, 거기에 굉장히 깊이 몰입해서 생각하고 고민하다가, 그런 고민 속에서 나오는 진솔한 감정도 여러 사람한테 표현할 수밖에 없고. 자연스럽게 하게 되고. 그러면서 혼란스러운 과정을 거쳐서 결국에는 그 어려운 도전거리가 되었던 것에 대한, 이것이 왜 도전거리가 되었었는지에 대해서 한번 정리가 싹 되고. 머릿속이 깨끗해지고. 집단이 끝나면서 나갈 때는 앞으로 이 점에 대해서 실제 생활에서 한 번 달리 살아 봐야 되겠다는 일종의 자각, 결단을 하고 나가는 그 모습이 강화가 돼. 그게 재밌고.   〈사례 5〉

2) 집단상담에서 의미를 발견함

집단상담 대가들 모두는 집단상담에서 의미를 발견한다고 말했다. 그 의미의 수준은 각 전문가마다 다른 차원이지만 그들 모두에게 집단상담은 중요한 의미를 가지고 있다. 〈사례 1〉은 집단상담을 인간의 고통을 해결하는 최고의 해결책이라고 말하고 있고, 집단상담이 자신의 구원이라고 표현하고 있다. 〈사례 2〉의 경우 집단상담은 자신을 보고 변화시켰던 방법이며, 종교나 철학보다도 훨씬 구체적으로 자신을 변화시킨 방법이라고 말하고 있다. 〈사례 3〉은 집단상담은 내 삶의 전부라고 말하면서 자신의 일생 동안 버리지 못한 유일한 것으로 남은 평생을 다 바쳐도 아깝지 않은 것이라고 말했다. 〈사례 4〉는 집단상담은 나의 스승이자 지도자이며 신앙과 거의 비슷한 수준에 있는 것이라고 말했다. 〈사례 5〉는 집단상담이 자신을 확장시키는 방법이자 자신이 집단상담으로 물들어간다고 진술하고 있다. 이처럼 각 참여자들에게 집단상담은 하나의 훌륭한 방법이자 자기 변화의 체험이며 나아가 자신과 동일시되는 단계까지 나아가는 것으로 의미를 가지게 된다. 이는 집단상담을 통해서 단순히 재미와 흥미를 추구하는 것을 넘어서서 집단상담이 자신의 삶을 생산적으로 만들고, 자신의 분명한 삶의 목표가 된다는 것을 나타낸다.

집단이란 무엇인가? 아. 인간의 고질적인 문제, 즉 고통의 해결책이다. 해결책 중의 하나라고 말하고 싶지 않고, 가장 뛰어난 해결책이라고 말하고 싶어.　　　　　　　　　　　　　　　　　　　　　　　　　　〈사례 1〉

개인상담에 비해서 훨씬 나를 많이 보게 하고 나를 변화시킬 수 있는 방법들을 조금씩 깨닫게 하고. 내가 평생 동안, 지금까지 좀 관심을 가졌던 종교나 철학보다도 훨씬 구체적으로 나를 변화시켜 줄 수 있는 그런 길들을 제시해 준다는 거, 구체적으로.　　　　　　　　　　　　　　　　〈사례 2〉

집단상담은 내 삶 전부였지. 내 인생의 황금기를 전부 집단을 하면서 보낸 거야. 내 삶의 거의 모든 시간을… 앞으로도 집단에 남은 여생을 바치는데 아무 부족함이 없어. 할 줄 아는 것도 그것뿐이고, 취미도 그것뿐이고, 다 버려도 그것만은 내가 버리지 못하지….　　　　　　　　　　　　〈사례 3〉

집단은 삶의 지표. 내가 힘들 때 위로받고 싶은 곳. 내가 누군가에게 나눠줄 수 있는 곳. 내가 예수라면으로 되돌아가는데, 내가 살면서 이게 맞나 이래도 되나 이럴 때 확인받고 싶잖아요. 그럴 때 갈림길에 섰을 때 예수라면 어떻게 했을까 이 생각하고 그리고 좀 신앙이 좀 덜 컸을 때는 ○○○ 선생님이라면 이 상황에서 어떻게 했을까 난 이 생각을 참 많이 하거든요. 근데 신앙이 좀 크면서 ○○○ 선생님은 빠지고 예수님이라면 이때 어떻게 했을까 이런 생각을 하는데. 집단상담을 하면서 나머지 집단원들에게 내가 어떻게 보일까 그런 생각해요. 집단은 내 친구이기도 하고 내 지도자이기도 하고 나의 가이드, 내 상담자이기도 하죠   〈사례 4〉

집단은 내게 확장의 방법이야. (중략) 집단에 빠져 들어가는 것이 점점 물 들어가는 것이기도 하고 비유로 말하면 빨간 불이 탁 들어왔어. 어이쿠 이거 담아내야 되는구나 했단 말이야. 그런데 담아내려고 보니까, 기왕 담아내는 거 확실히 담아내자 하는 마음의 결정을 했어. 그래서 열심히 해, 막 던져가면서 해, 성격에 안 맞는 걸. 근데 하다보니까 이게 매력이 있는 거야. 김이 슬슬 나기 시작했어. 그래서 지금은 물 끓이다 보면 밑에 뽀글뽀글 방울이 생기잖아. 김이 슬슬 나다가, 좀 많이 나다가, 끓기 시작하잖아. 끓기 시작한 정도는 아냐. 아니지만, 김이 꽤 많이 나. 근데 한 가지 믿는 거는, 가마솥이 라가지구, 김이 금방 식을 거 같지는 않아.   〈사례 5〉

3) 집단상담 그 자체가 좋음

집단상담에 대한 그들의 진술 중 이들이 정말로 집단에 빠져 있다고 느끼게 되는 부분은 이들에게 집단상담 그 자체가 자기만족 및 기쁨이 된다는 것이다. 〈사례 1〉과 〈사례 4〉는 집단상담이라는 의미 있는 작업을 하는 것 자체가 축복이며, 집단상담에 들어가는 것 자체가 좋다고 말한다. 〈사례 2〉는 집단상담을 통해 자신이 도달하고자 하는 삶의 중요한 모습에 근접하게 되고, 집단경험이 세상의 그 어떤 경험도 제공할 수 없는 하나됨을 제공해 준다는 측면에서 그 자체를 귀하게 여기게 된다고 했다. 이들에게 외부적인 다른 무엇이 없다고 할지라도 집단상담 자체가 긍정적인 피드백이며 의미고 만족을 제공할 수 있는 그 무엇이 되어 있다는 것을 발견할 수 있다.

결과보다도. 그런 의미 있는 작업을 한다는 것 자체가 축복인 거야 그냥. 내가 이런 자리에 있다는 것이. 가장 살아 있어.   〈사례 1〉

기쁘게 참여하고 사람을 사랑하는 마음, 그러니까 만나면 좋으니까, 집단에 들어가면 좋으니까, 그래서 부담이 안 되고. 〈사례 4〉

나는 집단이 상담의 꽃이라고 생각을 해요. 힘들지만 그 속에서 같이 하나가 되고, 내가 삶에서 목표로 하는 분별심을 버린다든가, 또 세상을 볼 때 있는 그대로 세상을 본다든가 하는 그런 것들을, 내가 집단을 이끌기는 하지만, 또 그런 시각으로 사람들을 대하려고 하는 그런 내 노력들을 그게 훨씬 더 심화시키기도 하고 그 자체가 도움이 되죠. 〈사례 2〉

요즘에는 조금 덜 하는데 예전엔 집단 끝나고 가면 차를 가지고 갔다가 차를 몰고 온다든가 버스를 타고 온다든가 하면… 눈물이 나더라구요. (중략) 사랑하는 마음들로 같이 보내고 그런 것들이 너무나 도움이 많이 되었어요. 우리라는 느낌, 나라는 느낌이 없어지고 우리라는 느낌이 들고, 막 그런 느낌들이 들면 눈물이 많이 나기도 하고, 그런 것들이 보통 자리에서는 갖기 어려운 느낌이잖아요. 절의 석방에 앉아 있어서도 갖기 어려운 느낌이고 술을 먹어서도 가질 수 있는 느낌이 아니고, 내가 없어지는 느낌 이런 것들이 조금씩 더 배어 들어가는 것들이, 그런 것들이 집단 자체가 좋은 점인 것 같아요. 〈사례 2〉

4) 도전과 기술의 조화

〈사례 5〉는 집단상담을 처음 시작할 당시를 회상하면서 그 일이 자신에게 도전이 되었다고 말한다. 여태까지 해 보지 않았던 일이고 스스로 썩 잘할 수 있는 일이라고 여겨지지 않는 상태에서 집단상담을 하는 것이 자신을 확장시키는 일이었다고 말하고 있다. 초기 단계에 집단상담 전문가들에게 집단상담은 긴장되고 현재 자신이 가지고 있는 것보다 조금 더 높은 수행을 요구하는 일이다. 그러나 그런 높은 수행이나 목표에도 불구하고 그것을 해낼 수 있는 능력이 있어서 결국 그 도전과 능력이 조화되고 긍정적인 피드백을 받는 경험들을 축적해 가게 된다. 〈사례 3〉의 경우에도 절대로 집단을 하지 않을 것이라는 결심을 번번이 할 정도로 집단상담이 어렵고 힘든 일이었지만 집단에서 어려운 상황을 극복해 내고 마지막에 오는 변화를 보면서 다시 집단을 하게 되는 일을 반복했다고 말했다.

집단상담은 이들에게 도전이 되지만 그 도전을 다룰 기술이나 능력이 있다는 것이 동시에 발견된다. 이들에게 도전은 성장을 위한 기회이며 자기확장의 재료가 되는 것으로 보인다.

> 나한텐 굉장히 어려운 과제였어, 어쩌면. 확장이라는 게 뭐, 책을 더 많이 보는 쪽으로 확장할 수도 있지만, 집단을 이렇게 한다는 거는 나에겐 조금 어려웠어. 정말 그것을 했을 때는, 그리고 했는데 때로는 잘 될 때는, 야 너 이런 것도 하네 하는 생각으로 괜찮더라고.   〈사례 5〉

> 나에게 집단상담이 재밌는 이유. 내담자를 많이 알기 때문이 아냐. 앞에서 내가 나를 던진다고 그랬잖아. 내가 어디까지 하는지를 보고 싶은 이런 게 있어. 그러면서 내가 가진 능력과 그것이… 내가 겪는 문제와 내가 가지고 있는 기술과 이 사이에서 균형점이 느껴질 때 몰입이 된단 말이야. 긍정적으로 굉장히 좋고 재밌겠다는 생각을 했는데, 부분적으로 20%는 그런 부분이 없지 않아 있어. 집단도 굉장히 나에게 도전이 되는 자의식을 굉장히 자극하는 거였거든. 그러니까 많이 싫은데, 조금씩 조금씩 그게 극복이 되간다고 할까. 내 기술이 개발되어 간다고 할까.   〈사례 5〉

> 매번 집단을 할 때마다 이놈의 집단 다시 안 해야지. 매번 끝날 때마다 이 집단 다시 안 해야 된다고 생각했지. 왜냐하면 과히 철저한 증명. 칼날 위에 선 것 같은 기분이 드는 게, 우선 기업에서 온 사람들이기 때문에 기업에서 요구하는 목표가 있어. 그게 다 선택형이야. 그 다음에는 그게 다 개개인들의 목표가 있어야 돼. 이 사람들이 다 끌려온 사람들이야. 명령받고 온 사람들이지 자발적으로 온 사람들이 아니야. 그리고 교육받고 다시 재교육받을 기회가 없어요. 사전에 기초지식도 없어요. 그런데 거기서 말 한마디 잘못해 버리면 돌아가서 개인에게 불이익을 당할 수 있어요. 또, 거기서 한 행동이 이성이나 양심에 의해 한 행동이 아니거든. 감성이 풍부한 행동인데 그것도 자칫하면

다른 사람한테는 평가의 대상이 될 수 있어요. 그래서 그게 굉장히 위험한, 참가자들에게는 그 사람이 얼마나 위험한 상황에 있는지 잘 모를 때가 있어. (중략) 그런데 너무나 절망적이던 사람이 또 태도변화가 되고 절망적이던 팀이 변화가 되고 이런 결과를 보면 그건 사실 집단의 마지막 단계에서 나타난단 말이야. 집단이 시작부터 스텝 바이 스텝으로 점진적으로 좋아지는 것도 있지만 이렇게 됐다 이런 것도 있고, 어떤 때는 쫙 가다가 팍 올라가는 것도 있고, 그 땐 미치잖아. 그때 그걸 이겨냈던 것은 마지막에 오는 그 기쁨 때문에 매번 새롭게 도전을 하지. 다시 안 해야지, 하고 돌아서면 또 하게 되고, 또 하게 되고…. 〈사례 3〉

집단하면서 제일 큰 도전은 멤버들이 반발을 하거나, 그런 일들을 겪으면서 그럴 때 막 가슴 떨리고 처참하기도 하고… 그런 느낌들이 많이 들었어요. 그런 상황에 대해서 내가 좀 더 도전 그런 것들이 두려워도 불안하죠…. 그런데 그런 것에 대해서 도전하고 내가 거기서 진행하는 것에 대해서 자신감을 가지고 좀 더 부딪혀 보고 그래서 요즘은 웬만한 상황이 되더라도 별로 불안하거나 그런 것들이 없는데 그런 것들이 집단상담에서 제일 많이 어려웠던 부분이 그런 것들인 것 같아요. 〈사례 2〉

이상은 집단상담 대가들의 집단상담에 몰입에 대해서 살펴보았다. 집단상담 대가들은 집단상담을 해야 할 일로서 인식하기보다는 즐기며 재미를 느끼는 것으로 나타났다. 또한 이들은 집단상담에 대한 각별한 의미부여를 하고 있었으며, 집단상담자로서의 분명한 정체감을 가지고 있었다. 집단상담 대가들은 집단상담 그 자체가 동기이자 만족의 원천이 된다고 밝히고 있다. 이들에게도 집단상담은 어렵고 도전이 되는 측면이 있지만 더불어 그 도전에 대처할 수 있는 기술을 가지고 있는 것으로 나타났다.

집단상담의 몰입 부분은 패러다임 모형에서 현상에 해당하는 것으로 무슨 일이 일어나고 있는가에 대한 답이라고 할 수 있다. 집단몰입에 대해 개념, 하위범주, 범주를 정리하면 〈표 3-3〉과 같다.

▌〈표 3-3〉 집단상담의 몰입에 대한 개념, 하위범주, 범주

개 념	하위범주	속 성	차 원	범 주
집단상담이 재미있음	집단상담이 재미있음	정도	큼-작음	집단 상담으로 몰입
집단상담에서 의미를 발견함	집단상담에서 의미를 발견함	정도	큼-작음	
집단상담 그 자체가 좋음	집단상담 그 자체가 좋음	정도	큼-작음	
도전이 되지만 잘 해낼 수 있음	도전과 기술의 조화됨	정도	큼-작음	

3. 멘 토

집단상담 대가들의 발달에 영향을 끼치는 요인으로 사람은 매우 중요하다. 이들이 중요한 타자라고 말한 사람들은 멘토(mentor)와 동료, 그리고 집단원 등이다. 그중에서도 멘토는 이들의 전문가 성장에 지대한 영향을 끼치는 것으로 나타났다.

1) 초기 집단상담 리더가 멘토가 됨

집단상담자들의 발달에 영향을 미치는 멘토에 있어 독특성은 첫 집단상담자가 멘토가 되는 경우가 많다는 점이다. 5명의 참여자 중에 3명의 경우 첫 집단상담 경험에서 리더를 했던 집단상담자가 삶과 상담에 있어 중요한 멘토로 자리매김해 가는 것을 볼 수 있다. 이는 집단상담자로서의 초기경험이 얼마나 중요하며, 지속적인 영향을 끼치는가를 보여 준다.

주목되는 부분은 멘토들과의 만남이 단회적인 집단상담의 경험으로 끝나는 것이 아니라 지속적인 관계를 통해 발전하는 시간과 여건이 함께 허락되었다는 것이다.

참여자에 따라 집단원으로서의 경험보다 집단상담 리더로서의 경험을 먼저 한 경우도 있으며 대학원 집단상담 수업에서의 집단실습의 경험이 첫 집단상담으로 특별한 기억으로 남지 않는 경우도 있었다. 하지만 본격적인 집단상담으로 이행하는 단계, 즉 집단상담자로서의 초기 집단상담 경험에서 만난 집단상담자들이 멘토로 이들의 전문가적 삶과 인간적 삶에 영향을 미치는 것으로 나타났다.

발달 단계에서 초기 단계에 이들이 어떤 집단상담자를 만나고 어떤 집단상담의 경험을 하는가는 집단상담자로서 이들의 발달에 상당한 영향 및 지속적인 영향을 주는 것으로 보인다.

첫 번째 집단을 경험했다는 것. 그래서 10여 년간 젊은 시절에 방황하며 찾아 헤매던 것을 거기서 찾고 해결했다는 것 그것을 빼놓을 수 없고. 두 번째 두 분의 리더를 만난 것. ○○○ 님하고 ○○○ 선생. 훌륭한 role model을 만난 거.   〈사례 1〉

내한테는 ○○○ 선생님하고의 만남, 기독교라는 신앙, 상담 이 세 개가 삼위일체 같은 거예요.   〈사례 4〉

제일 첫 번째 집단이 ○○○ 선생님 집단… ○○ 온천에서 1박 2일로 많이 해주셨어요. 항상 제일 생각을 많이 하죠. 그냥 개인상담을 한다든가 집단을 한다든가 하면은 되게 지지를 많이 해 줬어요…. 잘한다거나. 가끔 소주를 한잔씩 마시고, 요즘은 당뇨 때문에 잘 안 드시는데… 최근에 계속 만나면, 소주 한잔 마시고… 상담에 대한 그런 거 얘기할 때 지지를 많이 해 줬어요. 상담자가 되는 데 있어서 내가 제일 은혜를 많이 입은 분이 그분인데… 항상 신뢰, 믿음을 보여 줬다는 거. 첫 집단에서 누굴 만나는가는 중요할 거라고 생각해요. 근데 나는 그때 처음 집단에서 하는 것들이 별로 이상적이지는 않았지만, 집단을 하게 되잖아요.   〈사례 2〉

미국에서 수업집단 말고 한국에서 처음 집단 들어간 게 ○○○ 선생님 집단이지. 삶의 스타일은 ○○○ 선생님을 닮고 싶은 거야. 정성을 다하지 않지만 관심을 계속 가지시잖아. 속으로 바라는 것은 모르겠어. 그렇다고 사

람을 push하지도 않으시고, 스타일은 ○○○ 선생님을 닮고 싶어. 나도 그
렇게 되고 싶어. 〈사례 5〉

2) 멘토와 강렬한 관계 경험을 함

집단상담 대가들 5명은 모두 멘토들과 강렬한 관계 경험을 가지고 있다
고 말한다. 참여자에 따라서는 집단상담자로서의 초기 단계에서 만난 멘토
와 별개로 삶에 깊은 영향을 미치는 또 다른 멘토를 모시고 있는 경우가 있
었다. 〈사례 2〉, 〈사례 3〉, 〈사례 5〉가 이에 해당한다.

다른 상담 영역에서와 공통적으로 이들과 멘토와의 관계는 각별하다. 〈사
례 1〉의 경우 멘토와의 관계가 유별스럽다고 말한다. 실제로 이들과 멘토
의 관계는 매우 각별하다. 멘토는 단순히 공부나 집단의 기술을 가르쳐 주
었던 선생이라기보다는 이들에게 삶에 있어 특별한 존재로 자리매김하는
것을 볼 수 있다. 〈사례 5〉는 멘토가 부모를 대신한다고 말하고, 〈사례 3〉
은 멘토가 정신적인 토대가 되는 철학을 알려주었다고 말한다. 〈사례 2〉의
경우 멘토는 삶의 중요한 결정에 큰 영향력을 행사한다. 〈사례 4〉는 멘토
를 신앙과 거의 동격의 위치에 두기도 했다고 말한다. 집단상담 대가들은
그들과의 관계를 수십 년 지속해 온 경우가 많고 멘토가 돌아가셨다고 해
도 지속적인 영향을 미친다고 말하고 있다.

> ○○○님 하면은, 호남 지방에서 굉장히, 지금은 뭐 돌아가셨지마는, 굉
> 장한 ○○이시거든요. 굉장히 유명하시고. 그래서 ○○○님하고 같이 옛
> 날에 잠시 있기도 하고 그랬어요. ○○○님을 내가 너무 존경했기 때문에,
> 불교 공부를 조금 더 하고 살라는 말이, 다른 걸 다 포기하게끔 하는 게 있어
> 서, 결정적인 계기가 됐어요. 그냥 그렇게 뭣에, 막 학문에 대해서 그렇게 욕
> 심 안 부리고 살려고 하고, 그냥 그런 게 상담자가 되는 데, 집단의 길을 가는
> 데 어느 정도 좀 도움이 된 거 같아요. 〈사례 2〉

○○○님하고는 좀 유난했어요. 그래서 내가 생명의 은인이라는 표현을 쓰거든요. 나와 같은 고민을, 나와 같은 contents를 고민한 분이었고, 또 같은 방식으로 풀어 가는 분이었기 때문에. 그래서 그분도 날 각별히 생각을 하셨어요. 지금도.　　　　　　　　　　　　　　　　　〈사례 1〉

○○○ 선생님하고의 만남. 그 안에 들어 있는 게 그분의 삶의 모습이 나한테 크게 남아 있고 선생님하고 만났다 하더라도 그 사람한테서 내가 존경하고 닮고 싶은 부분을 발견하지 못했다면은 거기에서 같이 안 있었겠죠. 그러면 또 이 학문에 대한 매력도 별로 못느꼈겠죠. 아마 많은 부분 영향을 받았을 거고.　　　　　　　　　　　　　　　　　　　　〈사례 4〉

저 뒤에 있는 족자가 우리 선생님께서 여든 여섯이 되셨을 때 나한테 써 주신 글인데 개전일여관(個全一如觀)이지, 내가 처음 배운 게 1962년. 선생님 63때 지금 딱 내 나이 때. 대학 1학년 때 심리학 시간에 선생님 만났는데 선생님이 개전일여관이라는 자기 철학 만드신 분. 우리 사상을 배우고 우리 걸 배우고 천부경을 배우고 개체와 전체가 상대적인 게 아니라 일여적이라는 게 선생님의 철학. 그게 내 삶에서는 가장 큰 영향을 미친 철학이지. 1962년에 선생님을 만나서 1995년에 돌아가셨으니까 삼십 몇 년을 선생님한테 배운 셈이지. 특히 한사상, 천부경 등은 나의 정신적 지주가 되었지….　　〈사례 3〉

오늘 ○○○ 선생님 뵈면서 내가 고민하는 것 말씀을 드리려고 한 것은 아닌데 갔다가 말씀드려야겠다고 생각한 것은 내가 아버지가 안 계시니까 선생님을 아버지 삼아서 이야기를 드려야겠다고 용기가 생긴 것 같애.
　　　　　　　　　　　　　　　　　　　　　　　　〈사례 5〉

이상의 집단상담 대가의 멘토는 집단상담 대가들의 성장과 발달에 중요한 촉진 요인으로 작용하고, 이들의 관계 형성의 시작은 집단상담 대가들의 발달 초기에 시작되었으며, 강렬한 관계 경험을 지속적으로 유지하는 것으로 나타났다.

■‖ 〈표 3-4〉 멘토에 대한 개념, 하위범주, 범주

개 념	하위범주	속 성	차 원	범 주
초기 집단상담 리더가 멘토가 됨 멘토와 강렬한 관계 경험을 함	멘토	경험	많음-적음	중요타자 와의 관계

집단상담 대가들의 멘토는 패러다임 모형에서 중재적인 조건에 해당된다. 즉, 집단상담자들이 전문가로 발달해 가는 다양한 전략을 더욱 활성화시키고 촉진시키는 데 기여한 요인으로 정리할 수 있다. 이를 개념, 하위범주, 범주로 정리하면 〈표 3-4〉와 같다.

4. 좌절과 대처

집단상담 대가로 발달하는 과정을 촉진하는 요인 중 하나는 좌절과 좌절에 대처한 방식이다. 탁월한 전문성을 획득한 대가들이 순탄한 과정만을 거쳐서 발달하는 것은 아니다. 이들은 각자의 좌절이 있었고 좌절을 어떻게 극복해 내는가에 따라서 전문성을 획득하는 데 도움이 되었다고 말한다. 이들이 경험하는 좌절의 특성과 이에 대한 대처방식을 살펴보면 다음과 같다.

1) 좌절의 특성

(1) 집단상담자로서 초창기 좌절이 많았음

집단상담자로서 이들에게 좌절이 가장 많았던 시기는 집단상담자로 집단을 운영하던 초창기인 것으로 나타났다. 〈사례 1〉은 집단상담을 처음 진행하면서 초기 개입 기술이 부족했었다고 말한다. 또한 자신의 내적 인격이 이론의 깊이를 따라가지 못했다고 말했다. 〈사례 2〉는 초창기 기업에서

의 집단진행이 너무나 어려워서 집단상담이 끝나고 혼자 방에 들어가 울기도 했다고 말했다. 자신이 집단상담을 못하는 줄 알았다고 말할 정도로 초기 비자발적인 집단원들과의 작업은 집단상담자에게 많은 좌절을 겪게 만드는 것으로 나타났다. 〈사례 5〉는 첫 집단상담을 기억하고 싶지 않은 부끄러움으로 기억한다. 지금도 생각하면 땀이 난다고 말하고 있는데 집단에 대한 경험 없이 지식으로 시작했던 집단에서 상담자의 지나친 노출로 불편감을 겪기도 했다고 한다.

초기 단계에서 이들이 겪는 불편감은 개입이나 기법에 숙달되지 못한 점과 높은 인격적 자질을 요구하는 이론적 입장에 자신의 내면적 성숙이 따라가 주지 못한 것에 대한 불일치나 회의감, 집단상담 및 집단원에 대한 높은 기대로 인한 좌절 등으로 나타난다.

집단상담 대가들은 이런 실수나 실패의 경험이 그 당시 참 어려웠지만 상담자 발달에서 이런 좌절이 없이 지나갈 수는 없다고 말한다. 집단상담자로서 실패는 반드시 맛보아야만 한다고 말하기도 한다. 집단상담으로 진입하는 과정에서 이들이 겪은 어려움은 전체 발달 과정에서 가장 어렵고 힘겨운 것으로 나타났다.

> 이 사람들이 자발성이 없고 비개방적이고 그러다 보니까 말을 잘 안 하잖아요. 개방 같은 거, 감정표현이라던가 피드백을 준다든가 이런 걸 잘 안 하니까, 그런 사람들을 집단할 때. 너무 그게 힘들어서 초기에는 내가 막 방에서 울기도 했거든요. 〈사례 2〉

> 집단상담자로서의 좌절은 처음에 초보리더 때 4박 5일을 한다고 하면 초기 단계 때 좌절을 많이 겪었어. 그건 뭐냐면은 이 사람들이 집단을 신뢰하고 리더를 신뢰하고 자기개방을 잘했으면 좋겠는데 그걸 잘 못하더라고. 그때 내가 왜 리더를 하고 있지, 이 어려운 거를 왜 하고 있지, 이 생각을 참 많이 했어. 그 당시에는 담배를 평소엔 안 피지만 너무 힘들어서 몇 번 담배를 가방에 넣고 집단상담하는 장소로 떠난 적도 있어. 너무 힘들어서 혼자 담배

를 폈던 적도 있어. 응집성이나 신뢰 형성이 안 될 때. 지금 생각하면 리더십의 부족이었다. 이렇게 생각이 돼. 〈사례 1〉

내 속은 안 그러면서 그래 그럴 수 있지. 뭐 그럴 수도 있겠지 이러니까 내가 생각해도 말장난 같은 거예요. 그러면서 집단상담 이거 말장난하는 것 같다 하는 회의가 그러니까 혼란과 회의가 들었던 적이 있었어요. 그래서 주춤했었고 그러면서 (웃으며) 프로이드의 이론에 매력을 느꼈어요. 딱 부러지잖아. 용어를 딱딱딱 갖다 붙이면 끝이잖아. 그게 내 자신이 집단이 주는 맛을 충분히 체험하지 못했기 때문에 느꼈던 회의고 그게 좌절로 연결이 되지 않았을까 싶어요. 〈사례 4〉

내가 초보자일 때는 내담자의 변화에 대한 결실을 내가 따먹으려고 했어. 내가 잘해서, 내가 능력 있어서. 근데 해 보니까 욕심으로 다가가서는 안 되겠더라고. 오히려 뿌러지기도 하고 그 사람이 더 상처받기도 하고. 나는 이거 좋은 거니까 이거 네가 보면 된다, 우리 다 보는데 너는 왜 못보냐 막 그렇게 push하기도 하고. 〈사례 4〉

처음 리더했던 집단, 땀이 났다. 내가 생각하고 싶지 않은 부끄러움이 몇 가지 있는데 그중에 하나야. 쓸데없는 자기노출을 했던 것 같아. 〈사례 5〉

(2) 압도될 만한 큰 좌절은 없었음

집단상담자로서의 초기 단계에서 겪는 어려움에도 불구하고 〈사례 1〉, 〈사례 3〉, 〈사례 4〉는 집단상담자로서 자신들의 성장 과정에서 큰 좌절은 별로 없었던 것 같다고 말한다. 자신의 좌절에 대해 설명을 하면서도 그것이 일종의 회의나 어려움이지 좌절이라고 하기에는 부적합하다는 말을 했다.

전문가로서 자신의 삶을 회고하는 입장에서 지나간 좌절이 작게 느껴지고 그것을 극복해 낸 지금 크게 지각되지 않을 수 있다는 점을 감안하더라도 이들에게 집단상담자로서 압도되거나 강렬한 좌절 경험이 적다는 것 자체가 하나의 특징이 될 수 있다.

한편 〈사례 5〉는 압도될 만한 좌절이 없었던 것보다는 압도될 만한 좌절인데도 압도되지 않은 것이 더 정확한 표현이라고 말하기도 했다. 〈사례 3〉도 자신이 집단을 하지 않을 수만 있었다면 집단을 하지 않았을 것이라고 말할 정도도 압도될 만한 상황의 연속이었지만 그것에 압도당하지 않고 잘 대처해 왔다고 표현하는 것이 더 적절할 것이라고 말했다.

> 솔직히 난 이렇다 할 좌절 경험은 없는 게 운이 좋아서 그런지 뭐 빨리 인정을 받았고 지금까지도 받고 있기 때문에 전문가로서의 좌절은 사실은 못 겪었는데…. 〈사례 1〉

> 전 아주 심각하게 좌절을 경험한 적은 별로 없었어요. 좌절은 크게 느끼진 않았던 것 같아요. 빨리 빨리 극복했던 것 같아요. 내 자신의 특징 때문인지 집단에 대한 믿음, 집단상담이라는 것이 주는 효과에 대한 확신이나 믿음 때문이었는지 좌절은 그렇게 많이 경험하지 않았어요. 〈사례 4〉

> 밖에서의 좌절은 나는 별로 없었어. 집단에 들어가서 참가자들이 날 보고 어렵다 소리는 해도 내가 어렵게 느껴지는 사람은 거의 없었어. 나는 처음부터 내담자가 어렵다는 생각은 별로 안 들었어. 〈사례 3〉

> 나는 그래. 압도될 만한 좌절이 없었던 게 아니구 너무너무 압도될 만했었는데, 압도될 수가 없었어, 오기 때문에. 〈사례 5〉

(3) 후기의 내면적 좌절, 성장하기 위해 만들어 낸 좌절

〈사례 3〉은 자신의 좌절이 밖에서부터 오는 좌절이 아니라 내부적인 좌절이라고 말했다. 또한 2차 면담에서 그는 자신의 좌절은 더 성장하기 위해서 문제를 만들어 낸 것이기 때문에 보통 사람들이 말하는 외부로부터 닥치는 좌절이 아니라고 말했다. 초창기 이후의 대가들의 좌절은 대부분 내부적인 좌절이다. 즉, 인격의 성숙이나 부딪혀 오는 개인적인 삶의 문제를 극복하는 과정에서 일어나는 어려움 등으로 인한 좌절이지 집단상담의 성과나 집단원으로 인한 좌절은 이야기되지 않았다.

이들은 더 성숙하기 위해서 고민하고 더 나은 상담자로서 자신을 돌아보면서 경험하게 되는 좌절에 대해, 전문성을 유지하고 확장시키기 위해서 필요한 것이라고 말했다. 그것은 없애 버리거나 극복하는 방식이 아니라 품고 가야 하는 존재의 용기에서 나오는 책임이라고 표현하기도 했다. 집단상담 대가 중에는 개인적인 삶의 좌절에 대해서 이야기했는데 그 내용이 스님이 되고 싶다거나 수행을 하고 싶었는데 꿈이 이루어지지 않았다는 내용이었다. 즉, 이들에게는 좀 더 높고 확장된 정신세계에 대한 소망이 강했고 그것이 자신의 소망처럼 되지 않을 때 좌절을 경험했다고 지각하는 것으로 나타났다.

내 개인적으로는 제일 큰 좌절이, 밖에서의 좌절은 나는 별로 없었어. 내 내면적인 좌절인 셈인데, 내가 집단전문가로서 인격적으로 성숙이 되어 있나 하는 의문이 끝없는 좌절을 느끼게 만들었지…. 좌절에 대해서 특별한 좌절이 없다고 표현되었는데 그건 목표를 높여서 문제를 창조한 것이기 때문이지. 자기 스스로 아쉬움이 느껴져서 점핑하려고 만들어 낸 문제니까 밖에서 닥치는 문제와는 다르지.　　　　　　　　　　　　　　　〈사례 3〉

내가 돈 받은 만큼 하나 이런 거지. 그러니까 사기 안 치고 있나. 사람을 속이는 거 아닌가 하는 거. 그 다음에 인제 개인적으로 할 능력이 되나, 이렇게 하는 게 소위 전문가 맞나 이런 생각도 들고. 그건 아직도 조금씩은 있어. 뭐 없을 수가 없거든. 계속 가야 돼. 그거 없으면 또 성장을 안 할 거고. 그거는 항상 있어야 될 거야. 나이도 들고, 남들이 "선생님 집단을 하면 좋을 것 같아서요." 이런 소리를 슬슬 하기 시작하고 내가 그런 걸 듣기 시작하면, 그 때부터는 외부적인 것보다, 외부적인 실제는 없지, 왜냐하면 남들이 알고 오니까. 그 다음부터는 내가 이제 사람들이 저렇게 보고 오는데, 그 기대에 맞나 이런 거를 그 다음에 생각을 많이 하는 거 같아. 그런데, 그거 역시 시간이 지나면서 점점 줄어들어. 왜냐하면 그게 방해가 된다는 거를 아니까. 그러니까 마음속으로는 괴로워, 한편. 그러나 그 괴로움을 지고 갈 수밖에 없어. 그런 괴로움이나 내적인 좌절을 집단원들에게 넘겨 버리면 그게 무책임한 거야. 그게 우리가 말하는, 뭐뭐 함에도 불구하고 살아갈 때 느껴야 하는 책임이야. 그게 존재의 용기에서 나오는 책임이야. 〈사례 5〉

인생에서의 좌절은 이렇게 생각해 보니 별로 좌절이 없었는데, 스님이 되고 싶은데 못 된 거는 좌절이었네. 내 인생을 돌아보건대, 그거는 좌절이었어. 지금은 좌절이라고 생각은 안 해. 근데 그때는 확실히 좌절이었어. 〈사례 1〉

불교 공부하고 3년간 쉬는 그 즈음에 절 쪽에서 일을 했고, 그 가운데서 절에 가서 살고 싶었는데 잘 안 돼서 그래서 어쩔 수 없이… 집에서 마누라가 불평, 불만을 하고, 사실 상담을 하게 된 것이 내 좌절이지요. (웃음) (근데 왜 그렇게 절에 가서 사시고 싶으셨어요?) 고등학교 때 죽음에 대해서 생각하게 되었어요. 죽음에 대해서. 삶의 허무에서 어떻게 벗어나자 그런 생각 많았지요. 〈사례 2〉

2) 좌절의 대처방식

좌절을 대처하거나 극복하기 위해 집단상담 대가들이 취하는 방식과 태도는 다양했다. 외적이거나 압도될 만한 좌절이 별로 없었음에도 불구하고 이들의 대처방식은 대체로 적극적인 것으로 보였다. 한편 다른 영역으로의 관심의 이동이나 상담 공부 자체에서 벗어나 다른 세계에 대한 심취 경험이 집단상담에 오히려 긍정적인 영향을 준다고 말하기도 했다. 이를 차례로 살펴보면 다음과 같다.

(1) 집단상담에 더 많이 나를 밀어 넣기
좌절에 대해 〈사례 5〉와 〈사례 3〉은 상당히 적극적인 자세로 대처한다.

집단상담이 힘들다고 느껴질 때 〈사례 5〉는 2년 반 동안의 장기 집단상담을 시작한다. '나를 밀어 넣는다'는 표현이 적절할 정도로 좌절에 정면 도전하는 방식으로 대처하고 있다.

〈사례 3〉은 자신의 인격적인 자질이 부족하다는 것에 대한 좌절이 많았다고 말한다. 자신은 집단상담에 적합한 사람이 아니라고 묘사하면서 그런 자신을 극복하기 위해서 선택한 방식이 기술(skill)이라도 익히는 것이었고 기술을 배우는 학습 장면에 자신을 끊임없이 노출시켰다. 그런 대처가 결국 인격적인 성숙으로도 연결된 것으로 보인다. 또한 〈사례 3〉의 경우 기업 장면에서 너무나 어려운 상황을 자주 겪는데 그럴 때마다 그 상황을 절대로 비켜갈 수 없는 것이라고 여긴다고 말했다. 그는 자신이 프로이기 때문에 포기할 수 없으며, 내가 하지 않으면 안 된다는 절박함과 치열함으로 집단상담에 임했다고 했다. 그가 그렇게 할 수 있었던 중요한 이유 중에 하나는 장에 있는 10명이 아니라 그들과 관계를 맺고 있는 수만 명의 사람을 보기 때문이라고 말했다.

이들은 매우 적극적으로 집단상담과 훈련으로 자신을 밀어 넣었고 자신이 좌절을 극복해야 하는 분명한 이유나 프로의식을 가지고 있는 것으로 보인다.

> 나를 더욱 더 그 자리로 밀어 넣는다. 2년 반 동안의 집단경험은 밀어 넣은 것이지. 빠져보고 다시 한번 생각해보자. 내가 할 일이 아니다 그런 식으로는 아닌 것 같아. 될 때까지 한번 해보자. 이런 식인 것 같아. 〈사례 5〉

> 매번 할 때마다 난 이런 것 경험했으니까 이런 건 자신 있어 했는데 대상이 달라짐으로써 영 아니올시다가 될 때의 좌절은 또 그 다음번 집단을 하면서 회복이 되고…. 〈사례 4〉

> 물러서 버리면 그 조직에 미치는 영향이 얼마나 큰데. 집단하면서 집단에 참가하는 그 사람들은 나한테는 별로 안중에 없었어. 그런데 그 사람들이 편

해지면 그 밑에 있는 수많은 사람들 있잖아, 걔들이 얼마나 편해질까. 임원들이나 사장들이나 회장들 이 사람들이 바뀌면 전 그룹 사람들이 조금이라도 행복해질 거다. 이게 상상이 되니까… 내 마음은 그 사람들 위해서 하는 거니까 10명이 있어도 그 사람들은 10명이 아니지. 몇만 명이 되고 몇십만 명이 되고 그랬던 것 같아. 포기 못하게 한 거. 〈사례 3〉

(2) 집단상담에 대한 기대를 조절함

집단상담을 통해서 겪는 좌절의 중요한 이유 중 하나는 집단상담에 대한 상담자의 기대가 높다는 것이다. 좌절을 극복할 수 있었던 방법으로 바로 이런 과도한 기대를 적절하게 조절하는 것이다. 대체로 대가들은 초기 단계에 높은 목표 의식과 기대 수준을 가지고 있다. 이런 집단상담자의 기대에 미치지 못하는 집단원이나 집단성과는 그들이 느끼는 좌절의 중요한 이유였다.

시간이 지나면서 집단상담 대가들은 자신의 기대를 조율하는 것으로 나타났다. 또한 집단의 성과가 리더에게만 달려 있는 것이 아니라 집단원들이 중요한 변수라는 사실을 알게 된다고 말했다.

극복은 이 사람들의 저항을 이제 다룰 수 있고 과도한 기대를 안 하게 되니까 그 stage에 맞는 기대와 접근을 하니까 그 문제는 이제 해결이 됐지.
〈사례 1〉

그룹은 어떠해야 한다는 이상향을 가지고 있으니까 자꾸 거기에 맞추려고 했던 것 같애. 그래서 내가 바라는 어떤 식의 결과가 안 나오면 나 혼자 덜 만족스러워하는 그런 일이 지금보다 많았던 것 같애. 지금은 별로 안 그런 것 같애. 분명히 더 활발한 집단이 있고 아닌 집단이 있지만 아니면 그 아닌 걸 서로 까놓고 인정을 하고 그 의미를 서로 찾아 들어가고 그렇게 하는 것 같애. 그건 누구의 힘으로 되는 건… 물론 리더가 좀 더 힘이 있으면 촉발이 되겠지만 리더 혼자 하는 건 아니니까. 집단 구성원들이 또 결과를 내는 데 중요한 변수이기 때문에….
〈사례 1〉

열매 맺고 꽃피워야 한다고 생각하면 왜 이렇게 밖에 못했느냐 막 그랬는데 요즘은 난 최선을 다했다. 그래서 그게 언제든지 자기 마음 밭에 떨어져서 그 씨가 싹트면 되는 거고. 틔우고 삶의 진리를 깨닫게 되고 자기 자신의 존재가치를 깨닫게 되면 스스로 꽃피울 수 있는 능력도 있다고 생각해요. 집단상담이 되게 편해요. 〈사례 4〉

초기에는 집단의 성공 실패가 촉진자에 의해 좌지우지된다고 생각했었는데 차츰 시간이 갈수록 집단의 성과에 가장 큰 영향을 미치는 것은 참가자라는 것을 알게 되었지. 촉진자가 집단의 성과에 미치는 영향은 정말 얼마 안 되는 것인데…. 〈사례 3〉

A는 하고, B, C는 안 한다. A, B, C 다 하고는 못하겠더라. 내가 할 수 있는 거는 이거야. 집단상담에서 실제로 3박 4일 동안 할 수 있는 거에 대해서, 사람을 확 바꾸는 거? 이거는 불가능하더라. 그러면서 이거는 다음에 다른 사람을 통해서 할 수도 있겠다라는 거에 대한 감각. 그러나 그렇다고 해서 내담자들이 와서 자기가 투자하는 시간과 돈에 비해서 부족하다는 생각은 안 드는 게 그게 참 미묘한 거야. 이상하더라. 분명히, 어쩌면 상담자 욕심일지 몰라. 돈 많이 내고 오잖아. 그럼에도 불구하고 돌아갈 때는 돈이 아깝다는 생각은 안 하는 거 같아. 그건 미묘해. 상담자의 기대는 분명히 낮아졌어. (중략) 기대나 하기를 원하는 것이 얼마나 작아졌어. 그런데 사람들이 그렇게 하고 났을 때 또 상당히 괜찮다고 그런단 말이야. 그러니까 그게 미묘한 거야. 〈사례 5〉

힘들었을 때, 기대를 조절한다거나, 낮춘다거나 그런 것들이 많이 있었죠. 내가 얼마나 문제를 풀어 줄 수 있는가. 항상 그게 제일 큰 화두였어요. 항상 얼마 정도나 그런 부분들을 풀어 주는 역할을 했는가. 그러니까 그런 부분들이 집단을 하는 데 있어서 어떨 때는 자책이 되기도 하고, 그런 부분들이 있죠. 그래서 그냥 내가 조금씩 안내자의 역할을 한다는 그런 걸로 만족하다, 그런 식으로 기대를 조절을 많이 했죠. 〈사례 2〉

(3) 자신의 한계를 수용함

좌절에 대처하는 또 하나의 방법은 좌절 자체를 수용하며 견디는 것이다. 〈사례 1〉과 〈사례 2〉는 집단상담자로서 자신이 할 수 없는 것은 할 수 없는 것이라고 받아들이는 것, 좌절을 잘 처리하지 못하는 것 자체를 받아들이는 것이 하나의 방법임을 말하고 있다. 더 유능하고 싶거나 명성이 있는 집단상담자에 대한 부러움도 있지만 그는 그이고 나는 나라는 것을 받아들인다고 했다. 〈사례 5〉의 경우에도 자신의 처리할 수 없는 부분이 있다는 것을 확실히 인정하는 것이 중요하다고 말했다.

> 내가 한다고 해도 한계가 있고. 나도 실수도 할 수도 있고 잘못할 수도 있고 때로 나에게 실망하는 집단원들도 있을 수 있고 그러니까 내가 리더로서 완벽해야 한다는 환상을 옛날처럼 갖고 있지도 않고. 뭐 어떤 멤버들이 나에 대해 실망하거나 치료가 덜 됐다고 해서 전적으로 무능한 것도 아니요. 또 어느 정도는 내가 못해내서 무능한 것도 있고 뭐 이런 능력 부족도 있고 치료자가 자기를 인정하는 것. 이런 것도 있어. 어떤 훌륭한 리더에 대한 envy, 선망이 있잖아, Yalom처럼 훌륭한 책도 많이 쓰고 리더로서 잘하고 그담에 이 사람은 끝나자마자 20분이나 적는다는데 경악을 했거든. 어떻게 20분의 시간을 낼 수 있는가. 그 바쁜 사람이. 근데 아 그것도 그 사람은 Yalom이고.
> 〈사례 1〉

> 어쩔 수 없이 견디지요. 뭐 고상한 대답 나올 줄 알았어요? 그걸 받아들이는 거예요. (웃음)
> 〈사례 2〉

> 처리 못한다. 일단 처리를 못한다. 궁극적으로 못하는 것은 유머가 없다는 거구. 극복할 수 없는 것은 내 식으로 만들어야지. 한계가 있어도 할 수 없지.
> 〈사례 5〉

(4) 연결된 영역으로 잠시 관심을 돌림

〈사례 5〉의 경우 집단상담으로 인해 힘들 때 다른 영역으로의 관심을 돌린다고 했다. 그에게는 과학에 관련된 내용에 대한 공부가 휴식과 같다고 했다. 사람을 생각하지 않을 수 있는 영역이기 때문이라고 말했다.

좌절과 직접적으로 연결되는 것은 아니었지만 〈사례 2〉는 자신의 삶에서 상담을 떠났던 3년의 시간이 너무나 소중했고 상담의 중요한 원리를 배울 수 있었던 시간이라고 말하고 있다. 이런 일탈과 관심의 이동이 때로는 그들을 더욱 성장하게 만드는 과정이 되는 것으로 나타났다.

> 나는 굳이 관심을 다른 데로 돌린다. 과학 쪽으로… 과학 쪽으로 마음이 가는 것 같아. 그러면 사람에 대해서 너무 생각을 많이 하니까 내가 힘들어. 애들이 내가 과학으로 스트레스 푼다고 그러면 웃잖아. 그런데 휴식이 돼. 사람은 너무 복잡해. (과학은 단순한가요?) 아 물론 복잡하지. 그래도 과학을 하면 사람에 대해 생각 안 해도 되니까. 그래서 휴식이 돼.   〈사례 5〉

> ○○대 근무하다가 직장생활 안 하고 3년 동안 절에 다니고 그렇게 쉬었거든요. 그때 본래는 유학 간다고 준비하다가 그냥 심리학만 공부하고 살기 싫다, 사실 젊었을 때 생각처럼 불교 공부를 조금 더 해야 되겠다 그래서 심리학, 카운슬러로 활동을 하는 것이 아니라, 불교계에서 법사나 뭐 그런 걸로 좀 활동을 하고 살아야 되겠다. 뭐 그런 마음으로 불교 공부를 시작했는데, 그때에 3년간, 결혼해 가지고, 결혼한 지 막 얼마 안 돼가지고, 쉬면서 내가 보고 싶은 책들 많이 보고, 명상한다고 조금 앉아 있어 보기도 하고, 그게 참 내 인생에 있어서 제일 참 나한테 소중했던 시간이었던 거 같아요.
> 〈사례 2〉

(5) 좌절에 대한 지속적 성찰과 책을 통한 학습

〈사례 2〉와 〈사례 4〉의 경우, 좌절을 어떻게 처리하느냐는 질문에 대해 좌절에 대한 지속적인 성찰과 책을 통해 고민하고 공부한다고 말한다. 자신의 좌절이나 회의를 지속적으로 돌아보고 직면한다고 했다. 특히 경험만을 가지고 해결할 수 없는 부분에 대한 이론적 학습의 중요성에 대해서 이야기했다. 좋은 책을 읽는 것은 그들이 부딪힌 문제나 회의에 대한 답을 제공해 주는 중요한 방법이라고 말했다. 〈사례 1〉과 〈사례 5〉는 경험에만 의존하는 전문성은 위험하다고 말한다. 단순히 지적인 공부의 방법으로서의 책읽기가 아니라 균형 잡힌 전문성을 위해서는 이론과 실제가 합쳐져야 한다는 의미에서 책을 통한 학습은 중요하다고 말한다.

근데 내가 회의를 느끼면서 집단에 대해 더 생각해 보게 되고 집단에 참여하면서 많이 고민을 했기 때문에 더 빨리 빠져나올 수 있었어요. 회피하지 않았고 더 많이 고민했었기 때문에 빨리 빠져나올 수 있었던 것 같고. 고민했었던 것은 집단에 대한 애정을 그만큼 많이 가졌기 때문에 그랬고. 빠져나올 수 있었던 거는 애정 때문이었던 것 같아요. 〈사례 4〉

비자발적인 남자들을, 여자들 할 때보다도 한 세 배 정도는 더 힘 드는 상황인데, 여자들은 둘이 있어도 스스로 알아서 막 얘기를 하니까, 그런데 어떻게 해야 되나 그런 고민을 많이 했고, 그러면서 잘 하도록 하기 위해서 책도 좀 보고, 우선은 가장 기본적으로 책도 좀 보고, 그리고 그 사람들하고 어떤 그런 역할을 잘 하기 위해서는 그 사람들하고 잘 어울려야 되거든요. 〈사례 2〉

이론적인 서적을 꾸준히 접할 수 있었던 것도 도움이 되었던 것 같애. 어제도 얘기가 나왔지만 자칫 자신의 경험에만 의존하는 리더십을 가질 수 있거든. 그게 아니라 정말 프로페셔널들은 어떻게 하는지 참고하고, 보다 효율적인, 보다 어려운 사람들 개입하는 방법, 이런 건 시중에 있는 서적들 참고하면 너무나 큰 도움을 많이 받어. 〈사례 1〉

책을 본다는 뜻은, 공부한다는 뜻이 아니고 경험만 하지 않는다는 뜻이거든. 경험만 가지고 하는 것은 위험해. 책 보는 것 해야 돼. 〈사례 5〉

이상에서 집단상담 대가들은 좌절에 대해서도 독특한 특성을 가지고 있었다. 집단상담자로서 초창기 좌절이 많았고, 압도될 만큼의 큰 좌절은 없

▌〈표 3-5〉 좌절과 대처에 대한 개념, 하위범주, 범주

개 념	하위범주	속 성	차 원	범 주
집단상담자로서의 초창기 좌절이 많았음 압도될 만한 큰 좌절은 없었음 후기의 내면적 좌절, 성장하기 위해 만들어 낸 좌절	좌절의 특성	경험	많음-적음	좌절과 이에 대한 대처방식
집단상담에 더 많이 나를 밀어 넣기 집단상담에 대한 기대를 조절함 자신의 한계에 대해 수용함 연결된 다른 영역으로 잠시 관심을 돌림 지속적 성찰과 책을 통한 학습	좌절의 대처방식	행위	적극적-소극적	

었다. 한편 압도될 만한 좌절에도 불구하고 압도되지 않고 그것을 견뎌 왔다고 표현하기도 한다. 발달 과정에서 후기의 좌절로는 내면적 좌절 및 성장하기 위해서 스스로 만들어 낸 좌절이 더 많았다. 그들이 좌절에 대처하는 방식은 집단상담에 더 많이 나를 밀어 넣기, 집단상담에 대한 기대를 조절함, 자신의 한계에 대한 수용, 연결된 다른 영역으로 잠시 관심을 돌리는 것, 지속적인 성찰과 책을 통한 학습 등으로 정리될 수 있다.

집단상담 대가들의 좌절과 좌절에 대한 대처방식을 살펴보았다. 이는 근거 이론 패러다임 모형에서 중재적 조건 중에 하나이다. 중재적 조건은 인과적 조건이 현상에 미치는 영향을 경감시키거나 변화시키는 것들로서 주어진 상황 또는 맥락적 조건에서 취해진 작용/상호작용 전략을 조장하거나 강요하도록 작용하며, 어떤 현상에 속하는 보다 광범위한 구조적 상황이다(Strauss & Corbin, 1998). 즉, 집단상담 대가들이 탁월한 전문성을 획득하는데 촉진적인 작용을 한 요인으로 이해될 수 있다. 좌절과 대처에 대한 개념, 하위범주, 범주 등을 정리하면 〈표 3-5〉와 같다.

5. 개인적 삶의 고통, 결핍, 불안의 기여

집단상담 참여자들이 유능한 집단상담자로 성장해 가는 데에 우리가 흔히 기대하듯 긍정적인 동기나 정서, 합리적 신념만이 기여한 것은 아니다. 참여자들은 삶의 과정에서 밀려오는 개인적 삶의 고통이나 결핍, 불안과 허무 등이 자신을 상담자로 성장시켜 가는 데 중요한 요소였음을 밝히고 있다.

1) 개인적 삶의 고통

집단상담 대가들은 자신들의 삶 가운데 개인적인 고통이 주는 가치에 대해 언급하고 있다. 개인적인 삶에서 경험하는 여러 가지 고통들이 내담자를 이해하는 폭을 확장시켰다고 회고하며, 그러한 개인적 삶의 고통이 상담자의 발달과 긴밀하게 연결되어 있다고 말한다. 〈사례 2〉는 자신의 가족과의 관계에서 경험하는 갈등 속에서 자신의 모습을 직면하는 경험을 했다고 말한다. 인정하기 싫지만 자신에게 있는 모습을 직면하고 인정하는 과정에서 얻은 깨달음으로 개별화된 이론의 중심원리를 구축해 가기도 한다. 〈사례 4〉는 원가족 관계에서 경험이 초기 집단상담에 대한 매력을 더욱 강렬하게 했던 것으로 나타났다. 〈사례 1〉은 상담자의 개인적 삶에서 부딪혀 오는 여러 가지 고통을 어떻게 소화했는가가 상담에서 중요하며, 자신의 삶에서 닥쳐온 원하지 않는 아픔에 대한 경험과 소화가 상담에 결정적인 영향을 끼쳤다고 말했다.

> 정말로 고통스러워하는 사람을 대할 때 자기가 체험한 고통의 깊이만큼 그 사람한테 더 위로가 되지 않을까 생각을 하지. 그런 점에서 나에게 밀려오는 삶의 과업들, 내가 원하건 원치 않건 밀려오는 과업들, 아픔들 그걸 어떻게 소화하느냐 하는 건 아주 결정적인 것 같애. 내가 모델이 안되고 누구

를 인도한다는 건 참 말이 안되겠지. 하… 자기 삶하고 떨어져 있지 않다. 그런 점에서 난 다양하게 산 것 같애.   〈사례 1〉

제가 결혼을 했잖아요. 결혼을 해서, 내가 결혼한 지 얼마 안 돼가지고 3년 동안 그런 생활을 했잖아요. 직장생활도 안 하고. 그러다 보니까 애기도 안 낳고 난 어디 시골에서 조용히 살려고 생각을 하고, 그러다 보니까 집사람이 처음에는 그런 것에 동의를 했는데, 좀 시간이 지나니까 시골에 간다고 한 것을, 나는 안 가겠다 그리고 내가 또 애도 안 낳고 8남매의 장남인데 애도 안 낳고 그러니까 명절 때 자식들이 모이면 우리는 애기도 없고 동생들은 애가 둘이고 그런 거 볼 때마다 나한테 막 열내고 싸우고. (웃음) 그런 걸 보면서 나도 많이 싸우게 되고, 그래서 나는 결혼하기 전에는 내가 참 순하고 착하다고 생각했었는데, 나도 진짜 열을 잘 내고 그러는구나, 나도 집사람에게 강요성이 심하구나 그런 것. 결혼생활 하면서 한계점을 많이 보고. 그것이, 하여간 내 한계점을 되게 많이 봤다는 거가 나한테는 집단상담자로서 중대사건이에요.   〈사례 2〉

나는 우리 집이 엄격하고 보수적인 편이고 특히 우리 어머니가 일본식 교육을 받으셔서 칼같이 교육을 하셨어요. 되고 안 되고가 유교적인 한국 문화에다가 일본식의 칼같은 게 붙어 나오니까 더 진짜 칼같이 빤득빤득 해야 하는 데서 컸기 때문에 지지를 받지를 못하고 큰 편이예요. 부모들의 큰 사랑 안에는 들어 있었지만 그 사랑이 따뜻하게 표현이 안 되고 대체로 이래야 되고 그러면 안 되고 이런 식의 규범 속에서 많이 자랐는데 (중략) ○○○ 선생님 집단하면서 집에서는 늘 못한다는 소리만 듣다가 내 존재가치를 느끼게 되었지요. 그래서 상담하게 되었고….   〈사례 4〉

2) 결 핍

자신이 집단상담자로 적합한 사람이라고 생각되어서 집단상담 대가가 된 경우는 드문 것 같다. 집단상담 대가로 지목된 참여자들은 자신이 집단상담자로 적합한 사람이라고 생각하기보다는 부족한 부분이 많다고 말한다. 이들이 이야기하는 자신의 부족함은 사회적 관계에서 체면치레로 말하는 겸손이라기보다는, 집단상담자로서 어려움인 동시에 지속적으로 성장할 수 있는 원동력이 되는 것으로 보인다. 〈사례 3〉은 자신의 인격이 집단상담자로서 적합하지 않다고 생각하고 그 결핍을 메우기 위한 노력으로 기술을 습득하는 데 혼신의 힘을 기울인다. 가장 약한 것을 보완하기 위한 몸부림이 그를 뛰어난 집단상담 전문가로 자라가게 만드는 발판이 되었다고 할 수 있다. 〈사례 4〉의 경우 한국에 집단을 처음 소개하는 지도교수의 첫 제자로서 초기에 너무 일찍 주목받고 다양한 역할을 감당해야 하는 특별한 상황 속에서 차곡차곡 실수하면서 배움을 쌓아가는 경험이 결핍되어 있다는 자기반성을 하고 상당한 시간 동안 전면적인 활동에서 물러나 있었다. 다양한 배움에 대한 결핍이 제한점이 되기도 했지만 오랜 시간의 우회를 통해서 자신을 성장시키고 있는 것으로 나타났다. 〈사례 1〉은 집단상담 슈퍼비전에 대한 경험이 없는 것이 자신의 전문성에 대한 약점이라고 말하며 자신의 약한 점들을 보완하기 위해 스스럼없이 배움의 기회를 가질 수 있으면 갖겠다고 말한다.

집단상담 대가들이 처음부터 집단상담에 대한 대단한 능력을 소유했다기보다는 상담자로서 자신의 결핍을 발견하고 그 결핍을 동기화시키며, 지속적인 발전을 향한 내적 열망의 토대로 삼았던 것으로 보인다.

내가 나를 봤을 때 아무리 봐도 인격적으로 집단을 촉진하는 데 적합한 사람이 아니야. 아주 부적격자야 내가 봤을 때는. 집단할 때마다 나 같은 놈은 집단하지 말아야겠다. 내가 볼 때 아주 이성적인 사람, 굉장히 냉정하고, 또 하나는 수줍어서 남들 앞에 가서 말도 잘 안하는 그런 성격이야. 지금은 사람들이 내가 그런 얘기하면 아무도 믿지도 않고 니가 그런 적 있나 하는데, 실제 지금도 그래. 찾아오는 사람을 만나는 건 거절한 적이 없지만 내가 누굴 찾아가는 적은 거의 없어. 파티 같은 데 가도 접근해 오는 사람 만나는 건 아무도 거절하지 않지만 내가 먼저 누굴 찾아가서 인사하거나 사귀거나 하는 건 참 쉽지 않아. 그런 것들도 집단촉진하는 데 안 맞고, 굉장히 다정다감한 사람도 아니고 또 selfish하고 이런 것들이 집단상담하고 전혀 안 맞죠. (중략) 참 지금도 다행스럽게 생각하는 게 내가 인격이 모자라면 스킬이라도 우선 완벽하게 하자 해서 스킬 쪽의 훈련을 정말 철저하게 했던 게 정말 다행이지. 〈사례 3〉

사실은 나 그 슈퍼비전을 체계적으로 못 받은 게 나의 큰 약점이라고 생각을 하거든. 우리 때는 이런 거 공부할 수 있는 전문가도 거의 없었어. 특히 내가 공부했던 학교나 기관에 집단상담 전문가가 없었고. 인연을 맺다 보니까 학교에 있는 전문가들하고는 전혀 인연이 안 됐고 주로 학교 밖에서도 집단을 인격과 경험을 바탕으로 하는 분들 그쪽을 선생으로 모셨고 좀 더 욕심이 나는 것은 좀 더 학술적으로 이 분야를 공부를 많이 한 분들한테 슈퍼비전을 좀 받고 싶은 게 욕심이지. (중략) ○○대 ○○○ 선생이 슈퍼비전 수업을 한다고 하던데 거기 가서 수업을 받을까 생각도 했어. (대학원 수업인데 선생님이 들어 가신다구요?) 뭐 어때 그분이 체계적으로 공부를 하셨다고 하더라구. 〈사례 1〉

나 이제 채워야지 채워야지 내 스스로도 자타가 공인하는 스스로도 부끄럽지 않은 집단상담자가 되어야지 하는데 남은 날 대단한 것처럼 보니까 마치 내가 지금 집단상담 받으러 갈 데가 없는 것처럼 내가 공부할 데가 별로 없는 거예요. 쟤가 저것밖에 안 되나 그렇게 보일 것 같고 그래서 공부할 기회들을 열심히 막 배울 수 있는 기회는 못 가졌던 것 같고. 그게 내 후광이기도 하고 배경이기도 한데, 내가 가서 어설프게 이렇게 하고 집단지도자라고 생각하는 사람이 집단원으로 가서 하면 혹시나 잘못되면 우리 선생님까지 욕 먹는 게 아닌가 그런 것 때문에도 못갔던 것 같고. (중략) 내가 생각하기에 내가 너무 부끄러워서 그걸 깨닫고 난 뒤부터는 전국의 무슨 행사마다 숨어 다녔어요. 들통 날 것 같아서. 내가 너무 솔직한 표현이제. 남들이 보면 모를 건데. 박사과정도 늦게 한 이유가 그런 것 때문에 그랬었어요. 남들은 대단한 걸로 아는데 저거 뭐 (웃으며) 박사시험 떨어졌나 그럴 것 같아서 겁이 나서 취직을 못하겠는기라. 된다는 보장이 없잖아요. (웃음) 그래가지고 못하고 못하고…. 그런데 그때 그 흐름으로 뭐 이렇게 했으면 뭐 회장도 하고 이랬지 싶은데 내가 너무 부끄러워서 한동안 안 나타났어요. 거의 안 나타났었어요. 그러니까 땡기면 할 수 없이 가서 뭐하고, 내가 뭐 나서서 하고 그러진 않은 것 같애. 그래서 죽 돌아왔죠. 다른 사람들은 나보고 대기만성이라고 하는데…. 〈사례 4〉

3) 불안

집단상담 대가로 지목된 전문가들은 전문성 발달을 위해 일정한 자신의 전략을 지속적이며 일관성 있게 추구하는 것으로 나타났다. 〈사례 5〉는 집단상담의 실제와 이론을 접목시키고 양쪽 모두를 잘 해 나가기 위한 노력을 열심히 하는 것으로 보인다. 왜 그렇게 이론과 실제를 접목시키려고 하는가에 대한 질문에 대해 〈사례 5〉는 대가가 되기 위해서도 아니고 내담자를 위해서도 아니고 어쩌면 그것은 통제하지 못하는 것에 대한 불안감에서 비롯된 것일지도 모른다는 대답을 했다. 참여자들이 탁월한 상담자로 발달해 가는 데는 자아실현과 같은 긍정적 동기와 타인을 돕고자 하는 이타적인 마음들도 중요한 동기로 나타나지만 더 근본적으로 내면에 있는 불안의 극복이나 통제에 대한 욕구들이 보다 원초적인 성장의 동기로 작용하고 있는 것으로 보인다.

내가 왜 그렇게 이론과 실제를 통합하려고 할까? 말로 설명하면 시원하고 거기에 희열이 있어. 책을 다 읽고 이해가 되면 진짜 쾌감이 있어. 집단에서 일어나는 변화들을 설명하면 어느 순간 찡하는 경험을 맛보려고 그러기도 해. 그런데 왜 이렇게 설명하려고 할까? 결국 통제하려고 하는 게 있을 거야. 말로 설명하면 통제가 되잖아. 아마 불안감이 있을 거야. 그냥 몸뚱이가 원하는 대로 살아볼 필요도 있는데… 사람이 변하거나 뒤집어지는 것, 때로는 거부하는데 설명하려고 애를 썼거든, 그게 말로 설명하는 것으로 쫓아

가지 않으면 사이비 종교가 될 것 같은 불안감이 있어.　　　　　〈사례 5〉

　　이상 집단상담 대가들의 성장과 발달을 촉진하는 보다 심층적이고 내적인 특성들을 살펴보았다. 이들이 삶에서 경험하는 고통과 결핍, 불안 등은 집단상담 대가들의 성장의 또 다른 견인차로서 역할을 감당하는 것으로 보인다.
　　이 부분은 근거이론의 패러다임 모형에서 중재적 요인 중에 하나다. 중재적 조건은 인과적 조건이 현상에 미치는 영향을 경감시키거나 변화시키는 것들로서 주어진 상황 또는 맥락적 조건에서 취해진 작용/상호작용 전략을 조장하거나 강요하도록 작용하며, 어떤 현상에 속하는 보다 광범위한 구조적 상황이다(Strauss & Corbin, 1998). 즉, 집단상담 대가들이 탁월한 전문성을 획득하는 데 촉진적인 작용을 한 요인으로 이해될 수 있다. 고통, 결핍, 불안에 대한 개념, 하위범주, 범주 등을 정리하면 〈표 3-6〉과 같다.

▌〈표 3-6〉 고통, 결핍, 불안의 기여에 대한 개념, 하위범주, 범주

개 념	하위범주	속 성	차 원	범 주
개인적 삶의 고통 결핍 불안	고통, 결핍, 불안의 기여	정도	큼-작음	고통, 결핍, 불안의 기여

제4장

집단상담 대가의 특성(Ⅱ)

1. 탁월한 전문성 획득에 기여한 상황

집단상담 대가들이 탁월한 전문성을 획득하는 데 기여한 상황으로 외부적, 내부적 요구가 있었다. 대가들은 기본적으로 집단상담에 대한 내적인 요구를 가지고 집단상담에 임하지만 외부로부터 오는 집단상담에 대한 요구 및 집단상담을 안 할 수 없게 만드는 여건들은 그들의 전문성을 확장시키고 성숙시키는 데 중요한 작용을 한 것으로 나타났다. 대가들의 외부적 요구는 지속적으로 외부적 요구로 남아 있기보다는 어느 시기에 내부적 요구로 전환되는 것으로 보인다. 대가들에게 집단상담이 생계수단이 되는 상황도 이들이 집단상담에 몰입하게 되는 데 기여하는 것으로 나타난다. 시기나 영역에 있어 집단상담을 처음 소개하는 선구자 역할도 이들의 전문성을 촉진시킨 것으로 보인다. 이에 대해 좀 더 자세히 살펴보면 다음과 같다.

1) 외부와 내부적 요구가 있음

집단상담 대가들이 집단상담을 자신의 주된 상담방식으로 채택하거나 의미를 두게 되는 데는 내적인 요구와 외적인 요구가 있는 것으로 나타났다. 우리가 상식적으로 생각하는 내적인 요구나 동기의 중요성에도 불구하고 이들이 집단상담 영역에 있어 탁월성을 획득하게 되는 데는 외적인 요구가 강렬했다는 점이 부각된다. 외적인 요구로 인해 이들은 지속적으로 집단상담을 하게 되고, 또한 집단상담에서 더 높은 수준의 전문성을 가지고자 노력하게 되는 것 같다. 이들이 경험하는 외적인 요구는 매우 지속적이며, 피해가기 어려운 형태로 제시된다. 즉, 〈사례 4〉와 〈사례 5〉는 자신이 집단상담을 스스로 선택하는 것에 앞서 집단상담을 선택해야 하는 특별한 상황 속에 진입하였다. 〈사례 4〉의 경우는 대학원의 지도교수가 집단상담 전공이었다. 한국에 집단상담을 처음 소개하는 역할을 담당한 지도교수의 첫 대학원 제자로서 참여자의 집단상담 선택은 단순히 개인적 흥미와 열정만으로 설명할 수 없다. 물론 지도교수를 선택한 것은 참여자의 선택이었지만 집단상담 전공교수의 첫 제자가 되는 상황은 집단상담자로서 참여자의 발달과 집단상담에 부여하는 의미에 큰 영향을 끼쳤다고 말한다. 〈사례 5〉는 집단상담 세부전공으로 대학교수가 되었다. 집단상담과의 만남이나 의미부여는 이미 그전에 시작된 일이지만, 세부전공 영역으로 분명하게 제시되어 있는 집단상담은 참여자에게 집단상담에 대한 지속적인 관심과 열정을 가지도록 만드는 조건으로 작용하였다고 말한다. 〈사례 3〉의 경우 집단상담을 기업교육에 처음 도입하여 집단상담이 기업교육에서 도태될 위기에 처했을 때 이를 지켜 나가야 한다는 외부적 요구에 의해 집단상담을 계속하게 되었다고 말한다. 〈사례 2〉 또한 집단상담을 주로 하는 지도교수에 의해 대학원에서 집단상담을 경험하게 되었고, 그 후 대학 상담 기관에서 집단상담을 지속적으로 주최해야 하는 위치에서 일하게 되었다고 말한다. 이러한 외적인 요구는 계속 외적인 요구로 남아 있기보다는 어느 지점에서 분명한 내적 요구로 전환되는 것으로 보인다.

> 집단상담을 하게 된 거는 농담 삼아 했지만 지도교수의 성향이잖아요. ○○○ 선생님을 만나서 공부를 했고…. 〈사례 4〉

> 거기서 집단에 대해서 조금은 더 눈을 떴고, 그 다음에 ○○대로 오잖아. 그 때 내가 집단으로 오잖아. 그러면서 집단으로 굳어졌어. 나 같은 경우 환경적으로 만들어진 시기가 좋은 시기에 있었어. 어떤 식으로든 어쩔 수 없이 하게 되는 시기(○○대), 기왕 들어온 것 잘 해 봐야지. 외적인 요구가 지속적으로 외적인 요구로 남아 있는 게 아니라 어느 지점에서 강렬한 내적인 요구로 바뀐다구, 그래서 계속할 수 있는 거야. 〈사례 5〉

> ○○대 근무할 때 제가 상담실을 주관을 많이 하게 되기 때문에 방학 때마다 관련된 상담자들 연수를 내가 진행을 해야 되는데 어쩔 수 없이 집단상담을 해야 되니까. 〈사례 2〉

> 내가 산업체 훈련을 하면서 집단을 해 보니까 집단이 너무 좋아. 그런데 ○○○이라는 유명한 여류 소설가 있잖아. 그 사람이 helper로 참여해서 집단에서 둘이 눈이 맞아서 남자는 본부인하고 이혼을 하고, 같은 이유로 고소를 하고. 막, 사건이 났거든. 그래가지고 산업체 훈련에서 감수성 훈련을 하던 사람들이 다 떠났어. 득이 안 된다고. 이제 할 수도 없게 됐고. 그래도 참, 다행인 게 몇몇 분들은 그런 말씀이 없고, 자꾸 하자고 하니까 나라도 이걸 안 붙들고 있으면 산업체 훈련에서 이게 사라질 것 아닌가. 그게 내가 계속했던 가장 큰 이유야. 〈사례 3〉

> 내가 정말 집단 리더로서 잘해야 한다. 좋은 리더가 되어야 한다는 그런 어떤 의무감 같은 것이 있잖아요. 〈사례 2〉

> 자기 삶이어야 해, 직업으로 가면 안 돼, 삶이어야 해. 사랑해야 해. 난 그랬어. 집단에서 죽는 게 제일 행복하다고 생각한 적이 많이 있어. 〈사례 1〉

2) 선구자 역할을 함

집단상담 대가들 중 〈사례 3〉과 〈사례 4〉는 집단상담을 처음 도입하는 시기에 집단상담을 소개하는 역할을 감당했다. 〈사례 4〉는 한국에 집단 상담을 도입하기 위해 노력하던 지도교수의 첫 제자로서 집단상담을 알리고 프로그램으로 개발하는 초기 단계에 동참한 경험을 가지고 있다. 또한 〈사례 3〉의 경우 기업교육에 집단상담을 소개한 초창기 멤버로서 집단상 담을 기업교육의 중요한 방법으로 자리 잡게 한 선구자적 역할을 했다. 집 단상담을 새롭게 도입하는 역할은 이들의 전문성의 발달을 촉진한 것으로 보인다.

> 선생님이 하는 데 거의 다 나를 데리고 가서 참여시켰고 때가 되면 집단 지도자를 경험하도록 나에게 기회를 줬고 그러니까 대학원 들어오자마자 프로그램 개발하는 데 같이 참여를 했거든요. (중략) 서울에 집단상담하는 사람들이 없었기 때문에 서울 가서도 집단상담 해 줘야 됐고 집단상담 리더 를 교육시켜야 됐고….   〈사례 4〉

> 산업훈련에서 강의를 다닐 때에 ○○○ 선생이 감수성 훈련이 있는데 하자고 하는데 국내에 할 줄 아는 사람이 아무도 없었어. 그때에 내가 아는 ○○○ 박사가 계셨는데 이분이 미국에서 집단을 해 본 체험이 있다. 그래 서 가서 산업체에 도입을 하려고 하는데 좀 촉진을 해 달라고 했는데 멤버 로 참여했지. 촉진자 훈련을 받은 게 아니니까 집단을 촉진하지 않겠다 서 약을 해서 못한다 그래. 미국은 그렇다 치고 우리나라에서는 해 본 사람이 당신 혼자뿐인데 못한다 하면 어떡합니까 하니까 그분이 자기는 기업체를 전혀 모르니까 내가 helper로 들어 오면은 하겠다 그래. 내가 그 분을 산업 훈련에 모시는 조건으로 난 집단 해 본 적도 없고 helper가 뭔지도 모르지만 들어간 거야.   〈사례 3〉

3) 생계수단으로 선택함

집단상담 대가들이 탁월한 전문성을 쌓아 가는 데 있어 집단상담이 주요 생계수단인지 아닌지가 집단상담에 대한 헌신도와 관련이 있는 것으로 보인다. 집단상담이 주 수입원인 경우는 집단상담을 포기할 수 없거나, 실패해서는 안 된다는 절박감이 더 많은 반면, 다른 직업을 가지고 있거나 다른 방식의 생계수단을 가지고 있는 경우 자기의 실현이나 자기 확장의 입장에서 집단상담을 중요하게 생각하는 것으로 보인다. 참여자에 따라서는 집단상담을 주 생계의 수단으로 삼지 않는 경우도 있었지만 〈사례 3〉의 경우는 집단상담이 생계의 직접적인 수입원이었으며 집단상담이 성공하느냐 못하느냐가 생계와 직접적으로 관련되었다고 말했다. 집단상담이 생계수단이 되는 정도에 따라서 집단상담 지도자 경험의 시간이나 빈도가 높아지며, 집단상담에 대한 의미 부여도 커지는 것 같다. 〈사례 3〉의 경우 인생에서 집단상담을 한 시간만 6년이며, 그에게서 집단상담을 받은 집단원의 수가 15,000명을 넘어선다. 그는 '집단상담이 자신의 전부'라고 말한다. 2차 면담에서 참여자들은 실제로 생계와 관련된 정도가 집단상담 몰입에 중요한 영향을 미친다고 말했다.

> 한 집단 실패해 버리면 바로 돈이 날아가 버려. 다음에 찾질 않아. 나한테는 늘 죽고 사는 문제야. 구체적인 스킬로 집단에 나타나는 문제를 풀어내지 않으면 내가 우선 밥을 먹기가 힘들어. 보통 집단상담자들은 제자들을 데리고 집단하잖아. 나는 고객을 모시고 집단하지. 내게 집단원은 고객이야, 다르지. 나같이 집단하는 사람 드물 거야. 내가 굉장히 독특한 경우야. 〈사례 3〉

이상의 내용을 요약해 보면 집단상담 대가들이 탁월한 전문성을 획득하게 되는 데는 내부적 요구와 함께 피할 수 없는 외부적 요구나 상황이 중요한 역할을 하는 것으로 보인다. 또한 주 생계수단으로 집단상담을 선택하

▌▌〈표 4-1〉 탁월한 전문성 획득에 기여한 상황에 대한 개념, 하위범주, 범주

개 념	하위범주	속 성	차 원	범 주
집단상담 세부전공으로 교수가 됨 집단상담 전공인 지도교수의 제자 가 됨 집단상담을 잘하고 싶음	외부와 내부의 요구가 있음	위치	외부-내부	외부와 내부의 요구가 있음
현장에 집단상담 도입자가 됨	선구자 역할을 함	행위	있음-없음	선구자 역할을 함
집단상담을 생계수단으로 선택함	생계수단으로 선택함	정도	강함-약함	생계수단으로 선택함

는 경우 더 많은 시간을 집단상담에 투자하고 집단상담에 대한 의미 부여
나 헌신의 정도가 커지는 것을 볼 수 있다. 〈사례 3〉과 같이 집단상담이 직
접적인 주 생계수단인 경우와 그렇지 않은 경우, 집단상담에 대한 치열성
은 본 연구자에게는 다르게 지각되었다. 집단상담에 대한 선구자적 역할이
주어진 경우도 그 역할을 수행하는 과정이 이들의 전문성 발달을 촉진하는
상황으로 나타났다.

이상은 근거 이론의 패러다임 모형에서 맥락(context)에 해당되는 것으
로 중심적인 현상이나 문제들에 기여하는 구체적인 전후관계나 상황들의
집합을 의미한다(Strauss & Corbin, 1998). 즉, 집단상담 대가들의 집단상담
몰입에 기여한 상황들로 맥락적 조건의 개념, 하위범주, 범주 등을 정리하
면 〈표 4-1〉과 같다.

2. 탁월한 전문성을 획득하기 위한 전략

집단상담 대가들은 자신들의 전문성 획득을 위해 많은 노력과 시간을 투
자하는 것으로 나타났다. 이 과정에서 그들은 다른 상담자보다 더 강도 높
고 독특한 전략들을 취하는 것으로 보인다.

집단상담 대가들만의 독특한 전략으로는 2년 이상의 장기 집단상담 경험, 집단상담에 모든 삶을 건 분들과 밀착학습, '밥 먹듯' 집단상담하기, 어려운 집단원들과 집단상담 많이 하기 등이다. 또한 집단상담 돌아보기, 지칠 줄 모르는 학습자 되기, 지속적인 자기보기, 종교적·철학적 힘의 축적, 내 식의 집단상담 만들기 등의 전략이 나타났다. 이들을 구체적으로 살펴보면 다음과 같다.

1) 집단상담 경험 축적하기

(1) 2년 이상의 장기 집단상담의 운영 및 경험하기

집단상담 대가들이 전문가로서 성장을 위해 하는 행동 중 가장 중요한 전략은 집단상담 경험을 축적하는 것이다. 이들의 경험에서 주목되는 것 중 하나는 이들 중 4명이 장기 집단상담의 집단원으로서나 집단지도자로서의 경험을 가지고 있다는 것이다. 여기서 장기 집단상담이라는 것은 2년 이상의 시간 동안 동일한 집단원(일부의 집단원이 들어가고 나오는 것은 있었음)을 대상으로 한 집단상담이다. 경우에 따라서는 2년, 3년, 4년의 장기 집단상담 경험을 가지고 있었다. 이런 많은 시간의 투자는 그들에게 집단상담의 의미를 더 크게 만드는 데 작용했을 뿐 아니라 집단상담자로서의 자신감을 가지게 한 것으로 나타났다.

> 2년 반 동안의 집단은 긍정적인 자산으로 남아 있고 그때 멤버들이 좋았어. 참 동기가 높았어. 물론 안 그런 사람도 있었지만. 사람들이 그런 모임에 대해서 환상을 가지잖아. 때론 즐기기도 하고. 그런데 그건 진짜 쉬운 일은 아니었어. 그런 과정이 소위 전문가라고 하면 있어야 할 것 같애. 어느 일정 기간 푹 빠져 보는 경험이 있어야 할 것 같아.　　　　　〈사례 5〉

> ○○○ 선생님이 우선 좀 ○○ 청소년회관에 가 있어라 해서 가게 됐어

요. 거기에서 매주 1주에 3시간씩 하는 그런 집단을 1주일에 보통 2개 내지 3개씩을 했어요. 거기에서 매주 그런 집단을, 그 사람들이 이제, 그런 데는 상담료가 싸잖아요, 그러니까 그 사람들이 막 2년도 하는 사람도 있고 3년도 하는 사람도 있고 그러거든요. 그 집단을. 그 사람들을 대상으로 그냥 내가 뭐 이것도 해보고 저것도 해보고 그런 것이 집단에 대해서 경험할 수 있는 정말로 되게 편안한 장소였던 것 같애요. 그리고 이제 ○○○○에서도 한 6년 있었는데, 거기도 주부들 자원봉사하는 사람들이 한 12명이 있었어요, 그 사람들을 매주 화요일 날 3시간씩 교육을 시키고 그 사람들이 그 옆에 있는 중학교나 초등학교나 애들 집단 프로그램, 구조화 프로그램 같은 거 진행하고 했는데, 그 사람들을, 거기서 오래 한 사람들은 집단을 4년도 했어요. 그 집단들이, 그 사람들이 하여간 여러 가지, 구조화도 해 보고, 이것도 해 보고, 자기 문제 좀 얘기하다 보면 사람들이 문제 제기할 거 없으면은 구조화도 해 보고 이것도 해 보고. 거기에 있었고 또 광주에 PET 강사 하는 사람이 있었는데, 그 PET 강사가 자기 PET했던 사람들을 데리고 집단을 왔어요. 그 사람들이 매월 1번씩 1박 2일 집단을 한 3년간 한 적이 있었고. 그래서 일회성 집단이 아니고 계속 몇 년간 이어지는 집단을 해 본 것이 도움이 많이 됐던 거 같애요.   〈사례 2〉

지금은 집단촉진자를 양성하기 위해서 2년 과정을 5년째 하고 있어 1기 2기 과정을 마친 사람이 100명 정도지. 그리고 지금 진행하고 있는 3기 4기가 100명 정도가 되지. 한 20년 전에도 1년씩 장기집단을 운영한 적 있었지. 이들을 위해서 매년 두 번 해외 석학들을 모셔다가 국제 학술대회도 하고 있고, 오래전에 일생 동안 집단촉진자 한 100명만 양성했으면 좋겠다고 원을 세운 적이 있는데 나는 평생소원을 이룬 셈이지. 그리고 이렇게 함께 공부하는 사람들의 성장속도를 보면 정말 놀라워, 그래서 집단 공부는 혼자서 하는 게 아니라고 늘 이야기하지.   〈사례 3〉

금요 집단은 2년 넘게 이루어졌어요. 장기 집단이지요. 중간 중간 토론하고 그렇게 하면서 집단을 정착화시킨 거니까. 거기서 선생님들 뵈면서 많이 배웠지요.   〈사례 4〉

(2) 집단상담 시연 및 공개 관찰집단 참여하기

집단상담 대가 5명의 공통점 중 하나는 이들 모두가 집단상담 시연이나 공개 관찰집단의 집단원 경험을 가지고 있다는 점이다. 이들은 2박 3일 동안 200명 이상의 관찰자가 보는 상황에서 집단지도자 없이 집단상담 전문가들로만 구성된 관찰집단[1]에 참여한 경험을 가지고 있다. 한편 자신이 진행하는 집단을 공개적으로 노출하는 시연에 참여하기도 하였다. 〈사례 1〉, 〈사례 2〉, 〈사례 3〉, 〈사례 5〉는 관찰집단의 집단원으로 참여한 경험이 있고, 〈사례 1〉과 〈사례 4〉, 〈사례 5〉는 상담 시연회를 통해 자신이 진행하는 상담을 노출한 바가 있다. 이들은 이 시연이나 관찰집단의 집단원으로서의 경험을 전문가적 성장에 중요한 경험으로 진술하고 있다. 매우 위험스럽게 느껴지기도 하는 상황들 속에서 이들은 자신감을 얻은 것으로 나타났다. 집단상담 시연 및 공개 관찰집단의 경험은 2001년부터 한국 집단상담학회에서 지속되어 온 일로 전문성 발달의 전략으로 한국에서 나타나는 독특한 현상이라고 볼 수 있다. 이는 집단상담 활성화에 영향을 주고 또한 이런 활성화의 영향으로 시연이나 관찰집단이 지속되는 것으로 보인다.

> ○○대에서 시범하는 거 세 번 했었잖아요. 그 세 번을 내가 참석했었을 때, 우리나라에서 집단 되게 잘한다는 사람들이 거기에 세 번 중 한 번씩은 다 거쳐 갔잖아요. 거기서 그 사람들이 하는 것을 보니까 그게 나랑 크게 차이가 있는 것이 아니다, 어떨 땐 내가 훨씬 더 예리하기도 하고, 그런 거 이렇게 보면서 내 현재 모습으로도 별로 내가 자신감 없이 생각할 필요가 없구나 하는 그런 것들을 내가 생각하게 된 것이 아마 그게 좀 힘이 많이 됐어요. 집단에 대해서 젤 도움이 배움이 많이 되었던 것은 시범 세 번 할 때 그럴 때 되게 도움이 되고, 많이 배우는 것 같아요. 다른 사람들 참여하는 모습들 보고⋯.
>
> 〈사례 2〉

---

1) 10명 정도의 집단상담 전문가들이 집단원이 되어 명시적인 집단지도자 없이 2박 3일간의 집단상담에 참여하고 이 전체 과정을 수백 명의 상담 관련 대학원생이나 다른 전문가들이 관찰학습할 수 있도록 만든 프로그램.

서로에 대해서 배우는 게 필요하잖아요. 전문가라도 다른 사람에게 좋은 게 있으면 서로 배우고 그러는 게 필요하잖아요. 그래서 나는 전문가들끼리도 좀 집단상담 연구실처럼 그렇게 하는 게 안 좋겠는가 하고, 그리고 집단상담학회에서도 집단상담 전문가끼리 모여서 집단하는 걸 관찰하게 하고 이런 게 몇 번 있었거든요. 올해도 이런 걸 하려고 제가 집단상담 진행을 맡고 있으니까, 그런데 참여하겠다는 분이 몇 분 안 계셔서, 전문가들이 집단원으로 참여를 해야 하니까, 참여가 안 돼서 취소를 하고, 한 분이 일반 집단원들을 상담을 하고 관찰을 하도록 하고 있는데, 그게 몇 년을 이어오고 있는데, 언젠가 그걸 내가 한 번 했던 적이 있는데, 그걸 관찰하도록 한 적이 있는데, 전문가들이라도 그런 식으로라도 오픈된 방식이긴 하지만 개방되게 보여주고 피드백받는 게 필요할 것 같아요.   〈사례 4〉

관찰집단 그것 말이야… 다들 집단상담 한다는 놈들이 너희 실력을 다른 사람들한테 보여 줘야지. 각자 다른 리더가, 10명 같으면, 애들이 1년에 3박 4일 참여한다 해도 10년은 걸려야 여기 걸 다 한 번은 보는데, 이건 잘못된 것 아니냐. 우리가 집단에서 발가벗지 않느냐, 목욕탕에서 발가벗는데 왜 해수욕장에서 못 벗냐. (웃음) 그래서 어차피 깨놔야 잘하든지 죽든지 둘 중에 하나 할텐데 집단에서 깨지고 나서 죽는 놈 봤냐? 하자 이래가지고, 하게 된 건데 그게 위험할 게 뭐 있어.   〈사례 3〉

(3) 집단상담에 '모든 삶을 건' 분들과 밀착학습하기

집단상담 대가들 대부분은 또한 집단상담에 모든 삶을 건 분들과의 밀착된 학습 시기를 가진다. 이들은 초기에 멘토들과 함께 '붙어 있는 경험'을 한다고 말한다. 5명 중 3명이 중요한 멘토가 첫 집단의 집단상담자였다는 점은 첫 집단상담 경험이 얼마나 중요한 것인가를 말해 주는 것이다. 이들은 후학들에게도 반드시 특정 전문가와 밀착되어 학습하는 시간을 가질 것을 권고한다.

두 분 다 집단에 거의 모든 삶을 걸은 분이야. 집단을 하고 함께 참 많이 토론하고 그랬어.   〈사례 1〉

　도제제도 같은 거를 생각했었어요. 지도교수와 내하고의 가르침에서 그때는 워낙에 제자가 없어서 그렇기도 했지만 선생님이 하는 데 거의 다 나를 데리고 가서 참여시켰고 어느 때가 되면 지도자를 경험하도록 나에게 기회를 줬고 그러니까 거의 뭐 아주 어렸을 때부터 봤으니까….   〈사례 4〉

　시작할 때는 미국의 집단 이론과 방법 철학을 배울려고 애를 썼지, 특히 칼 로저스의 엔카운터 그룹 책을 성경처럼 읽으면서 외우고 로저스의 사상을 공부를 하고 했었죠. 그 뒤에 1979년에 로저스의 라호야 프로그램에 참여하고.   〈사례 3〉

　나한테는 굉장히 행운이었어. ○○○ 선생님께서 같은 과에서 있고, 같이 가서 학생들하고 같이 집단을 할 수 있었다는 거는, 나한테는 행운이었어. 내가 찾아다닌 게 아니었어. 그렇잖아? 그러나 그것이 없었으면 내가 못 그랬을 거야. 그러니까 내가 적극적으로 찾아간 것은 아니었지만, 3년 반 동안 선생님 옆에서 같이 집단원으로 또는 집단 리더로 참여한 경험이 만약에 없었다면, 나는 할 수가 없어. 왜냐하면 그 당시 벌써 교수가 돼 있고, 굉장히 마음속으로 버벅 버벅하는 그런 집단상담자가 됐을 거야. 모델이 없으니까. 그러나 그걸 통해서 나는 모델을 봤거든. 그 다음에 모델을 보고서 그 다음에 소화하는 건 내가 할 수 있잖아. 그런데 모델이 없으면 막 집단 찾아다니면서 하기도 어렵고. 그건 나한테 행운이라고.   〈사례 5〉

　내가 지금도 다행스럽게 생각하는 게 나처럼 초기에 하나의 집단을 철저하게 하고 딴 거 여러 개를 경험하는 사람이 있고, 초기에 여러 개를 경험하고 끝에 하나로 돌아오는 사람이 있지. 그런데 많은 사람들이 초기에 여러 가지를 해 봐야 나한테 맞는 거를 찾는다 이렇게 생각하는 사람들이 많아. 그게 엄청난 낭비야. 초기에 한 두 개 자기한테 맞겠다 싶은 걸 골라가지고 끝까지 해 보는 거야. 그리고 난 다음에 다른 걸 경험한다면 그 학습역량이 자라가지고 금방 금방 알아들어. 시간도 많이 안 걸리고. 그런데 초기에 여러 가지를 하면 이 사람 소화 역량이 떨어지니까 어디를 가도 하나를 제대

로 못 배우는 거야. 〈사례 3〉

(4) '밥 먹듯이' 집단상담하기

이들이 집단상담을 진행해 나간 숫자적인 통계를 보면 밥 먹듯이 집단상담을 했다는 표현이 과하지 않다는 것을 알 수 있다. 〈사례 3〉의 경우 집단상담만 한 시간이 6년 가까이 된다고 말한다. 1년에 3~4개월 집단상담만 운영해 왔으며, 자신이 집단상담의 지도자로 참여한 3박 4일 일정의 집단상담을 경험한 사람이 15,000명이나 된다고 밝히고 있다. 그 외에도 이들 대부분은 1년에 몇 차례 이상 집단상담을 실시하고 있는 것으로 나타났다.

집단만 하고 살아온 햇수가 6년 가까이 돼. 72년부터 1년에 한 3~4개월씩 집단에서 살았지. 함께 3박 4일을 집단을 경험한 사람들이 한 만 오천 명은 될텐데. 결혼 이후 마누라하고 지낸 시간보다 집단에서 보낸 시간이 더 많지. 참 고마운 게 건강이 버텨 주는 거. 또 지난 8월 같은 경우에 집단을 그렇게 하는 동안에 한 20여 일을 하루도 못 쉬었단 말이야. 그러니까 지리산에서 집단 마치고 서울 와서 그 다음날 비행기 타고 장춘 가서 ○○ 대학에서 특강하고 그날 밤 비행기 타고 ○○ 가서 그 다음날 아침에 트레이너 트레이닝하고 오후에 중국 ○○ 대학에서 특강하고 밤 10시까지 오리엔테이션하고 그 다음날부터 집단 3일 하고 마치는 날 바로 또 중국 ○○ 가서 거기서 3일 집단하고 이런 식으로 다니는데도 아직 체력이 감당이 돼. 이번 11월 달에도 거의 20일을 하루도 못 쉬는데…. 〈사례 3〉

탁월하려면 수많은 경험은 필수죠. 정말 사랑해서 밥 먹듯 해야 된다 그렇게 얘기하고 싶네. 집단이 삶이 되어야 한다. 전문가 수련 초기에 집단원 경험을 많이 했다고 생각을 해. 난 늘 그런 얘기를 한다. 전문가가 될려는 애들한테 니가 먼저 충분히 집단원 경험을 해라. 그게 제일 큰 자산이라고 본다. 〈사례 1〉

전문성을 유지하고 계속 이걸 유지시키고 업그레이드시키는 어떤 방법,

꾸준히 집단 장에 들어가는 거죠. 집단을 하는 거죠. 다행히 저는 집단을 할 기회들이 꾸준히 있어서 집단을 하게 된 것이고.　　　　　　　〈사례 2〉

(5) 어려운 집단원들과 집단상담을 많이 하기

집단상담 대가들의 집단상담 경험에서 독특한 점은 어려운 내담자와의 집단상담 경험이 많다는 것이다. 여기서 어렵다는 것은 비자발적이고 집단상담에 대해 비우호적인 집단원들과의 경험을 이야기한다. 조직 내에서 문제가 있어서 상담에 의뢰된 경우나 교사들이 연수 목적으로 집단상담에 온 경우, 같은 조직 내의 사람들을 집단상담으로 작업해야 하는 경우가 이들에게 특별히 어려웠던 기억으로 남는 것 같다. 그러나 이런 경험들은 집단상담 대가에게 좌절을 준 동시에 집단상담에 대한 자신감을 제공한 것으로 나타났다.

내 집단에는 어려운 사람, 하기 싫은 사람 끌려온 거야. 명령받고 와 준 거란 말이야, 집단 참가한 것 자체가 이 사람에게는 재수가 없는 거야. 왜냐하면 조직에 문제가 있다기보다는 너 개인이 문제가 있다, 고쳐와라 이런 식으로 하니까 찍혀서 온 사람들이야. 그니까 온 것 자체가 불만스러운 거야. 거기다가 또 기업조직에 있는 사람들이 대부분이 관계에 대한 욕구가 그리 높은 사람들이 아니야. (중략) 머리가 완전히 이성적이고 사실 지향적으로 굳어 있는 사람이야, 거기다가 이 사람들이 사람을 대할 때 술수로 대한다든지, 그게 아주 탁월한 사람들이 많아서 그 안에서도 진심으로 사람을 대해야 된다는 것을 모르는 사람들, 별별 사람이 다 있지. 그런 사람들이랑 집단을 많이 했어.　　　　　　　〈사례 3〉

초기의 교원연수들은 오고 싶은 사람들이 안 오고 비자발적인 사람들이 왔으니까 애당초 비딱하고 계속해서 태클 걸듯이 하잖아요. 그러면서 자신감이 많이 생기게 됐어요.　　　　　　　〈사례 4〉

집단하면서 제일 힘들었던 때는 ○○○○에서 내가 카운슬러로 6년간

을 있었는데, 근데 그 ○○○○이라는 회사는 여자는 별로 없고 남자들만,
거기서 내가 2박 3일, 3박 4일 집단을 할 때, 오는 사람들은 100%가 남자들
이고, 남자들 중에서 현장에 있는 사람들이, 거의 80프로가 현장에 있고, 한
20프로는 사무직에 있는 사람들이고. 그 사람들이 자발적으로 온 사람은 한
30, 40프로가 되고, 나머지 사람들은 회사에서 좀 대인관계 문제가 있는 사
람들을 보내서 온 사람들인데. 그 사람들이 개방하지 않으려고 했을 때, 잘
개방하지 안잖아요. 그래서 거기 집단을 할 때가 제일 힘들었어요. 한 조직
내에서, 섞인 게 아니라 한 조직 내의 사람들을 집단을 할 때가 제일 힘들었
어요.   〈사례 2〉

2) 집단상담 돌아보기

집단상담 돌아보기는 집단상담에 대한 성찰(reflection)과 집단상담 슈퍼
비전의 슈퍼바이저와 슈퍼바이지로서의 참여 형태로 나타났다. 집단상담
돌아보기는 집단상담 후 의도적인 시간을 확보하여 지속적인 성찰을 하는
경우와 즉시성이 강조된 즉시적 성찰로 입장이 나누어졌다.

한편 집단상담 대가들의 전문성 발달 전략 중에 가장 소극적으로 이루어
진 것이 집단상담 슈퍼비전의 경험이라고 할 수 있다. 참여자들은 집단상
담 슈퍼비전에서 슈퍼바이지로 참여한 경험을 〈사례 4〉를 제외하고는 가
지고 있지 않았다. 이들의 전문성 발달에 있어 슈퍼바이지 경험의 부재는
제한요인으로 정리될 수 있다. 그러나 이런 특성은 참여자들의 선택이나
특성이라기보다는 한국에서 집단상담자 1세대 내지는 1.5세대의 현실 반
영이기도 하다. 체계적인 집단상담 슈퍼비전 체제가 갖추어지지 못했으며
집단상담 전문가 자체가 너무나 희귀했던 상황을 고려할 필요가 있다.

(1) 집단상담 돌아보기

집단상담 대가들의 집단상담 돌아보기는 과거의 경험에 의한 성찰도 포함되지만 그보다 더 중요한 방식은 현재 진행되고 있는 경험에 대한 즉시적인 성찰(reflection-in-action)이 강조된다는 것이다. 종이나 연필을 가지고 개념화를 하거나 일정한 시간을 정해 두고 이루어진 돌아보기 방식보다는 즉시성에 더 강조를 둔다는 점이 특징적이다.

〈사례 3〉은 1~20년 이상 매우 의도적인 집단상담 돌아보기를 실시해 왔고 그것은 기업이라는 현장에서 살아남는 방법이자 전문성 확보의 매우 중요한 방식이라고 강조하고 있다. 하지만 〈사례 1〉은 직관적이고 예술적인 측면이 강한 집단상담을 강조하며 오히려 즉시적 성찰이 더 적합한 방식이라고 말하기도 한다. 여하튼 그것이 집단상담 후의 의도적인 시간을 확보한 방식의 집단상담 돌아보기이든 집단상담 과정 중 끊임없이 일어나는 성찰이든 간에 집단상담 대가들은 집단 및 집단상담자로서 자신에 대한 지속적인 성찰을 계속해 온 것으로 나타났다.

> 사실은 집단상담은 굉장히 감성적인 체험이잖아. 내가 하는 집단은 이성적으로 정리를 안 하면 정말로 엉터리가 돼. 기업에서는 전체 목표 수준이 비슷해야 돼. 한두 사람이 쳐지면 나중에 기업에 가서 이 사람이 그런 일 때문에 외로워서 못 견디게 돼 있어. 그러면 그 장 안에서 안 되면 쉬는 시간에라도 불러서 얘기해 보고. 일부러 말 시켜서 파악해 보고 해야 되는데. (중략) 개인에 대해 파악하고 나면 그 집단을 정말 구조적으로 보고 remind하고 처방해서, 개인상담에서 사례 공식화하는 거 있잖아. 그런 것처럼 집단상담도 초기 단계에서 그걸 공식화해야 돼. 그게 안 되면은 안 돼. 근데, 그걸 하는 사람들이 거의 없어. 매일 집단 끝나면 밤에 일어나서 하는 거야. 그날 밤에 그날 있었던 것을 전부 remind해 보고 오케이 돼야 자지. 고거 안하고 어떻게 자냐? 그러니까 내가 보통 10시나 11시 되면 자고 5시나 6시되면 일어나니까 일어나서 한두 시간씩 그걸 안 하고는 안 돼. 그러니까 다른 사람들은 내가 집단을 전체를 장악하고 있다고 말하는데, 그 전날 한 거를 나

는 다 기억하고 있으니까. 어제 너 이 소리하고 이 소리하고 안 맞는데 이거 진짜냐고. 니가 첫째 시간하고 둘째, 셋째 이렇게 달라져 가고 있다든지 이런 걸 전문가가 계속 알려줄 때 저 사람이 내 일거수 일투족(一擧手 一投足)에 관심을 갖고 보고 있구나, 이게 그 사람들한테는 굉장한 신뢰야. 자기가 조금만 달라진 것도 자기가 말하지 않고도 저 사람이 알아채고 있으면 나한테 정말 깊은 관심이 있구나 하는 게 기술되고 다른 사람들이 날 보면 사람을 스캔 뜬다 이런 소릴 하는데 그게 바탕이 있으니까 되지. 내가 능력이 있어서 되는 게 아니야. 내가 72년에 시작해서 그 이후로 15년, 한 20년 그렇게 했어. 그거 안 하는 사람들이 많아. 그거 안 하면서 자기가 집단실력이 클수 있을까? 사례 공식화처럼 집단도 반드시 해야 돼. 그건 어디에 꼭 안 쓰더라도.   〈사례 3〉

자동적으로 기억돼서 치료적으로 활용된다는 거지. 방법적으로. 성실하게 집단을 돌아본다 그런 건 아니지. 오히려 예술적이야. 직관적이고 창조적이지. 고도의 창조성이 있는, 근데 그렇게는 성실하게 돌아보지.   〈사례 1〉

정해진 시트 같은 게 있어서 평가지 같은 게 있어서 개인적으로나 집단적으로 평가를 하지는 않는데 늘 돌아는 봐요. 내가 다루려는 집단원이 있는데 혹시 저항 때문에 내가 보류하고 넘어갔구나, 그리고 내가 전체, 내 혼자식의 형식화된 것은 아니지만 내 혼자식의 평가는 늘 해요. 그리고 첨 시작할 때 계획을 세우죠. 집단구성원들 만나고 왜냐하면 처음 집단을 할 때 스크린을 해야하지만 나도 첫 만남은 주로 어떤 사람들이다, 각각의 특성들은 어떤 것들이다 이런 게 파악이 되잖아요. 그럼, 그 개인의 목표도 있고, 제가 그 역할을 해야하잖아요, 그리고 집단 전체로 봐야 하는 목표도 있잖아요. 그러면 그게 내 안에도 있지만 그 아웃라인을 좀 더 견고하게 하고, 그것들을 어떻게 조절해 나가는 게 가장 효과적으로 목표달성을 할까 하는 것을 돌아보기는 해요. 그러나 평가시트나 이런 건 없죠.   〈사례 4〉

참 내가 언제 특별한 시간을 내서 본다 이런 건 아니야. 자동이야 자동. 그게 무슨 시간을 내서 보는 게 아니고, 생각을 안 할 수 없고, 그 내용이 자동인데, 내용이 처음에는 하~ 내가 왜 이렇게 못할까? 능력이 안 될까 이런 내용이 대부분이야. 내용이 달라져. 그러다가 이제 좀 지나면 균형이 맞아. 내가 왜 못할까. 그리고 쟤는 왜 그랬을까. 이제 내담자 생각이 조금 나. 후기로 가면, 그러니까 요즘에 가면, 내가 왜 이랬을까는 하나도 생각이 안 나, 하나도 안 난다는 건 조금 그렇고 거의 생각이 안 나. 그 대신에 1번 애는 어떤 점이 주요 핵심 주제고, 2번 애는 어떤 주제고, 저 주제는 1번하고 5번은 나중에 연결이 될 것 같고… 이런 것들을 주로 해. 그러니 머리는 좀 시원해. 근데 첫 번째는 너무 엉켜가지고 돌아보면 괴로우니까 정말 보기 싫은 마음이 있는데 자동으로 보게 되니까 어쩔 수 없이 보면서 생기는 현상이 자꾸 블레임을 하게 되는 거니까. 보기는 자동인데 내용이 좀 달라지는 것 같아.

〈사례 5〉

잘 안 풀어지거나 되게 어려웠던 그런 문제에 대해서 그런 것들이 끝나고 나서 생각을 하고 그것에 대해서 좀 더 다른 방법을 썼어야 되지 않을까 그런 생각들을 많이 하죠. 전체를 돌아보거나 그러진 않는데, 되게 인상 깊었거나 감동적이었던 그런 것들이 생각이 나기도 하고 가슴 아팠던 그런 것들이 생각이 나기도 하고. 항상 방법이 부족하다, 그런 상황에서 다른 방법으로 할 순 없나, 그런 생각들을 많이 해요. 사실, 그런 걸 가지고 누구와 같이 얘기를 나눈다든가 그런 게 별로 없잖아요.

〈사례 2〉

(2) 집단상담 슈퍼바이지 또는 슈퍼바이저 경험하기

앞서 언급한 대로 집단상담 대가들은 〈사례 4〉를 제외하고 집단상담으로 슈퍼비전을 받은 경험이 거의 없다. 그것이 자신들의 한계이자 어려움이었다고 말하고 있다. 한편 집단상담 대가들은 슈퍼바이지의 경험보다는 슈퍼바이저의 경험을 통해 집단상담에 대한 이해를 높여 간다고 말했다. 그러나 〈사례 2〉와 〈사례 3〉은 집단상담 슈퍼바이저로서 접하는 사례가 너무 초심자들의 것이어서 자기 자신에게 큰 도움이 되지는 않는다고도 말했다.

사실은 나 그 슈퍼비전을 체계적으로 못받은 게 나의 큰 약점이라고 생각을 하거든. 우리 때는 이런 거 공부할 수 있는 전문가도 거의 없었어. 특히 내가 공부했던 학교나 기관에 집단상담 전문가가 없었고. 인연을 맺다 보니까 학교에 있는 전문가들하고는 전혀 인연이 안 됐고 주로 학교 밖에서도 집단을 인격과 경험을 바탕으로 하는 분들 그쪽을 선생으로 모셨고 좀 더 욕심이 나는 것은 좀 더 학술적으로 이 분야를 공부를 많이 한 분들한테 슈퍼비전을 좀 받고 싶은 게 욕심이지. 그 두 권의 책이 전문가들의 축어록이 나와 있는데 누가 좀 냉철하게 비판을 내 반응들에 대해서 거기서 하는 나의 멤버로서, 리더로서 스타일에 대한 피드백을 비평을 해 주면 참 고맙겠어.　　〈사례 1〉

내한테는 슈퍼비전 받고 그럴 여가가 없었어. 받을 데도 없었고. 자고 일어나서 내게 공식화해 보고. 내가 나를 슈퍼비전하는 셈이지. 길게 얘기했는데 저 사람이 부정적인 말이 나왔는데 왜 부정적인 말이 나왔을까, 저 부정적인 반응을 내가 긍정적인 반응으로 바꿀려면은 이게 커뮤니케이션을 어떻게 했으면 좋겠나, 내가 입장을 바꿔놓고 그 입장에 서 있어야 되는데 니가 니 입장에서 뭘 썼느냐, 저 사람 입장을 니가 이해를 했느냐, 니가 피드백하는 방법이 정확했냐, 하나하나를 분석해서 내가 나하고 피드백하는 거지.　　〈사례 3〉

수업 중에 있었지만 우리는 집단 하면서 그 때만 해도 ○○○ 선생님이 좀 하셨으니까 집단을 다 녹음해 가지고 그 때는 이런 녹음기도 없었어. 그래가지고 방송국에서 하는 그런 레일테입, 이따만한 거. 그거 기자재실에서 빌려가 녹음하고. 축어록은 하지 않고 틀어 놓고 선생님하고 같이. 그 때 니가 왜 이런 말 했냐? 이 애 입장을 어떻다고 보느냐? 그런 얘기 하시면서, 그러시면서 봐 주시고.　　〈사례 4〉

슈퍼바이저 역할을 하면 이런 게 있어. 막연히 알던 것을 구체화할 수 있어. 구체화하는 기회가 돼. 말로 표현하지 않았던 거, 막연히 감으로 느꼈던 거, 이것이 집단 슈퍼비전을 하면서 다른 사람 집단을 보고 얘기를 하기 시작하잖아. 그게 말이 되어서 개념화가 되더라고. 그러면서 내가 물론 내가 했던 것들 역시 같이 떠오르고. 설명을 해야 하니까. 예를 들어서 설명을 해도 그렇고, 뭐 예나 경험을 통해 내 경험 이런 거 있고 이런 얘기를 하잖아. 그럴 때에도 개념화가 되고, 그 사람이 했던 거는 이런 거구나 라고 말을 해야 되는 것에서 개념화가 되고, 그렇게 도움이 돼.   〈사례 5〉

집단상담 공부하시는 분한테 슈퍼비전하는 것도 나한테 꾸준히 공부가 돼요.   〈사례 4〉

내가 다른 사람의 슈퍼바이저 역할을 계속하고 있지. 하고는 있는데 그게 나한테 도움이 되는 건 별로 없어.   〈사례 3〉

슈퍼비전은 개인상담 슈퍼비전은 많이 했는데 집단상담 슈퍼비전은 많이 하진 않았어요. 좀 하긴 했지만, 근데 후배들이 집단상담 슈퍼비전 한다고 들고 온 사례들이 너무나 좀 초보들이라서 별로 도움이 되거나 그러진 않았어요.   〈사례 2〉

3) 지칠 줄 모르는 학습자 되기

집단상담 대가들은 배움에 있어서 부지런한 사람들이다. 그 부지런함이 때로는 게걸스럽다는 느낌이 들 정도로 지식에 대한 애정과 배움에 대한 열정이 있는 것으로 보인다. 이들은 정체되지 않고 새로운 것들을 추구하는 경향이 높은 것으로 보인다. 내용적으로도 이들은 매우 많은 양의 학습을 소화해 내는 것으로 보이고 그 깊이에 있어서도 깊은 내면화를 추구한다고 말한다.

이들에게 배움은 즐거움이며 현재진행형의 행동으로 묘사된다. 그들은 대상과 영역을 제한하지 않는 배움을 추구한다. 필요하다면 누구에게라도 배우고 지속적으로 워크숍에도 참여하는 것으로 나타났다.

그러나 이들 전문가에게 집단원으로서 다른 전문가의 집단상담에 참여하여 자신의 상태를 점검하고 피드백을 받는 일은 매우 어려운 일로 보고 되고 있다. 다른 상담자가 운영하는 집단상담에 가고 싶은 마음이 많지만 자신들의 위치나 다른 사람들에게 미칠 영향, 과중한 업무, 박사 학위, 자존심 등으로 일정한 시간 이후의 집단원으로서의 집단상담 참여는 매우 어려운 것으로 나타났다.

삶의 문제를 풀어가는 보다 나은 효율적인 방법을 알아 가는 자체가 참 너무 재미있더라구. 당연한 얘기지만 보다 효율적인 게 있는데 이제 낡은 방법을 고수한다는 것은 일단은 바람직한 학습자의 태도가 아니다, 양심적인 전문가의 태도가 아니라고 보고. 또 하나는 새로운 거에 대한 욕심이기도 해. ○○가 얘기한 대로 배우는 욕심은 아직도 너무나 많아. 그건 나의 성장을 위해서도 너무 좋고. 지적인 욕구를 위해서도 좋고. 그리고 그것이 집단상담에도 반영될 것이기 때문에 좋고.   〈사례 1〉

지식에 대한 애정이 있는 거야. 사람에 대한 애정만 있는 줄 알았는데 지식을 좀 쌓고 싶은 마음이 있는 거야.   〈사례 5〉

섭렵하듯이라도 흐름이 어떻게 흘러가는구나, 어떤 거는 최근에 좀 다른 각도로 보는구나, 책 같은 거는 최대한 최신 책을 보면서 섭렵하고 있고.
〈사례 4〉

나도 때로 힘들 때 어데 가서 집단상담 받고 싶거든. 근데 나 아무도 모르는데 가서 받고 싶은데 전부 다 알기 때문에 (웃음) 그게 나는 참 힘든데….
〈사례 4〉

사실 학위 마치고 나서 어떤 집단에 간다는 것이 쉽지 않았어. 요즘 같으면 갈 수도 있었을 텐데. 괜한 자존심 때문에, 자존심도 그렇게 그렇지 않았는데 잘 못하니까 더 그런 생각이 들었어, 그래서 잘 안 가게 됐고 ○○ 일이 또 원래 바빴고.   〈사례 5〉

4) 지속적 자기보기

집단상담 대가들은 자신을 돌아보는 일을 집단상담전문가가 되기 위한 가장 중요한 전략으로 이야기했다. 그들에게 있어 자기보기, 자기이해는 마치 축구선수가 공을 차는 것만큼이나 반드시 해야 하는 일이며, 지속적으로 해야 하는 일로 묘사되었다. 또한 그들의 자기보기는 그 정도에 있어서 상당히 심도 있는 작업이었으며, 집단과 삶의 여러 장면에서 거의 자동적으로 일어나는 현상으로 진술되었다. 그들은 발달의 초기에 자신의 이해를 위해서 개인분석을 받거나, 집단상담에 참여하는 일을 선택했다.

집단상담 대가들의 자기보기는 자기성숙을 위한 내면적 노력이자 집단상담을 원활하게 운영하기 위한 구체적이고 효과적인 전략으로 인식되고 있었다. 다른 사람을 이해하는 폭을 확장하는 것도 자기보기를 통해서 가능하며, 집단상담에서 장의 흐름이 막히거나 어려움을 겪을 때도 이들은 자기보기를 통해 자신을 먼저 점검하는 것으로 나타났다.

전문성의 비법이라기보다도 이제 나를 들여다보는 것 자체, 그러니까 집단이 막힌다는 것은 내담자를 수용한다기보다 내가 내담자에게 과도한 기대를, 혹은 내담자의 형편에 맞지 않는 판단, 평가, 진단을 내릴 때. 그니까 내가 뭐에 막혀 있는가? 내가 그 사람에 대해서 어떤 욕망, 욕구, 강한 기대를 갖고 있는 가를 들여다봄으로써 나를 알게 되니까 해결의 실마리가 풀리지.　　　　　　　　　　　　　　　　　　　　　　　　　〈사례 1〉

밥 먹는 거보다 많이 하는 게 자기보기야. 그래서 지겨워졌다. 밥보다 많이 먹는 게 이거라서, 이젠 좀 외식을 하고 싶은 거야. 아이구 참… 좀 더 강하게 얘기할까. 숨 쉬듯이 한다. 그런데, 이게 인제 좀 달라지는 거는, 후반으로 가면서 달라지는 거는, 자기보기와 자의식이 구별이 되더라. 자기보기와 자의식이 구별이 되면서, 그 다음에 좀 더 구별되는 거는, 자기보기를 하고 싶을 때만 하게 되더라. 필요할 때만. 그러나 필요 없는, 또는 현재 꼭 필요하지 않은 그런 종류의 자기보기는 안 하고 오히려 그 시간을 외부로 눈을 돌리는 데 쓰는 거 같아. 〈사례 5〉

끊임없이 내 자신에 대한 탐색을 많이 해요. 내 공부는 거의 매번, 내 자신을 들여다본다는 건 내가 건강하게 되는 것이기도 하고 다른 사람을 이해하는 자원이 되기도 해요. 하나님이 만들 때 그 사람이나 내나 기본적인 거는 비슷하게 만들었기 때문에 내가 느끼는 거라면 그들이 느낄 수 있는 거고 그러니까 그들을 공부하기 위해서 내 자신을 자료로 두고 공부를 참 많이 하고요. 〈사례 4〉

나의 내면세계를 음미하고 사색하고 명상하고 하는 게 나한테는 제일 도움이 돼. 〈사례 3〉

더 중요한 건 상담자 자기에 대한 탐색의 문제라고 봐요. 자기를 보는 만큼 남을 볼 수가 있기 때문에, 집단상담하다 보면 개인상담보다 여러 명을 봐야 하기 때문에 사실 더 힘들고 바쁘잖아요. 그런데 민감하지 않으면, 마치 집단원이 있으면 한 명만 보는 게 아니고 여러 명을 봐야 되니까 에너지를 나눠 써야 되잖아. 여기 집중하면서도 다른 사람의 반응도 읽어야 되잖아. 그럴 때 그 능력들을 다 동원하는 건 나 자신에 대한 탐색 아닌가. 나에 대한 공부는 결국 인간에 대한 공부기 때문에, 두 가지 측면, 내 자신도 건강해지고 다른 사람도 이해할 수 있고 나에 대한 공부가 그거니까, 그 자원이 축적되어 있는 만큼 안테나를 많이 동원해서 집단원들을 파악할 수 있고 서로 연결짓는 것들을 할 수 있으니까. 난 그게 중요한 힘이라고 봐요. 〈사례 4〉

5) 종교적, 철학적 힘의 축적하기

집단상담 대가들은 5명 중 2명은 기독교, 2명은 불교로 4명이 종교를 가지고 있다. 이들의 종교는 형식적인 종교라기보다는 집단상담에서 집단원을 보는 인간관과 세계관에 깊이 녹아 있는 것으로 표현된다. 이들은 종교에 대한 관심이 많고 실제로 〈사례 1〉과 〈사례 2〉는 불교에 심취한 경험을 가지고 있고 〈사례 4〉는 목회자 사모이기도 하다. 〈사례 1〉 같은 경우는 자신의 삶에서 스님이 되지 못한 것이 좌절이라고 표현하기도 한다. 〈사례 5〉는 하나님을 믿는 일 외에는 이 세상에 꼭 해야 하는 일이 없다고 표현하기도 한다. 독실한 이들의 신앙심과 신앙적 가치는 이들의 집단상담에 깊이를 더하는 역할을 하는 것 같다.

종교와 비슷한 맥락으로 또한 이들은 철학에 대한 관심을 가지고 있다. 〈사례 1〉과 〈사례 3〉은 학부에서 철학을 전공했으며, 삶과 죽음, 존재 등과 같은 매우 실존적인 주제들에 대한 관심과 함께 인간에 대한 깊은 고민을 젊은 시절부터 해 왔다고 진술하고 있다. 〈사례 3〉은 천부경과 한사상에 대한 공부를 깊이 하고 이 사상을 집단상담에 녹여 내기 위한 노력들을 해 오고 있다.

종교나 철학에 대한 이들의 관심은 이들의 인간관을 심화시키고 결국 집단상담에서 지치지 않는 힘으로 재생산되는 것으로 보인다. 이들이 영성을 위해서 구체적으로 취하는 방법으로는 명상과 기도가 가장 대표적이었다. 〈사례 1〉, 〈사례 2〉, 〈사례 3〉은 명상을, 〈사례 4〉와 〈사례 5〉는 기도를 일상적인 삶에서 실천하고 있었다.

> 난 한쪽으로는 상담심리학을 쭉 해왔지만 한쪽으로는 수행이랄까 일반 학문적 term으로 하면은 자아초월심리학에 관심을 가져 왔거든. 구체적으로는 요가 심리학, 요가 철학, 그담에 불교, 불교적 상담 등이었지. 이런 세계관, 이런 깊은 철학이야말로 상담자의 힘이라고 생각하거든. 이게 결정적인 순간에 내담자를 치료하는 힘이 돼. 그들을 수용하는 힘이 돼. 내가 인간관, 세계관이 깊지 않다면은 그 많은 다양한 사람들, 고통들을 다 소화해 내기가 어렵거든. 그래서 참 상담자는 뭐 하나만 공부해서 되는 게 아니고 인간존재의 문제를 다루기 때문에 인문학, 특히 철학, 심리학은 물론이거니와, 문학, 예술, 특히 종교, 어떤 인간정신에 대한 것이라면 많이 알수록 큰

도움이 된다고 생각하고 예술 쪽에서는 음악이 확실히 도움이 된다고 봐.

〈사례 1〉

내가 상담을 공부를 할 때 상담에 대해서 공부를 되게 열심히 하거나 많이 하지는 않았다는 생각이 들어요. ○○대 그만두고 불교 공부를 더 했으니까. 3년 동안 심리학 책 펴놓고 왔다 갔다 하고 살았고, 그리고 또 ○○○ 선생님이 술 마실 때는 2번인가 유학 안 가게 되면 ○○대라도 들어와라. 뭐 이렇게 얘길 하시는데, 거기 가서 살면 불교적인 마인드가 다시 정체될 것도 그렇고, 책만 보고 남은 몇 년을 살아야 되는데 그렇게 해서 몇 년을 참고 상담 공부를 해야 되나, 그런 고민을 많이 했었어요. 사람들 볼 때마다 박사과정 한국에서 하고 수료만 하면 우리 대학으로 같이 일하게 빨리 수료 좀 해라 이런 사람도 있었고. 근데 난 종교적인 그런 마인드를 참 깊게 해야 되겠다. 잠시도 그런 생각을 떠나서는 안 되겠다. 인천에 ○○사라는 절에 ○○ 스님이라는 분이 있는데, 맘공부를 하는 사람은 통나무처럼 그런 맘으로 살아야 된다는 그런 것들을 보면서, 평소에 내가 상담자가 되기 전에 한 인간이라는 것, 그것에 대해서 되게 굉장히 생각을 많이 했어요. 사실, 생각한 것만큼 열심히 사는 것도 아니면서, 요즘엔 그런 말 하는 것도 되게 참 쑥스럽고 내가 좀 그래요.

〈사례 2〉

종교 그거는 꼭 해야 돼. 종교, 나한테는. 하나님은 꼭 믿어야 되겠지만, 그 밖에 나머지는 별로 꼭 해야 되는 일이 있나?

〈사례 5〉

나는 이제 신앙하고 내하고는 뗄 수 있는 관계가 아니니까 당연히 나무가 화초가 자랄려면 그 밑에 물이 깔려 있어야 하잖아. 물을 흡수하잖아. 나한테는 신앙이라는 게 삶 전체에 다 작용하는 거라고 생각을 하니까 내가 하는 일에, 집단상담에도 신앙이라는 게 당연히 깔려 있다고 생각을 하는데….

〈사례 4〉

보통 새벽에 빨리 일어나면 2시, 좀 늦으면 서너 시에 기상인데, 일어나서 한두 시간씩 명상하거나 책을 보기도 하는데 이 버릇은 집단을 하든 안 하든 한평생 계속이니까.

〈사례 3〉

집단하다 잘 안 되면 난 기도한다. 주여, 어떻게 합니까, 기도한다. 별 얘기 다 나오네. 정말 안 되면 그래. "저를 위해서가 아니고 기왕 왔는데, 그래도 조금이나마 뭐 하고 가야 되지 않겠습니까? 내가 자존심 상하는 거는 그렇다고 칩시다. 그냥 보내면 안 되잖아요." 그렇게.　　　　　　　〈사례 5〉

6) 내 식의 집단상담 만들기

집단상담이 대가들의 삶에 의미를 더해갈수록 그들은 자신만의 집단상담을 만들어 가고자 하는 소망을 가지는 것으로 보인다. 그들이 표방하는 집단상담의 형태가 T-집단이나 Rogers식의 참만남 집단이라고 할지라도 내부적으로 그들은 자신의 집단상담 모형이나 이론, 구체적 스킬을 가지고 있는 경우가 대부분이었다. 이들은 자신의 집단에서 중요하게 다루는 핵심적인 영역에서 자신만의 논리적 체계와 스킬을 구체적으로 가지고 있었다. 또한 집단상담에 있어 자신의 이론을 더욱 정교하게 하고 스킬을 계속적으로 향상시키려고 노력하는 것으로 나타났다.

작든 크든 불행감이라는 걸 느끼고 오는 것이기 때문에 이 사람을 어떻게 하면 행복하게 도와줄 것이냐 하는 게 내 집단상담의 도달점이라고 볼 수 있거든요. 그러면 인제 이 사람은 뭐 땜에 불행감을 느낄까, 남들이 자길 알아주지 않아서, 아니면 다른 사람에게 비난받아서 그것 때문에, 우울함 때문에 뭐 이런 것들로 불행하다고 보고 이 불행감을 행복감으로 바꿔주는 게 내 상담 이론이거든요. 이론적으로는 아직 체계적으로는 되진 않지만은 내 식의 것에 좀 더 살이 붙여졌죠. 지금은 Rogers의 인간관은 내 속에 크게 자리 잡고 있어요. 그러나 방법적인 것은 내 식의 방법으로 다뤄가지.　　〈사례 4〉

나는 1970년대 중반에 기업 현장에서 서양의 상담 이론이나 방법이 한국인들에게는 맞지 않는 부분이 있다는 것을 느끼게 되어서 한국학을 하는 젊은 학자들과 한민학회를 만들어서 한국인의 의식구조를 연구하기 시작했고, Carl Rogers를 만나면서 그의 이론에 한계를 느껴서, 상담의 방법은 이들에게서 배울 점이 무척 많지만 사람 됨됨이는 우리가 가르칠 게 많다는 것을 알게 되었지. 그 뒤로 한사상을 바탕으로 나의 독특한 상담 이론과 방법을 만들었고, 나는 서양 사람들이 상담자와 내담자를 상대적 관점으로 보면서 상담자가 내담자를 돕는다는 식의 상담 이론은 좋아하지 않아. 누가 누구를 돕는 게 아니라 일여(一如)적인 입장에서 함께 하는 게지. (중략) 나의 독특한 이론과 모델을 개발한 것이 나의 보람이지. 이제 제자들이 나의 이론을 학문적으로 검증하는 논문들을 쓰고 있고 앞으로도 계속 연구가 되어야 하겠지.   〈사례 3〉

　　자꾸 생각을 정리를, 요즘에 들어서 내 걸 만들고 싶은 생각을… 내 것을 찾아야지 그런 마음도 있고 그렇게 해야 자기라는 것이 좀 만들어질 것 같고. 딴 사람 이야기 자꾸 하니까 지겹잖아. 내 소리로 하고 싶은 걸 하고 싶은 가봐. 그런데 한편 그게 소설이 되니까 내가 좀 안타까운데… 내가 동그라미 (상담의 통합적 모형)에 대해서 이야기할 때 각각에 대해서 이런 게 어떤 것인지. 이런 걸 제공하는 경험이 무엇인지. 이런 걸 제공하면 그렇게 되는지 확인을 하고 싶은데, 일단 모델이 있어야 되잖아. 모델이 있으면 각각 어떻게 되는지 보고 싶어.   〈사례 5〉

　　상담을 하다 보면 개인상담도 그렇고 집단도 그렇고 이런 문제는 어떻게 상담을 해야 되겠다 하는 그런 것들이 나름대로 조금씩 정리가 되거든요. 그래서 집단을 할 때 사람들이 다른 이론들도 있고 그렇지만, 자신 자신이 되어야 된다거나 관계에 충실에 해야 된다거나 그런 것들이 꼭 내 이론은 아니지만, 그것이 굉장히 중요하고 사람을 변화시키는 데 기본이 된다든가 그런 것들이 강한 어떤 믿음으로 되는 것이고, 집단할 때 제일 중요한 요소 중에 하나가 사람들이 관계 속에서 가장 갈등을 많이 느끼는 것 중 하나가 서로 강요를 한다든가 이런 것들이 되게 문제가 많이 되고 그래서 강요성이 종교적인 그런 믿음에서 무아(無我)적인 그런 것들하고 연결이 되기 때문에 무아적인 관점으로, 그러니까 무아적인 관점이라는 것은 있는 그대로를 세상을 보는 시각을 기르게 하는 것이죠. 그래서 그런 부분들을 이용을 하고 그것을

굉장히 상담에서 중요한 부분으로 취급을 해요.   〈사례 2〉

   집단상담 대가들이 전문성 획득을 위해 사용한 전략으로 특별히 주목되
는 것은 집단상담 영역에서 장기 집단상담이 흔한 경우가 아님에도 불구하
고 5명 중 4명의 전문가가 2년 이상의 장기 집단상담 경험이 있다는 것이
다. 또한, 5명 모두가 집단상담 시연과 관찰집단 경험을 가지고 있다. 집단
상담에 '모든 삶을 건' 분들과 밀착학습이나 '밥 먹듯이' 집단상담하기,
어려운 집단원들과 집단상담 많이 하기 등도 집단상담자들이 탁월한 전문
성을 획득하기 위해 사용하는 중요한 전략이라고 할 수 있다.
   집단상담 대가들은 새로운 지식이나 상담에 대한 배움에 개방되어 있다.
그러나 이들에게 집단상담 슈퍼비전의 슈퍼바이지의 경험과 전문가 조력
집단상담의 경험은 제한되어 있다. 집단상담 대가들에게 지속적인 자기보
기는 전문가로서 자신을 성장시켜 가는 최고의 방법으로 여겨진다. 또한,

▌▌▌〈표 4-2〉 탁월한 전문성을 획득하기 위한 전략에 대한 개념, 하위범주, 범주

개 념	하위범주	속 성	차 원	범 주
2년 이상의 장기 집단상담 운영 및 경험하기 집단상담 시연 및 관찰집단 경험하기 집단에 모든 삶을 건 분들과 밀착학습하기 밥 먹듯 집단상담하기 어려운 집단원들과 집단을 많이 하기	집단상담 경험을 축적하기	경험	많음-적음	행동적 측면
성실하게 집단 돌아보기 슈퍼바이저의 역할하기	집단상담 돌아보기	경험	많음-적음	
지칠 줄 모르는 학습자 되기	지칠 줄 모르는 학습자 되기	정도	큼-작음	
지독하게 끊임없이 자기보기	지속적인 자기보기	정도	큼-작음	개인내적 측면
종교적, 철학적 힘을 축적하기	종교적, 철학적 힘의 축적하기	정도	큼-작음	
내 식의 집단상담 만들기	내 식의 집단상담 만들기			개별화 측면

인간관과 세계관의 심오함과 확장을 집단상담자로서 자신의 힘의 근원으로 이야기하는데 이는 종교적, 철학적 관심을 지속적으로 가짐으로써 가능한 것이라고 말하고 있다. 이들은 자신만의 집단상담 이론과 기술을 개발하고 구체화하기 위한 노력들을 지속하는 것으로 나타났다.

이상은 집단상담 대가들이 탁월한 전문성을 획득하기 위하여 취하는 전략들이다. 이는 패러다임 모형에서 작용/상호작용 전략으로 현상에 대처하거나 다루기 위해 취해지는 참여자들의 의도적인 행위나 반응에 해당한다. 작용/상호작용 전략의 개념, 하위범주, 범주로 정리하면 〈표 4-2〉와 같다.

3. 집단상담 대가의 인간적 특성

인간으로서 집단상담 대가의 특성은 무엇인가에 대한 대답으로서 이들의 개인내적 성향과 더불어 탁월한 전문성의 성취로 나타나는 인간적인 특성을 연결하여 정리하였다. 다른 영역의 상담자보다 집단상담 영역의 대가로서 더욱 두드러지는 특성이라고 여겨지는 특성부터 제시하는 방식으로 정리하였다.

실제 수많은 집단상담 경험을 가지고 있으며, 다른 집단상담 전문가들에 의해 탁월한 전문성을 획득했다고 인정받는 집단상담 대가들에게 나타나는 인간적 특성은 매우 성숙되었다는 점에서 공통점이 있다. 하지만 그들 각자는 상반된 모습을 가지고 있기도 했다. 어떤 참여자는 너무나 부드럽고 겸손해서 치료적이며 또 어떤 참여자는 카리스마가 넘치고 열정적이어서 치료적이라는 느낌을 받았다. 이들의 인간적 특성을 구체적으로 살펴보면 다음과 같다.

1) 자기개방에 대한 두려움이나 꺼림이 매우 적음

집단상담 대가들은 인터뷰 장면에서 자기개방에 편안함을 보였다. 그들은 솔직하다는 느낌을 주었고 자신의 약점이나 한계에 대해서 이야기할 때에도 자연스러웠다. 이런 특성들이 집단상담 장면에서도 드러나는 것으로 나타났다. 집단상담자로서 이들의 솔직성과 편안한 자기개방은 집단원들에게 모델이 되며, 집단 분위기를 편안하고 진솔하게 만드는 요인으로 작용하는 것으로 나타났다. 이들은 집단 안에서 느껴지는 자신의 생각이나 느낌 중 부정적이거나 노출이 어려운 것들에 대해서도 편안하게 자기노출하는 것으로 보인다.

이들의 자기개방은 자신의 문제나 개인적 역사(history)에 관한 것이라기보다는 집단상담 장면에서의 자신의 느낌이나 생각에 대한 노출에 더 집중되어 있는 것으로 보인다. 〈사례 1〉과 〈사례 5〉는 집단에서 자기개방에 대한 질문에 자기개방이 두려운 것이 아니라 오히려 자신에게 집중하는 집단원들로 인해 자기개방을 즐길 수도 있으므로 자기노출을 하는 자신의 의도를 잊지 않아야 한다고 말했다. 집단상담에서 상담자의 자기개방은 유혹에 가까운 것이라고 말하면서 집단상담자는 집단원에게 에너지가 집중되는 것을 방해하는 이런 유혹에 잘 대처할 수 있어야 한다고 말했다.

〈사례 3〉은 학습의 방식에 있어서도 집단상담자로서 자신을 개방할 것을 강력하게 권하고 있다. 자신의 약점이나 실수를 보이고 그것에 대한 피드백을 받는 것이 가장 **빠르게** 집단상담자로 자라갈 수 있는 방법이라고 이야기한다.

> 내가 자유로와요. 그리고 솔직해요. 자유롭기 때문에 솔직해요. 그게 집단원들로 하여금 더 솔직함을 가지고 집단에 참여하게 하는 것 같고. 내가 편하고 솔직하게 지내는 만큼 집단 분위기도 상당히 그렇게 되고 집단원들도 편하게 자기를 개방할 수 있어서 그런 게 치료적 요인으로 작용하는

것 같고요. 그런 게 개인적으로 내가 상담자로서, 집단상담자로서 나의 장점으로 생각하는 부분이에요. 어쩔 때는 내가 너무 솔직한가 이렇게 생각할 정도로…. 〈사례 4〉

가끔 나도 실수도 하고 좀 그러죠, 뭐. 근데 집단에서는 리더가 너무 완벽하면 안 되겠더라고. 실수하고 그러면 또 그래야지 그걸로 인해서 멤버들이 많이 반발도 하고…. 〈사례 2〉

자기개방을, 개인상담에서 하는 자기개방보다도 훨씬 부담이 많아. 그치? 그럼에도 불구하고 그 진솔성이란 것을 지켜야 하기 때문에 자기개방을 해야 되는데, 아마 개인상담만 하는 것보다는 훨씬 더 두려움이 적거나, 원래 적거나 아니면 훈련을 통해서 적어져야만 해. 더 많으면 그건 불가능해. 전문적 특성 중의 하나는 자기개방을 하긴 하는데 내용 개방 아닌, 내용 개방을 하고 싶지만 참아야 되고, 내용 개방과 프로세스 개방을 분명히 구분해야 되고. 내가 개방 안 할 사람은 아니니깐. 개방을 참거나 해야 되는데, 안 하거나 그거를 두려워하거나, 그런 건 아닌데, 개방을 하면 사람들이 귀담아 듣잖아. 그게 주는 즐거움이 있어. 근데 그거를 집단에서 극복하기가 참 어렵더라. 나에게 주목이 되면. 개방을 내가 즐긴다는 것을 알아. 왜냐하면 주목하니까. 근데 그게 줄타기하는 것처럼 느껴져. 유혹이 커. 왜냐하면 "아, 선생님 그런 분이세요." 막 이러잖아. 그러면 뭐 하는 것 같거든. 근데 뒤돌아보면 어? 그게 그렇게 도움이 됐을까? 어느 정도는 그냥 사실 버려야 될 부분인지 몰라. 개방하는 게 두렵지 않아, 어떤 데서든지. 그러나 나중에는 가니까 개방하는 게 어려운 게 아니고 개방의 유혹에 빠지지 않는 게 때로는 어려워. 〈사례 5〉

나는 사실 자기개방에 대한 두려움은 굉장히 커. 내가 성격적으로 아주 큰 사람이야. 그런데 내가 집단을 계속하면서 보니까 뭐가 생겼냐하면은 내가 애들한테 하는 소린데, 이 세상을 살아가는 데 고생을 제일 적게 하는 비결은 직면이더라구. 조금이라도 회피하면 그만큼 고생하는 정도는 더 커지고 시간은 더 길어질 뿐이라는 것을 내가 점점 깨닫게 됐고, 그 다음부터 내가 훈련하고 집단을 하면서 개방에 대해서 두려움이 줄어들게 되고, 개방을 하면 내한테 도움이 되고 내가 참, 편하게 사는 길이라는 걸 배워서 줄었지.

〈사례 3〉

후배들에게 꼭 하고 싶은 거는 집단 공부하면서 제일 바보 같은 놈이 나처럼 이렇게 혼자 하는 거야. 얘들이 함께 공부하니까 공부하는 속도가 엄청 빠른 거야. 그러니까 저렇게 여러 사람 공부를 시킬 때 제일 중요한 게 오픈할 수 있는 거. 집단 내에서 서로가 오픈할 수 있도록. 개방성 척도를, 개방해도 안전하다, 그 다음에 잘못해도 괜찮다, 실수를 해도 그 양반들에게 이 집단에서는 괜찮다는 게, 두 번째로 서로 서슴지 않고 지적을 할 수 있다는 거. 아, 저 사람이 나를 위해서 이렇게 지적을 하는 거다 하는 분위기가 건설되는 거. 이게 함께 공부하는 사람들의 장점이지. 그 다음부터 공부하는 속도가 굉장히 빨라져.

〈사례 3〉

2) 다양성에 대한 호감과 추구

집단상담은 여러 사람을 한꺼번에 상담하는 방식이다. 하나의 집단이라는 공동체 의식이나 응집성이 중요하지만 동시에 집단에서의 다양성이 존중될 때 최적의 효과가 발휘될 수 있다. 집단상담자는 이러한 다양성에 대한 호감과 존중을 중요하게 인식하고 있어야 한다. 집단상담 대가 중 〈사례 1〉의 경우는 집단상담이 다양한 주제를 한꺼번에 볼 수 있어서 집단상담이 재미있다고 표현하며, 집단상담자는 개인상담자보다 비교적 다양한 사람들의 문제나 특성에 대한 소화능력이 뛰어나야 한다고 말한다. 또한 〈사례 5〉의 경우 개인적인 성향 자체가 다양성에 대해 호감을 가지기보다는 다양성을 존중해야만 한다는 것을 살면서 알아가게 된다고 말한다. 〈사례 3〉은 자신을 매우 호기심 많고 다양성을 추구하는 사람으로 묘사하고 있다.

다양한 사람들을 만나서 다양한 주제에 대해서 작업하는 집단상담을 즐기거나 숙련되게 이끌어 가기 위해서 상담자들은 기본적으로 다양성에 대해 매우 중요한 의미나 호감을 두고 있는 것으로 보인다.

　개인상담은 내담자를 고르기가 좀 더 용이하지만 그룹도 우리가 물론 고를 순 있어. 스크리닝 선별 과정을 하게 되어 있는데, 선별 과정을 거의 못할 경우도 많이 있거든. 예컨대 집단이 통째로 의뢰되어 오는 경우가 현실적으로 많거든. 그러기 때문에 그룹 리더는 여러 다양한 성격과 다양한 병리, 장애를 가진 사람들을 다 소화할 수 있고, 비교적 개인상담자에 비해서 소화능력이 뛰어나야 된다. 　　　　　　　　　　　　〈사례 1〉

　나같이 관심사가 다양하게 많은 사람은 다양한 진실들이, 보다 더 우주적 진실이랄까 이게 드러나는 게 흥미로운 거야. 　　　　　〈사례 1〉

　진짜 나처럼 다양한 사람 드물지. 호기심도 많고 별짓 다하고. 참, 많이 그렇지. 　　　　　　　　　　　　　　　　　　　　〈사례 3〉

　사람은 진짜로 다 다른 것 같다. 그동안 생각했던 것보다 훨씬 다른 것 같아. 어휴~ 그러니까 화가 덜 날 것 같애. 진짜로 다르다는 것을. 어떻게 다른지에 대해 궁금증을 자꾸 가지는 태도를 스스로에게 주문을 많이 하는 것 같고 그런 주문을 많이 해. 궁금증, 사람을 궁금해 한다. 내가 궁금해 해서 나랑 그 사람이랑 이야기하는 만큼 그 사람도 자기를 좀 알게 되겠지. 다양성에 대한 호감과 호감을 가지는 게 새로운 사람을 많이 안다 이런 의미가 아니고, 나에겐 너무 어려운 일인데, 나에겐 너무 어려운 일이야 이건. 고통이야 지금 이거는. 그런데 현실이 그렇기 때문에 그거를 받아들이지 않을 수 없고, 이게 새로운 challenge이기 때문에 그거를 극복하려고 하니까 재미가 생겨. 　　　　　　　　　　　　　　　　　　　　〈사례 5〉

3) 위험 감수 경향이 높음

　집단상담에서 어려운 상황에 대한 이야기를 나누면서 대가들은 새로운 관점을 제시한다. 즉, 어렵다고 묘사되는 장면이 그들에게는 추구해야 할 장면으로 이야기된다. 〈사례 2〉와 〈사례 5〉, 〈사례 3〉 등은 집단상담 장면에서나 생활의 장면에서 어려운 상황을 매우 좋은 기회로 받아들인다. 또한, 자신의 성장에 도움이 된다면 위험에 자신을 노출시키는 일을 회피하지 않는다고 말한다. 집단상담을 수많은 사람들 앞에 시연하거나 관찰집단을 운영하거나, 집단에서 집단원들이 저항하거나 공격적인 경우가 이들에게는 성장의 기회나 좋은 작업의 기회로 인식되며 이를 추구하는 경향들이 있는 것으로 나타났다.

> 그런 게 더 집단에 대한 매력이죠. 하다 보면 멤버들이 더 달려들고 공격적으로 하고 그랬었을 때, 그런 데 부딪치다 보면 내 문제점이 드러나서 멤버들한테 내가 깨지기도 하고, 그런 게 이제 좋은 거 같애요. 상담자가 되어 간다는 거죠. 〈사례 2〉

> 자꾸 던져, 어려운 상황에 나 자신을 자꾸 던져. 이건 좋은 일이야 하면서 던져, 겁도 많이 나지만. 시연회하는 것도 양가감정이 있어. 가르치는 것보다는 일종의 극한 상황이잖아. 자꾸 던져서 닦아내고 싶어, 혼날 것 혼나고 부끄러운 것은 부끄러운 대로. 내가 얼마나 잘하는지 보자 그런 마음보다는 그런 어려운 상황을 내가 어떻게 하는지 보자 그런 마음이 더 강해. 그렇게 해서라도 나를 닦는 데 도움이 되지 않겠나. extreme sports하는 사람들이 자꾸 극한 상황으로 몰고 가는 것 있지. 그러면서 이런 방식으로 닦이지 않겠나 하는 기대가 좀 있어. 굉장히 risky하지. 망할 수도 있잖아. 〈사례 5〉

> 나는 딴 사람들이 그런 거를 위험이라고 생각하는데 나는 그걸 위험으로 안 느끼니까. 〈사례 3〉

4) 서두르지 않는 기다림의 명수가 됨

집단상담 대가들에게서 공통적으로 나타나는 특성 중에 하나로 그들은 집단상담 장면에서 만큼은 서두르지 않고 기다려야 한다는 것을 안다는 것이다. 실제로 그들이 잘 기다리지 못하는 성격이라고 할지라도 그들은 스스로를 끊임없이 각성시켜서 기다려야 한다는 것을 연습시켰고 이제는 경험적으로 그것이 효과적이라는 것을 알고 있다고 말했다. 그들은 타고난 천성이든 연습으로 인한 것이든 집단상담 장면에서 서두르지 않으려고 노력하며 기다리는 것을 잘 하는 사람이라고 피드백을 듣는다고 말했다. 그들은 집단상담 과정에서 집단원들이 서로 상호작용할 수 있도록 돕기 위해 보통의 집단상담자들보다 더 여유롭게 기다리는 일을 잘하는 것으로 평가받았다. 사람에 대한 신뢰와 집단상담 장면에 대한 믿음, 다양한 경험을 통한 확신에 의한 이들의 기다림은 집단원들이 불편해 하는 정도이기도 하다. 이들에게 기다림은 단순한 시간의 기다림보다는 집단원과 함께 하는 것으로서 그들을 존중하고 따라가는 태도이자 철학인 것으로 보인다.

평생 작업이다. 말은 쉬운데. 이전보다 좀 더 견디는 것이 나아지면 다행이다. 사람이 잘 크면 잘 견디는데 잘못 크면, 경험이 많아지면 너무 빨리 진단을 내리는 것이다. 그건 오히려 굉장히 못 견디는 거다. 나는 아직도 어떤 사람은 그 보이는 걸 그렇게 오래 기다려야 하노? 그렇게 할지도 모르지만 나는 아직도 못 봐야 한다고 생각한다. 못 본다는 것은 어떤 사람이 '이런' 사람이라는 것을 못 봐야 한다고 생각해.   〈사례 5〉

기다려 줄 수 있는 거 같애. 보통 집단을 하면은 어떤 집단원들은 집단 지도자가 카리스마가 있어서 이건 이렇게 저건 저렇고 좀 확 끌어내고, 집단원들이 보면 저 집단원이 이렇게 됐으면 좋겠다 하는 게, 집단지도자가 확 해가지고 결론을 주고 그런 게 보이잖아요, 근데 내 같은 경우는 그래도 기다려 주는 편이거든요. 그래서 본인이 스스로 볼 수 있도록. 계속 간접적인 터치를 하면서 기다려 주는 편이어서, 초기에 집단할 때, 내가 초기에 집단 지도자 할 때가 아니라 요즘도 집단 초기에는 간간이 그런 게 의식이 돼요. 나머지 집단원들이 답답해 하면 어떡할까. 바로 딱 보이는데 왜 돌아서 가냐. 초반에는 좀 그런 게 의식이 되는데 그래도 난 기다려 주는 편이예요.   〈사례 4〉

집단상담자들이 정말 기다릴까? 나는 아니라고 봐. 벼르는 거지. 그러면 안되거든. 기다리는 것은 벼르는 게 아니야. 시간적으로 기다리는 것만 기다리는 게 아니다. 정말 그와 함께 하는 거지. 그게 기다리는 거야.   〈사례 1〉

집단에서 기다리는 것이, 리더가 너무 앞에 나서면, 상황을 너무 명확하게 만들어 놓으면 멤버들이 다양하게 참여할 수 있는 그런 것이 제한이 되잖아요. 그래서 되게 초기 집단 멤버들이 좀 답답하다, 리더가 가만히 있느냐, 그래서 리더가 불만스럽다, 그런 얘기를 하게끔 개입을 많이 안 해요. 좀 기다리고, 가끔씩은 내버려 두고, 그렇게 해야지 멤버들의 다양한 특성들이 드러나기 때문에 그런 의도로 지켜보고 있고, 그럴 때가 많이 있죠.   〈사례 2〉

5) 인간에 대해 깊이 신뢰함

인간에 대한 그들의 관심은 지대하다. 참여자와의 추후인터뷰 후 또 이메일을 통해 다른 자료에 대한 질문을 하고 답을 얻는 과정에서 어느 참여자는 이렇게 대답했다. "지리산에서 집단상담하고 있다. 산의 단풍보다 사람이 더 좋구나." 연구자는 이 짧고 간단한 글귀에서 사람에 대한 그의 마음을 발견한다. 이들에게 인간관은 지적인 이해라기보다는 신념으로서 그들의 힘이 되고 탁월성의 근원이 되는 것 같다. 그들은 문제에 초점을 두기보다는 가능성에 더 많은 초점을 두는 것으로 나타났다. 각 개인은 자신을 성장시킬 수 있는 힘을 가진 존재라는 믿음이 집단상담을 운영하는 가운데 크게 작용하는 것으로 나타났다. 이들은 사람을 좋아하고, 사람과 함께 하는 것에 가치를 두며, 그것을 즐기는 것으로 나타났다.

집단 초기에 다닐 때는 30대 초반이나 멤버로 다니고 그럴 때는 사람들 한번 얼굴 표정들을 보고 '아 저 사람들하고도 어떻게 3박 4일 있을까' 그런 생각들이 많이 들어요. '별 것도 아닌 것들이 와 가지고 다니는데, 얘네들 하고 같이 다니냐?' 그런 생각들이 들죠. 그런데 집단상담을 하다 보면 인간

하나가 너무 참 대단하다, 소중하다, 나름대로 참 잘 산다. 이런 것 많이 느끼고 또 집단이라는 것이 하다 보면 자기 단점을 얘기를 많이 할수록 집단에서 인기가 높잖아요, 그런 거 보면 다 서로 문제들을 가지고 있지만, 그래도 그런 것을 받아들이고 열심히 살아가고 그런 것들을 보면서 사람이라는 것이 참으로 소중하다, 그냥 들판에 있는 풀 한 포기 나무 한 그루도 너무너무 소중한 느낌들이 많이 들고, 그것이 있음으로써 내가 이 우주에 존재할 수 있지 않나, 감사하고 그런 데에, 사람들에 대해서도 저 사람들이 존재함으로써 내가 같이 외롭지 않게 이 세상에 살 수 있고, 그런 고마움이나마 그런 말들을 많이 하죠.   〈사례 2〉

내 전문성에 있어 다른 사람과 제일 큰 차이는 인간관일 거예요. 현대 심리학의 초점이 그 사람이 무슨 문제가 있나를 찾아서 해결하는 데 초점이 맞춰져 있다고 보는데 나는 문제를 안 봐요. 나는 그 사람을 봐요. 건강한 사람을 봐요. 저 사람이 어디가 건강해서 저 문제를 갖고 살아갈 수 있는지를 봐요. 그리고 문제가 없는 상담자가 문제 있는 내담자를 도와서 그 문제를 풀어나간다 이런 건 난 아예 거부해요.   〈사례 3〉

아 진짜 하나님 말씀처럼 또 Rogers나 많은 상담자들이 이야기한 것처럼 그 속에 다 갖고 있더라고요. 진짜. 자기가 자기 존재에 대한 가치만 느끼면 얼마든지 할 수 있겠더라고요.   〈사례 4〉

내가 신뢰하는 것은 사람이 다 살려고 애쓴다야. 그러니까 문제로 보이는 행동도 어쩌다 보니 살려고 하는 행동을 하려다 보니 나온 거다. 그러니까 거기에 대해서 자기실현 이런 말은 못하겠어. 그러나 참 저 사람이 살려고 하다가 실수하는 거지. 또는 지혜가 부족하여 그 상황을 좀 더 지혜롭게 하지 못하여 하게 되는 행동이 소위 문제행동이고, 충동이고. 그래서 좀 잘 찾아보려고 하는 건데… 음 그래서… 너무 fancy한 환상은 별로 안 가져. 그러나 그거 하나만으로도 충분하지 않겠냐? 그래서 소위 좀 더 다가가려고 애를 쓰는데, 그걸 좀 더 지혜롭게 사는 방법을 우리가 배우는 게 상담이야. 좀 딴 얘기로 나갔지만. 그래서 교육이야, 나한테는. 문제해결이 아니야, 치료가 아니야.   〈사례 5〉

6) 수용력이 놀라울 정도로 높음

수용력에 있어서 집단상담 대가들은 그저 높은 수준이 아니라 놀랄 만한 경지를 보여 준다. 이들이 운영하는 집단상담의 독특함 때문에 집단원들이 다른 집단상담에서 할 수 없는 이야기까지 털어놓는다고 한다. 집단원들과 어우러져서 만들어 내는 신뢰롭고 수용적인 분위기이긴 하지만 초기 분위기 조성에는 집단상담자의 기여가 크다는 점을 감안해서 이들의 수용력은 중요한 경험으로 집단원들에게 제공되는 것으로 보인다. 집단원의 저항이 강렬하여 수용력이 한계를 드러내기 쉬운 상황에서도 이들은 매우 수용적인 자세로 저항을 처리해 나가는 것으로 나타났다.

내 들은 얘긴데 칭찬인지 아닌지는 잘 모르겠는데 굉장히 수용을 잘한다고 그러더라. 내담자들로 하여금 자기를 120% 수용하게 하는 거. 근데 수용을 잘 하게 한다고 해서 받아들이는 거 그게 끝이 아니고 자기가 어떤 사람인지에 대해서 확인하게 하는 거가 중요해. 〈사례 5〉

언어적인 표현으로서보다도 나라는 리더, 나라는 사람을 통해서 참가자가 이렇게 느끼는 수용, 수용받는 느낌, 함께 해 준다는 느낌, 함께 한다는 표현이 되게 좋죠. 그 뭐 "I will be with you." 함께 한다. 내가 너와 함께 있다. 내가 너의 아픔을 정말 깊이 느끼고 있다. 머리로가 아니라 감정 그대로. 현상 그대로. 사람들이 그때 가장 많이 위안을 받지 않는가. 내가 혼자가 아니구나. 하나만 얘기한다면 그거 같애. 〈사례 1〉

내가 하는 집단상담은 주로 T-그룹형이잖아요. T-그룹 집단상담은 감정들을 많이 다루게 되고 또 리더의 감정도 많이 표현을 해야 되는데, 어떤 마음에 안 드는 상황이 나왔었을 때, 그럴 때에 리더한테 반발을 하는, 저항을 하거나 그런 일들이 되게 많이 생기는데, 그런 것들이 개인상담에서는 별로 없잖아요. 저항이 있긴 하지만, 막 이렇게 강하게 반발을 한다든가, 이런 것이 개인상담에서는 별로 없는데, 안 와버린다든가 이런 식으로 표현이 되기는 하지만. 근데 집단에서는 그런 식으로 반발이 많이 되는데, 그럴 때 이제 리더가 자기 감정표현을 통해서 그 상황에 직면, 부딪쳐야 되고 처리 해야 되는데 그럴 때 리더가 좀 수용적인 그런 모습을 보이지 못하게 되면 집단에 대한 믿음이라든가 그런 것들이 많이 깨지게 되죠. 그런 것이, 리더의 성격이나 리더의 수용성이 개인상담보다는 집단에 훨씬 많이 들어간다는 거. 그것이 제일 차이가 아닌가 싶어요. 〈사례 2〉

내 집단 와서 사람들이 제일 편안하다고 생각하는 게 자기들이 무슨 소리를 어떻게 해도 다 수용받는다는 거지. 특히 일반 집단하고 차이가 나는 게 나는 고객들을 모시고 상담을 하잖아. 딴 선생님들은 제자들하고 하고. 그래서 상담자를 정면으로 부정을 하거나 비판하거나 공격을 하는 거를 딴 사람들은 나처럼 그렇게 당해 보지 않는다고, 그래서 상담 공부하는 애들이 와 가지고 선생님에게 정말 죽었다 깨어나도 못할 소리를 나한테 하고 나도 웃고 그냥 받는단 말야. 그런 점이 하나 있고, 또 하나는 진짜 별별 사람을 다 만나 봐 가지고 집단 들어가 가지고 내가 이해하지 못할 이상한 소리를 하는 사람을 별로 보질 못해. 그게 내 가슴 속에 들어와 있는 만 몇천 명의 사람들이, 내가 사람들을 수용할 수 있게 됐는데, 그래서 나에게 와서는 안전하게 느끼는. 자기가 생각하기에 자신은 정말 이상하게 살아왔던 것 같은데, 그런 삶을 사는 걸 나는 수없이 많이 알고 있으니까, 사람이 정말 이상하잖아, 지가 지를 봤을 때도 정말 참 어렵고 힘든 문제를 가진 것 같아도 지 같은 사람 하나만 있으면 마음이 많이 위로가 되잖아. 그게 나한테는 내가 생각하기에 집단 전문가로서 이게 내 가장 큰 장점일 거야. 〈사례 3〉

포용력이 있다. 다른 데보다는 수용을 많이 받으니까, 질문을 참 편안하게 한다. 그런 게 다른 집단 지도자와는 다른 특성인데, 집단 경험한 어떤 사람들은 다른 어떤 지도자가 너무 칼같이 막 자르면서 하는 게 너무 두렵기도 하고… 내 집단 경험한 사람들, 관찰한 사람들 중에서는 보기에 편안하게 질문을 한다고, 그런 이야기 들을 때… 뭐 그렇게 바꾸려고 그러노? 오는 게 좋고 편안하고 부담 없으면서도 자기를 볼 수 있고… 그러면 좋은 거 아이가? 그래서 그게 다른 집단 지도자하고 다른 나만의 매력이다, 특성이다 그 말 들을 때 내가 참 좋아하는 것 같애. 〈사례 4〉

7) 깊은 공감능력

〈사례 2〉와 〈사례 5〉는 집단상담에서 자신들의 작업에서 특별한 점을 깊은 공감과 깊이 있는 이해라고 표현하고 있다. 공감은 상담에 있어 매우 기본적인 능력인 동시에 깊은 수준의 공감은 강력한 치료적 요인이라고 할 수 있다. 이들의 공감은 '깊은' 이라는 형용사로 수식되는데 단순한 감정적 공감이나 이해 수준을 넘어 한 개인의 핵심적인 부분과 맞닿는 공감으로 이해된다. 〈사례 5〉는 우리가 흔히 알고 있는 감정을 알아차리고 전달해 주는 차원의 공감을 넘어서서 자기(self)를 확인시켜 주는 일이라고 강조한다. 〈사례 3〉의 경우에도 그 사람의 본심을 알아주는 차원까지 나아가는 깊은 공감에 대해 강조했다.

> 공감을 한다든가, 내가 감정표현을 한다든가 하는 그런 것들이, 공감이 조금 더 깊어졌다든가, 최근에는 좀 자꾸 하나가 되려고 하는 그런 것들을 좀 많이 애를 쓰고 그래서 훨씬 공감이 좀 더 깊어졌다, 좀 옛날보다 깊게 공감이 되요. 〈사례 2〉

> 진짜로 상담자는 공감을 해 줘야 되겠더라. 근데 공감이란 말이 참 맹랑해. 공감이란 말보다는 오히려, 다른 식으로 표현하는 게 좋은 게 있었는데, 그 사람을 확인해 주는 방식, 확인하는 과정의 일환으로써의 공감이야, 나한테. 그걸 해야지 내담자가 상담자를 볼 때 자기하고 함께 있다고 느끼고 힘을 얻는 것 같애. 확인한다 이런 말을 주로 많이 썼고, 확인하는데 그 감정이란 게 생각보다 조금 더 자기라고 하는 거에 더 가까우니까. 가만히 사람 말하는 걸 가만히 들으면 그 사람이 그 말을 통해서 전달하려고 하는 경험이 있잖아. 그거에 마음을 같이 가만히 갖다 대고 있어봐. 이게 감정만이 아니야. 어떤 때는 그냥 상황을 진술해야 될 때도 있고…. 〈사례 5〉

> 진짜 깊은 공감이라는 거는 말을 들으면서 그 사람 전체를 받아들이는, 그 사람 전체와 그 사람의 모든 삶 전체를 받아들일 수 있는 역량들. 그게 자

라야 그게 공감을 한다고 생각해. 기분이나 받는 정도 아니란 말야. (중략) 공감의 차원이 수없이 다른 차원이 있는데 정말 공감이라는 거는 그 사람 전체를 받아들이는 공감, 그걸 훈련을 통해서 익혀 나가고 있거든. 근데 active listening, 로저스 가지고는 공감이 되지 않아요. 그 사람 기껏해야 의미 듣고, 기분 듣는 정도로, 그러니까 우리나라 사람들이 사람 알아본다든가, 끝내준다든가 하는 그런 공감. 그런 공감을 할 수 있는 정도여야지. 그런 거를 나는 하나하나 분석해서 이론으로 정리해 가지고서 훈련까지 만들어 놓고 있으니까. 다르지.   〈사례 3〉

8) 깊이 있는 진정성을 가짐

여기서 진정성이란 Rogers의 일치성, 진실성(genuineness)에 해당하는 것이다. 집단상담 대가들과 인터뷰를 하면서 본 연구자가 느낀 공통된 느낌은 그들의 진정성이다. 그들은 최대한 자신의 모습을 있는 그대로 표현하려고 했고 특히 〈사례 2〉와 〈사례 5〉의 경우는 면담 과정에서 자신에 대해서 너무 겸손하고 엄격하다는 느낌이 들 정도로 정확한 표현을 하려고 했다. 집단상담 장면에서나 삶의 장면에서 그들은 진정성을 실천하며 사는 것으로 보인다. 〈사례 2〉가 인터뷰 중에 반응했던 것 중에 가장 단호했던 부분이기도 한 아래의 축어록 부분은 "필요해서 화를 내셨어요?"라는 연구자의 질문에 "난 필요해서 감정을 내진 않아요."라고 매우 단호한 자세로 말했다. 이 말 속에서 그가 얼마나 집단장면에서 진솔하려고 노력하는지에 대한 단면을 볼 수 있었다. 〈사례 5〉의 경우 면담 내내 그는 자신에 대해 매우 엄격하게 자신의 내부에서 일어나는 일을 정확하게 말하려고 노력한다는 데 강한 인상을 받았다. 집단상담 대가들은 모두 진정성을 매우 중요한 상담자 자질로 생각하고 있으며 이를 상담에서 실현하려고 노력하는 것으로 나타났다.

아, 필요해서 낸 건 아니고, 내가 화가 났어요. 난 필요해서 감정을 내진 않아요. 느낀 그대로 할 뿐이지. 필요해서 의도적으로 막 더 한다거나 그러진 않아요.　　　　　　　　　　　　　　　　　　　　　　　　〈사례 2〉

나는 집단상담이 전부다 그런 이야기 못해, 집단을 못하면 죽는다. 그런 건 사기야, 못하면 또 다른 걸 하겠지. 뭐가 아니면 절대로 안 된다. 그런 이야기는 못하겠어. 스스로 참 엄격하지.　　　　　　　　　　　　　　〈사례 5〉

힘든 집단원에 대해 가끔은 이렇게 혼자 욕도 해. 에이씨 더러운 놈. (웃음) 앞에선 잘 안 해. (웃음) 그리고 예전에는 앞에선 잘 안 한다고 했는데 예전에는 정말 나의 개인적인 감정을 지금보다 안 보였던 것 같애. 특히 부정적인 감정을. 근데 지금은 그런 걸 보이는 데 자유로워졌어.　　〈사례 1〉

내가 늘 얘기 자주 하는데 본심이 있어. 본심을 그대로 얘기하라는 거지. 그게 지금 니 얘기하고 같은 것 같은데 정말로 답답해, 그러면 그 놈아한테 그냥 답답하다고 얘기하면 될 것 같은데, 그 다음 답답하다고 말하고 풀어야 될 것 같은데 풀려고 그러면 어떻게 하면 되겠니? 그때 질문을 하고 그러지 말란 말이야. 바로 이야기하라는 거지. 그리고 처음에 집단에 들어가서도 그 장을 떠날 때까지 지금 이야기하는 그거. 언제든지 니가 무엇을 하는 게 옳으냐, 그르냐 이걸 판단하지 말고 니가 뭘 하고 싶으냐 그 얘기를 해 주는 것 같애.　　　　　　　　　　　　　　　　　　　　　　〈사례 3〉

나는 상담자의 진정성을 되게 중요하게 생각하는데, 제일 의미를 많이 두는 부분이니까, 그래야 집단에도 몰입할 수도 있고, 머리를 쓰지 않죠. 일종의 진정성이라는 것은 체하는 것하고 연결이 되잖아요. 일치가 되지 않는다는 거. 그에 대해서 느끼는 거, 내가 표현하는 거, 내가 선생님에게 느끼는 거, 내가 표현하는 거, 이게 한 소리로 하나로 전해져야 집단에 효과적으로 진행된다고 생각을 해요. 그 사람이 이야기하는 거 내가 이중적으로 받아들여도 안 되고, 받아들이는 게 안 된다기보다 이중적으로 보이기 때문에 이중적인 데 막 에너지를 쏟는 것도 안 되잖아요. 또, 결국에 집단원으로 하여금 변화되도록 도와주는 것도 하나가 일치성이 된다, 진정성인 거라. 그러면 내 자신도 그렇게 보여 줘야지. 그래서 내가 집단의 지도자로서, 상담에서 모델로서 보여 줘야 되는 거 하나가 나는 진정성이라고 봐요.　　　〈사례 4〉

9) 유연함과 융통성을 가짐

여기서 말하는 유연함은 집단상담에 대한 기대와 집단원에 대한 기대에서의 유연함을 의미한다. 집단상담 대가들은 경험과 전문성이 쌓여 감에 따라서 집단상담에 대한 기대를 적절하게 조절한다고 말했다. 〈사례 1〉, 〈사례 2〉, 〈사례 4〉는 처음 집단상담을 했던 초기에 집단원에 대한 높은 기대를 가졌다고 말했다. 점차 그것이 자신의 욕구임을 알게 되고 조절해 가는 과정을 밟게 되고 이는 집단상담자 자신을 상당히 편안하고 유연하게 만드는 역할을 한다고 말했다.

또한 〈사례 1〉과 〈사례 3〉은 집단상담의 시간이나 인원에 대해서도 융통성을 가지게 되었다고 말했다. 〈사례 1〉은 초기에는 4박 5일 이하의 집단상담은 진행하지 않았지만 점차 시간의 제한 속에서도 나름의 집단상담의 효과를 확인하고 현실적인 요구에 따라 융통성을 가지고 운영한다고 말했다. 〈사례 3〉의 경우는 대규모 집단에 대한 소망을 가지고 이에 도전하고 있다고 했다. 이들의 이런 확장과 융통성은 전문성의 성장과 함께 더욱 커져가는 것으로 보인다.

초기에는 그 개인의 변화에 대한 욕심이 많았거든. 그래서 그 변화가 안 되면 왜 내 자신에 대해 자책하기도 하고 내가 뭐 잘못해서 그런 거 아니냐, 내 자신을 돌아보면서 그보다는 내 자신이 무능해서 제대로 못해서 그런 것 같은 그런. 그렇게 자책하기도 하고 또 한계에 빠져 가지고 힘들어하기도 하고 이랬던 적도 있고 했는데. 비유를 하면은 집단의 초기에는 내가 초보자일 때는 내담자의 변화에 대한 결실을 내가 따먹으려고 했어. 내가 잘해서. 내가 능력 있어서. 근데 해 보니까 욕심으로 다가가서는 안 되겠더라고.　　　〈사례 4〉

옛날에는 최소 40시간을 말했어. 지금은 시간에 구애 없이 해. 시간, 기간이라고 하지, duration에 구애 없이 한다. 3시간이면 3시간에 다룰 수 있는 진실만을 다루는 거야. 그건 내가 집단에 대해서 너무 크게 의미를 부여해 갖고 40시간 아니면 내가 시도를 안 했었어. 옛날엔 그런 게 좀 있었거든. 그런 꼭 고답적이라고 해야 되나. 근데 그런 점에서도 훨씬 더 융통성이 있어졌어요.   〈사례 1〉

대집단도 뭐 그냥 받아들이고 작년인가 재작년에 한 45명을 한 8시간에 한 적 있어. 그런 융통성이 나 개인적으로 더 편해졌고. 또 달라진 거는 결과에 연연하지 않는다는 것. 전에는 결과가 내 기대하는 거에 못미치면은 많이 낙담했던 것 같은데 지금은 그걸 받아들여.   〈사례 1〉

집단 참가자의 한계가 7명에서 16명이라고 하면 그건 너의 한계이지 나의 한계는 아니라고 생각하지. 대규모 집단을 하려고 집단 규모를 키워서 처음에는 50명에서 시작해서 15차례 대규모 집단을 하는 동안에 최대 80명까지 한 집단으로 해 보았는데 금년 연말에는 100명에 도전해 볼 생각이야. 촉진자 한 사람이 100명의 참가자들과 함께 하며 그 100명의 느낌들을 느끼면서 촉진해 나가는 게 정말 가능할지.   〈사례 3〉

10) 무거움과 아픔을 생산적으로 처리하도록 돕는 유머

집단상담 대가 중 자신이 재미있는 사람이라고 생각하는 사람은 〈사례 1〉의 경우밖에 없었다. 이들에게서 발견되는 것은 일상의 유머와 다른 색감의 유머이다. 〈사례 4〉와 〈사례 5〉는 자신이 아주 재미있는 사람은 아니지만 장이 필요 이상 무거워지거나 직면을 주어야 할 때 유머를 사용하여 생산적일 수 있도록 돕는다고 했다. 〈사례 3〉은 집단상담자의 유머는 그냥 유머가 아니라 깨달음에서 웃는 웃음이라고 말했다. 〈사례 2〉는 초기 단계의 긴장을 완화시키는 방법으로 유머를 활용한다고 했다. 집단상담 대가들에게 유머는 중요한 인간적 특성으로 여겨지는 것 같다. 무겁고 진지한 집단상담 작업을 좀 더 원활히 하기 위해서도 유머가 필요한 것이고 인간이 자신의 문제에서 벗어나서 다른 차원에서 바라보거나 어떤 통찰이나 깨달음을 가지고 문제를 벗어나게 되는 지표이자 도구로서 유머나 웃음의 가치를 알고 있기 때문인 것이다.

> 내가 유머를 많이 쓰는 거 같애. 유머, 어려서 까불이라는 별명이 있었고 커서는 구봉서 그런 비유를 내가 많이 들었는데 그냥 느끼는 게 아니라 문제의 정곡을 건드릴 때 유머와 함께. 그건 뭐 계획해서 나오는 게 아니야.
> 〈사례 1〉

> 유머러스라고 할까. 막 우스갯소리를 해서 그런 게 아니고 웃기는 내용으로 웃기는 게 아니고, 집단의 압력이랄까 집단에서 되게 무거운 그런 상황에서 무거울 땐 무거워야 되지만 필요 이상으로 무거워질 때가 있거든. 그럴 때 아주 좀 적절하게 재치 있게 그 상황의 무거움을 벗어나게 하면서 집단원들을 부담스럽지 않게 하면서. 그래서 맞닥뜨림을 해도 아주 아픔은 아니게 편안하게 자기를 볼 수 있도록 한다고 그렇게 얘기를 하시더라고.   〈사례 4〉

> 유머를 쓰겠다고 일부러 유머를 쓰는 게 아니야. 자기들이 굉장히 한 생각에 딱 집중해 있을 때 전혀 다른 관점에서 보는 거야. 그러면 사람들이 그때 웃는 건 그냥 우스워서 웃는 게 아니거든. 깨달음에서 웃는 웃음인데, 어떤 사람들은 장 속에서 지 아버지를 용서 못 한다 절대 용서 못 한다 악을 빡빡 쓰잖아, 한참 그러고 있는데, 한참 듣다가 이렇게 쳐다보고 있단 말이야, 그러면 지도 나를 이렇게 보잖아, 그러면 나는 너를 보는데, 참, 너 같은 딸 가진, 너의 아버지 불쌍타 이러는 거야. (웃음) 아니 저걸 딸이라고, 그러면 관점이 갑자기 확, 변하잖아. 그리고 집단 전체가 긴장되어 있을 때, 아까도 말했지만 나는 전혀 유머한 게 아니야. 본심을 얘기한 건데, 나타난 현상은 유머로서 보이지.
> 〈사례 3〉

> 유머나 재밌는 말은 나 정말 못하는데, 말하면 사람들이 웃기는 하더라. 솔직해서 그런가 봐. 그러니까 재밌는 얘기는 잘 못해. 그러니까 무슨 시리

즈 이런 건 정말 기억이 안 나서 못해. 근데 하다 보면 웃기는 하더라. 분위기를 바꾸기는 하더라. 〈사례 5〉

집단 초기에 특히 장이 처음 진행되는 상황에서 뭐 유머라기보다도 뻘소리를 많이 하려고 해요. 뻘소리를 해요. 소개할 때 그런 걸 보면서 느끼는 생각들 뭐 이런 거 아무 거나 얘기를 해서 장난도 치기도 하고, 그 얘기를 들으면서 엉뚱한 질문을 하기도 하고, 그래서 그런 것들이 사람들을 편안하게 해줄 거라는 생각이 들어요. 그래서 약간은 푼수처럼 그런 모습을 보이려고 한다든가, 아무 생각이나 주저 없이 막… 이렇게, 뻘소리라고 이름을 붙이는데, 그런 역할들을 많이 하려고 애를 많이 써요. 〈사례 2〉

11) 다양하고 강렬한 감정에 대한 두려움이 적음

〈사례 1〉과 〈사례 3〉은 집단상담자는 다양하고 강렬한 감정을 잘 받아낼 수 있는 사람이어야 한다고 말하고 있다. 다양한 사람이 모이고 때로는 강렬한 감정을 발산하고 정화시켜야 하는 집단상담에서 이는 상담자의 중요한 자질로 보인다. 〈사례 3〉은 다양하고 강렬한 감정에 대해 큰 자신감을 말하였다.

상담자는 기본적으로 다양하고 강렬한 감정을 받아내고 견디는 힘을 갖추고 있어야 하지만 집단상담 대가들은 강렬하고 폭발적인 감정을 여러 사람들 앞에서 표출하는 집단원들의 감정을 처리하는 데 더욱 숙련되어 있어야 한다고 말한다. 다양한 집단원들이 참여하는 집단상담은 매우 다양한 사람들이 다양한 방식으로 자신을 표출하게 되는데 집단상담 대가들은 이런 상황들에 대처하는 자신에 대한 신뢰가 높은 것으로 드러났다.

그룹은 파워가 훨씬 더 강하게 일어나기 때문에 그룹의 에너지가, 시너지 효과가 일어나는 그룹의 에너지가 버거운 사람은 곤란하겠죠. 또 다양한 인격들을 만날 테니까 아까 한 얘기의 중복이지만 그만큼 강인해야겠지, 수용적이고. 감당해 낼 수 있어야 되니까.   〈사례 1〉

　　하도 많은 사람들과 다양한 집단 경험을 하다 보니 이제는 집단에서 어떤
사람이 어떤 감정, 어떤 문제를 표현해 내도 나한테 별로 낯설지 않고 이해
가 돼.   〈사례 3〉

　　집단에서 많이 보이죠. 드러나게 하죠. 강렬한. 그런 것에 대해서 두려움
이 있다, 없다? 예전에는 이런 모습들에 대해서 자기가 누구에 대해서 가졌
던 강렬한 적대심이라든가 그런 걸 보고서 두려워한다거나 그러지는 않잖
아요. 그것이 리더한테 표현이 되었을 때 두렵기도 하고 떨리기도 하고 한
데, 집단 하다 보면 자기 아버지나 자기 어머니에 대해서 되게 강렬한 분노
심이나 그런 것을 가지고 있는 사람들을 많이 보죠. 두렵다기보다는 그걸 좀
어떻게 많이 풀어 줄까, 그런 것들에 대해서 고민을 많이 했죠.   〈사례 2〉

　　집단상담 대가들은 개인상담이나 다른 상담영역의 사람들보다 더욱 더
자기개방에 대한 두려움이나 꺼림이 매우 적었다. 이들은 다양성에 대해
호감이 있으며 다양성을 추구하는 것으로 나타났다. 높은 위험감수는 집단
상담 장면의 즉시적인 실험과도 연결되는 것으로 보인다. 또한 인간에 대
한 긍정적이고 현실적인 신뢰, 놀라울 만큼의 높은 수용, 단순한 감정의 공
감이 아닌 본심과 자기를 확인해 주는 공감, 내면과 외현의 일치성으로 나
타나는 진정성, 집단상담의 시간과 운영에 대한 융통성, 무거움과 아픔을
생산적으로 처리하는 유머, 폭발적이고 다양한 감정에 대한 두려움이 적음
등이 이들이 가진 중요한 인간적 특징으로 정리되었다.
　　이상은 근거 이론의 패러다임 모형에서 중재적 조건의 개인내적 특성과
결과에 해당하는 인간적 특성을 함께 묶어서 살펴본 것이다. 여기서 결과
는 어떤 현상에 대처하거나 그 현상을 다루기 위해서 취해진 작용/상호작
용 전략에 따라 나타나는 것이다(Strauss & Corbin, 1998). 이를 개념, 하위
범주, 범주로 정리하면 〈표 4-3〉과 같다.

〈표 4-3〉 인간적 특성에 대한 개념, 하위범주, 범주

개 념	하위범주	속 성	차 원	범 주
자기개방에 대한 두려움이나 꺼림이 매우 적음 다양성에 대한 호감과 추구함 높은 위험감수 경향 있음 서두르지 않는 기다림의 명수가 됨 자의식의 극복하기 인간을 깊이 신뢰함 수용력이 놀라울 정도로 높음 깊은 공감능력을 가짐 깊이 있는 진정성을 가짐 유연함과 융통성 가짐 무거움과 아픔을 생산적으로 처리하도록 돕는 　유머 다양하고 강렬한 감정에 대한 두려움이 적음	개인내적 특성/ 인간적 특성	정도	큼–작음	탁월한 전문성의 획득

4. 집단상담 대가의 전문적 특성

집단상담 대가들의 탁월한 전문적 특성을 전문적 자질과 개별화 측면으로 나누어 살펴보았다. 전문적 특성에서 집단상담 대가들만의 독특한 점은 집단역동에 대한 깊은 이해와 활용, 집단 전체와 관계를 맺는 리더십, 집단 진행의 편안함과 가벼움, 집단목표와 개인목표의 자유로운 조형, 집단상담을 조직이나 사회, 민족의 문제 해결책으로 확장시키는 것 등이 나타났다. 또한 이들의 중요한 전문적인 자질로는 저항의 존중, 빠르고 정확한 개개인에 대한 이해, 인지적 유능성 등이 있었다. 개별화는 상담자 발달의 최종 단계에서 나타나는 특성으로 집단상담 전문가들은 자신의 능력에 대한 현실적 기대를 하며, 개별화되고 특화된 기술을 가지며, 자신의 상담 이론을 형성하는 것으로 나타났다. 이를 자세히 살펴보면 다음과 같다.

1) 집단역동에 대한 깊은 이해와 활용

집단상담자가 개인상담자와의 차이점 중에 선명한 한 가지는 집단역동에 대한 안목과 활용이다. 집단상담자는 다수의 사람이 만들어 내는 집단역동을 읽을 수 있으며, 이를 활용할 수 있어야 한다. 집단역동에 대해서 집단상담 대가들은 역동을 보는 눈이 세밀해지고, 중요하게 다루는 역동이 변화하며, 어려운 역동을 좀 더 수월하게 다룰 수 있는 경향에 대해서 말했다. 각각에 대해서 자세히 살펴보면 다음과 같다.

(1) 역동을 보는 눈이 세밀해짐

집단상담 대가들 중 〈사례 1〉은 자신의 눈이 현미경이 되어 간다고 표현했다. 집단역동의 미세한 부분까지 보이고 점점 더 보이는 것이 많아진다고 했다. 5명의 전문가 모두 집단역동을 보는 눈을 가지고 그 눈이 섬세해지는 것이 집단상담 전문가의 특성이라는 것에 대해 이야기했다. 집단의 흐름을 파악하고, 집단원 간의 역동을 활용하여 서로가 돕는 경험을 가지도록 촉진하며, 비구조화로 진행되는 집단상담이지만 머릿속에는 철저한 구조를 가지고 진행해 나가는 능력 등을 이야기했다. 경우에 따라서는 원래 집단역동을 파악하는 눈이 발달되어 있었다고 말하기도 했다.

> 집단의 역동이, 집단의 process가 섬세한 아주 작은 흐름들이 보인다는 거지. 보인다는 게 제일 좋은 것 같애. 이제 뭐가 좀 보여 그런 거 있잖아. 좀 더 의미 있게 다룰 수 있는 소재들이 옛날보다 훨씬 더 많이 눈에 띄는 거지. 점점 더 수용적으로 돼. 점점 섬세해지고 내 눈이 마치 현미경이 되는 거지.
>
> 〈사례 1〉

> 나는 비구조화된 집단상담을 할 때, 내 머릿속에는 철저한 구조가 있어. 우선, 집단 초기에서 전체 집단이 끝날 때까지 전체 프로세스에서 지금 어느 프로세스까지 이 집단이 와 있나, 이걸 하나 봐야 되고, 그리고 참가자 개개

인이 지금 어느 상태에 와 있나 이 역동을 하나 봐야 되고, 그런 복합적인 구조를 항상 머릿속에는 꿰뚫고 있어야 돼. 〈사례 3〉

　다음 작업에서는 지금 했던 작업이 전체에 어떤 영향을 미쳤을까 이런 거를 고려를 해서 그 다음 사람하고 작업을 할 수가 있겠지. 그 다음 많이 하는 얘기는, 집단원들 사이에 상호작용을 촉진한다든지, 리더는 빠진다든지, 가능하면 빠져서 집단원들 사이에 소위 서로 도와줌으로써 같은 경험을 하고 있다는 것을 나누고 (중략) 집단원들끼리 도와준다는 느낌을 더 많이 가질 수도 있도록 때론 리더가 개입하는 것을 참아야 할 거고. 이런 걸 세밀하게 봐야지. 〈사례 5〉

　다른 사람보다는 읽는 능력이 좀 더 있는 것 같아요. 그러면서 보이지 않는 다이나믹이 어떻게 연결되어 있는가를 줄거리를 짤 수 있다 할까 그런 것들이… 집단상담을 하면서 그게 나도 몰랐는데 집단상담뿐 아니라 다른 일을 하면서도 나는 하나 하면서 몇 가지 일을 한대요. 〈사례 4〉

(2) 중요하게 보는 역동이 바뀜

　집단상담 대가들은 집단역동을 보는 데 있어 중요하게 다루는 역동이 변화한다고 말했다. 사람에 대한 이들의 관점 또는 이론적 배경, 문제에 대한 태도 등의 변화와 함께 집단역동에서 의미를 두는 부분이 함께 변화하는 것을 볼 수 있다.

　〈사례 3〉은 중요하게 보는 집단역동이 바뀌어 간다고 말했다. 그는 초기에 부정적인 역동을 주로 보았다면, 점차 긍정적인 역동을 보게 되었다고 말했다. 〈사례 2〉의 경우 보이지 않지만 강렬한 집단의 역동 포착에 대해서 이야기했으며, 〈사례 1〉은 집단역동과 개인역동 모두가 중요한데 자신은 집단상담에서 전체 집단역동부터 보고 다음으로 개인역동에 주목한다고 하여 집단상담에서 역동을 다루는 데도 순서가 있음을 이야기했다. 〈사례 3〉의 경우에는 초기에는 부정적이거나 문제가 되는 역동에 초점을 맞추었다면 점차 긍정적인 역동에 더 많은 관심을 가지게 되었다고 했다. 또한 집단원 간의 차이점을 찾는 데서 공통점을 찾아가는 방식으로 역동을 보는 초점이 바뀌었다고 말했다. 〈사례 2〉는 집단역동에 대해서 초기에는 두드러진 역동에 초점을 맞추었다면 점차적으로 두드러지지 않지만 중요한 역동이 무엇인가에 초점이 간다고 했다. 집단에서 말이 없거나 조용히 눈물을 흘리거나 어떤 문제에 대해서 떨어져 있는 사람들이 때로는 더 깊게 그 문제와 관여되어 있다는 것이다. 집단 경험이 많아지면서 점차 보이지 않는 역동에 대해 보는 눈이 발달하고 다룰 수 있게 된다고 말했다.

기업조직은 개인문제보다 기업에서 주어진 목표가 더 중요해. 팀 활성화나 생산성을 높이고, 조직갈등을 해소하는 게 중요한 목표지. 결과가 반드시 나와야 되니까. 그래서 초기에는 문제해결 중심 집단을 했어, 개인갈등을 해소하고 대인 간의 갈등을 해소하고 조직의 갈등을 해소하는 게 중요했어, 그래서 장에서 문제가 되는 역동에 초점을 맞추었지. 그러다 2단계는 팀을 활성화하는 데 초점을 두었어. positive한 쪽으로 간 거지. 서로 간에 긍정적이고 장점을 보려고 했고 집단원 간에 그런 긍정적인 역동에 초점을 두었지. 3단계는 팀의 강점을 발휘하는 쪽으로 갔었어. 그래서 조직의 문제보다는 조직을 활성화시키는 데 관심이 더 갔지. 역동도 부정적인 것에서 긍정적인 역동을 일으키는 부분에 관심이 더 갔어, 우리가 같은 점이 뭘까. 노사가 대립해도 서로 다른 것을 보려고 하기보다는 서로 같은 점이 뭔가 그리고 서로 참 관계성이 높잖아. 그런 것들을 장에서 보려고 했지.　　　　　〈사례 3〉

장애자였던 그 여자 분이 추석 지내면서 되게 힘들고 너무너무 서럽기도 하고 막 그런 거 얘기를 했는데, 그냥 아무 말도 없이 앉아 있었던 ○이라는 사람이, 내가 시키니까, 자기가 어머니가 어렸을 때부터 앉은뱅이여서, 다리를 다쳐 가지고 걷지도 못하고, 그런 얘기를 하면서, 장애자로 살면서 느꼈던 어떤 그런 것들이 되게 많이 집단에서 역동으로 퍼지게 되고, 자기 어머니의 그런 것을 보면서 느꼈던 것을 얘기하고 그러면서 역동이 살아났는데. 그때 되게 말이 없는 어떤 사람들을 얘기를 시켰는데 그 얘기하고 딱 맞아 가지고 막 역동이 유발되는 그런 일들이 집단에서 자주 생기는 거 같애요.

〈사례 2〉

개인역동에 너무 집중하면 다른 사람들이 소외를 느낄 수 있어. 두려워할 수도 있지. 나도 언젠가 저렇게 집중이 되는구나 그런 식으로. 적절하게 둘을 조화시켜야 해. 나는 집단 전체 역동을 활용해, 개인역동도 중요하지만 먼저 전체 역동을 보는 것이 필요해.

〈사례 1〉

(3) 어려운 역동을 수월하게 다룸

집단역동의 종류만 해도 집단상담자와 집단원 개인, 집단원과 집단원, 집단원 1명과 나머지 전체 집단원, 하위집단과 하위집단, 집단상담자 1명과 나머지 집단 전체와의 역동 같이 세분화된 경우를 이야기했다.

집단상담 전문가들은 역전이로 인해 집단원 개인과 집단상담자 사이의 역동에 대해서는 점차적으로 빈도나 정도가 줄어든다고 말했다. 그것이 역전이라는 것을 알아차리는 능력이 발달하고 그 자체를 알아차림으로써 오히려 작업적인 요소로 활용한다고 한다. 한편 집단원 전체가 한 집단원과 맞서는 상황이거나, 집단원 간의 갈등 상황에서는 편들기가 되기 쉬운 상황이므로 제3자의 입장에서 집단에서 무엇이 일어나는가를 살펴보는 방식으로 다루어 간다고 했다. 집단원들이 동질적인 집단일 경우 어떤 이슈 중심으로 뭉쳐질 수 있는데 이슈 중심으로 이야기가 되어 가는 것 자체를 자제할 필요가 있으며, 그럼에도 불구하고 이슈 중심으로 넘어 갔다면 다시 집단상담 과정으로 돌아올 수 있도록 조력해야 한다는 것이다. 어려운 집단역동에 대한 상담자의 불안이나 태도가 역동을 다루는 데 영향을 미치며 집단상담자는 이런 상황에 대한 대처방식을 알고 편안하게 대처할 수 있는 능력이 있어야 한다고 말했다. 〈사례 3〉의 경우 집단이 어려운 역동에 휘말리게 될 때 그 상황이 가장 해결에 대한 욕구가 높은 때라고 본다고 했다. 결국 어려움과 해결가능성에 있어서 '플러스 마이너스 제로' 라는 원칙을 가지게 된다는 것이다.

집단원들끼리 뭉치고 나 혼자 소외될 때가 있어요. 이슈로 안 나가야 되는데 이야기를 하다 보면 흐름이 이슈로 나갈 때가 있거든요. 나는 그렇게 안 나가려고 하는데 집단원들이 자기네들 이권과 관련 있는, 예를 들면 학교 교사들 연봉제 같은 것은 자기들한테 굉장히 중요한 거잖아요. 그럴 때 집단 전체가 그 이슈로 하나가 되고 집단상담자가 혼자가 될 때, 거기서 다시 집단 전체로 돌릴 때까지가 힘들지요. 이제는 그런 것도 별로 힘들지는 않은데…. 〈사례 4〉

제일 어려운 때는 세월이 가면서 내가 집단원에게 걸려드는 것은 줄어드는 것 같아. 멤버들끼리 걸리는 것 매우 힘들어. 잘못하면 편드는 게 되잖아. 몇 시간이 지나도 계속되기도 하고 그러면 위험하지. 하지만 점점 편해져. 그런 장면을 바라보는 내 마음이 편해져. 요즘은 더 싸우라고 그래. 몸싸움도 하라고 그래. 그런 상황을 보는 리더의 불안이 상당히 영향을 끼치는 것 같아. 〈사례 1〉

집단 전체와 개인의 역동은 무수히 있는 것이지. 하위집단과 하위집단도 그렇고. 한번은 참 무서운 경험이 있는데 지금도 가끔 생각이 나. 후배들 전체가 선배 하나를 집단에 와서 공격하는 거야. 나는 한 집단원을 보호하려고 했어. (중략) 그런데 참 어려워. 누군가 상처를 입는다면 구해야 하는데 그 방식이 중요해. 비판하는 방식이 아니라 문제를 던지는 방식이어야 해. 어쩌다 이런 일이 발생하게 되었는지에 대해 탐색하는 것이 중요하지. 때에 따라서는 불부터 꺼야 할 때도 있어. 싸움을 붙이기도 하지만 때에 따라서 달라지지. 조심해야 해. 어느 한 쪽에도 상처를 주어서는 안 돼. 3자적 입장에서 지금 우리가 무엇을 하고 있냐를 탐색해야 해. 필요하다면 한 사람을 차단시키고 빈의자를 이용해서 작업할 수도 있지. 역동은 주로 일어나는 것이 무엇인가야. 집단 전체적으로는 신뢰와 응집력이 먼저 중요하고 개인작업을 할 때는 소외된 사람에 대한 관심을 가지고 있어야 해. 〈사례 1〉

참, 외롭잖아. 극한 상황이 되고. 도저히 포기할 수밖에 없잖나, 이러면 굉장히 심각해지잖아. 그때 어려운 건 그게 남았단 말이야. 그때 정신차리고 보니까 그때 방안에 있는 모든 사람들이 위고 아래고 공유되어 있고, 여기서 회의를 하게 되는 때가 그 때라고. 항상 장이 어려운 게 있으면 해결하고 싶은 욕구가 있고, 나는 장이 플러스, 마이너스 제로라고 생각하는데 항상 제로 상태에서 그 중간을 타고 가는 거지. 그러면 늘 편안하지. (중략) 내가 플러스, 마이너스, 제로라고 하는데 그걸 보기 시작하면 싸울 것 같은 역동도 재밌어. 그게 제일 재밌어. 원래 기회도 없었고, 위기도 없어. 늘 장을 하는 그 순간이지 뭐.　　　　　　　　　　　　　　　　　　　　　　　〈사례 3〉

옛날에는 소위 그렇게 걸려든다고 표현할 수 있었겠지만, 실제로 지나가 보니, 그러니까 내 말은 그것을 소위 극복할 수 있는 이유가 그게 별 거 아니었다는, 이를테면 진짜 역전이라는 게 너무 뻔해지니까 거기에 휘말리지 않을 수 있다는 뜻이야. 부질없다는 게. 역전이인데 뭐 어떻게 할 거야? 이걸 가지고 뭐 작업을 할 거야 뭘 할 거야? 차라리 이런 마음이 있구나, 내가 저 사람에 대해서 특별히 왜 불편해지거나 특별히 왜 끌릴까 이건 분명히 이런 걸 가지고 어떤 사람과 commitment를 하는 거는 굉장히 부질없는 일이라는 거를 너무나 잘 아니깐. 별로 그리고 싶지도 않고. 차라리 그런 걸 이용해서 작업을 해.　　　　　　　　　　　　　　　　　　　　〈사례 5〉

2) 집단 전체와 관계를 맺는 리더십을 가짐

집단상담 대가들은 개인과의 작업동맹 형성을 넘어서 집단원 전체와 관계를 맺는 관계기술을 가지고 있는 것으로 보인다. 관계기술의 강약은 차이가 있지만 그들은 대체적으로 집단원들이 집단상담자에게 신뢰와 호감을 느끼게 만들고 나아가 집단원끼리도 호감을 느끼며 상호작용하도록 돕는다.

또한 한 사람의 내담자를 대하는 것이 아니라 다수의 사람을 대하면서 상담을 진행시켜 가야 하는 집단상담의 경우, 집단상담자가 개인상담에 비해 집단 전체와 관계를 맺을 수 있는 리더십을 가져야 한다는 데는 5명의 대가 모두가 같은 의견을 제시하고 있다. 이것을 리더십이라고 말하기도 하고 카리스마라고 표현하기도 하는데, 집단상담자는 사람들을 이끌어 가고 사람들 간에 관계를 촉진시키며, 어려운 난관을 여러 사람 앞에서 풀어나갈 수 있는 카리스마가 있어야 한다고 이야기한다. 카리스마에도 〈사례 3〉과 같이 매우 직접적이고 주도적인 카리스마와 함께 〈사례 2〉와 〈사례 5〉와 같이 사람들에게 은근하게 발휘되는 카리스마도 있다. 집단상담 대가들 대부분은 은근한 영향력을 발휘되는 카리스마로서 집단원들에게 간접적인 영향력을 끼치는 것으로 보인다.

개인을 넘어서 그룹과 친근감을 살 수 있는 관계 맺는 능력이 되겠지. 그 담에 고걸 세분화하면 인간적인 관계, 인간적인 신뢰를 얻을 수 있는 것하고, 뭐랄까 리더십으로서 좀 더 사회적인 의미로 리더십을 인정받는 것이지.

〈사례 1〉

집단의 리더가 되는 데 있어서도 정말로 중요한 것 중의 하나가 자신감을 갖는 것이죠. 어떤 사람을 맞서더라고 내가 위축되지 않고 치고 들어갈 수 있는 자신감이 있어야 되는데, 그걸 생활 속에서도 표현하고 집단에서도 표현하고 그런 것들이 자신감을 향상시키는 데 도움이 되는 거 같아요. 그래서 그런 감정을 직면시키는 것에서, 직면하고 그런 데 있어서 되게 내가 좀 강해졌다는 것.

〈사례 2〉

일반 개인상담에서는 공감자나 수용자의 역할이 굉장히 중요한데 여기서는 조정자의 역할이나 참여자의 역할이나 때로는 대결지적자의 역할이나 그러니까 상담스킬에다 코칭스킬에다 리더십스킬까지 같이 있어야 돼. 그 다음 상담자가 굉장히 숙련돼 있어야 돼요. 왜냐하면 집단 속에서 1분 뒤에 누가 무슨 얘길 할지가 전혀 예측이 안 돼요. 참가자 15명이 있다면 15명이 느끼는 감정들을 촉진자 한 사람이 자기 가슴속에 다 느끼면서 자기가 편안

함을 유지할 수 있는 여유가 하나 더 있어야 되요.　　　　　〈사례 3〉

　　개인상담자는 집단상담자보다 오히려 카리스마가 덜 필요해. 왜냐하면 때로 집단에 들어갔을 때에 이 집단은 도저히 포기할 수밖에 없다는 그런 절박한 상황이 많아요. 그 때 집단 전체를 이끌어 나갈 수 있는 카리스마, 문제해결능력 이런 것들이 굉장히 많이 필요해.　　　　　〈사례 3〉

　　집단이 가지고 있는 고유한 특성 때문에, 서로 돕게 하는 기회를 사람들에게 직접 주고 상담자가 빠진 상태에서 실제로. 그러니까, 내가 그런 거 좋아하잖아, 내 성격상. 드러나지 않은 상태에서 남으로 하여금 가능하면 일을 하도록 애를 쓰는 게 있잖아. 그걸 하기에는 최적이야, 사실은. 개인상담도 그렇게 하기는 어렵고. 다른 사람들을 격려시켜 가면서 이 사람이 직접 이 사람을 돕고 저 사람이 저 사람을 돕고, 이렇게 스스로 행복하게 하는 데는 최적이야. 그 이상은 없는 거 같아. 그런 의미에서 굉장히 매력적이지. 내가 가만히 있는 것 같은데 실제로는, 물고기 터치도 안하면서 살살 몰아서 한 곳으로 몰아간다고 그러데. 그래서 틀린 말은 아닌 것 같습니다. 그랬지.　〈사례 5〉

　　집단원들끼리 서로 신뢰하게 된다는 것은 서로의 어떤 얘기들을 들어 주고 공감을 잘 해 주고, 또 자기도 열심히 개방하게 하고, 그니까 어떤 얘기가 나왔을 때 충고적이거나 비판적이거나 그러면 끊임없이 그런 사람들의 참여하는 모습에 대해서 리더가 피드백을 자꾸 주죠. 그런 모습이 이렇게 충고 쪽으로 얘기를 하고 있어서 내가 좀 답답하다든가. 그래서 그 사람들의 반응이 좀 더 세련되어지도록 공감적으로 하도록 자꾸 그런 것들을 조성을 해 나가는 것이죠.　　　　　〈사례 2〉

3) 집단상담 진행에서 편안함과 가벼움을 가짐

　집단상담 전문가들 중 〈사례 1〉, 〈사례 2〉, 〈사례 4〉는 집단상담을 진행할 때 편안함과 가벼움을 가진다고 말했다. 그것은 집단 자체가 더 응집력이 있고 작업이 생산적으로 일어나서라기보다는 초기의 불안정함을 있는 그대로 인정하는 데서 오는 편안함이라고 할 수 있다. 또한 어려운 상황은 반복해서 일어나지만 그 상황을 편안하게 받아들이는 상담자로서 자신의 대처가 달라졌음을 이야기하고 있다. 〈사례 5〉의 경우 집단상담이 너무 무겁게 진행될 때는 게임을 진행하기도 한다고 했다. 집단상담 대가들은 지나치게 진지한 진행으로 집단의 에너지가 소진되는 것을 막는 때와 방법을 알고 있었다. 이들은 집단의 흐름을 따라가면서도 적절하게 조율하는 능력을 발휘하는 것으로 나타났다.

> 내 나름대로 집단을 보는 시각이 좀 더 향상되고, 약간 더 넓어졌다는 거. 그런 것들. 그리고 사람을 일단은 대할 때 훨씬 더 편안하게 사람들 대할 수 있고⋯. 〈사례 2〉

> 소위 신뢰관계가 형성되지 않았을 때. 힘들었는데 이젠 그걸 문제 안 삼아. 이젠 이렇게 얘기해. 우리는 친하지 않은 게 당연합니다. 우리가 서로 못 믿는 건 당연합니다. 당신이 지금 두려워하는 건 당연합니다. 그게 자연스러운 거예요. 우리 두려울 때 두렵다고 얘기합시다. 나도 아직 어색해요라고. 그걸 안 하고 빨리 말하기를 바라고 그래서 어려웠던 것 같애. 〈사례 1〉

> 처음에는 너무 무겁고 너무 진지했던 것 같애. 내가 말수도 적고. 그건 모델링이 좀 그랬어. 그랬기 때문에 집단 초기 단계에서는 많이 버거웠지. 그런데 점차 내 스타일을 알아가기 시작했어. 〈사례 1〉

> 얼마 전 집단에서 집단 하다가 내가 너무 무거워져 가지구 놀다가 하구 그랬다 그랬잖아. 게임도 하고. 발바닥 게임 했지. 〈사례 5〉

4) 집단목표와 개인목표를 자유롭게 조형함

집단상담자는 개인상담과 달리 여러 집단원의 개인적 목표를 다루어야 하고 또한 집단 전체의 목표를 함께 조율해야 한다는 이중적 과제를 가지고 있다. 이런 상황에서 집단상담 대가들은 두 가지 목표를 효율적으로 처리하고 있었다. 목표설정에 있어서는 이론적이고 추상적인 방식보다 현실적이고 구체적인 목표를 이끌어 냈고 궁극적으로 도달해야 할 목표를 집단 안에서 다루는 방식을 알고 있었다.

〈사례 5〉는 집단상담에서 집단 전체에 대한 목표와 집단원 개개인에 대한 목표를 좀 더 빨리 세울 수 있게 되었다고 한다. 또한 집단원이 자신의 삶에서 실제로 구현할 수 있는 크기와 내용으로 목표를 조형해 낼 수 있게 되었다고 말했다. 그래서 적어도 한 사람에게 하나씩은 무엇인가를 줄 수 있도록 집단을 운영할 수 있게 되었다고 했다. 〈사례 3〉의 경우 기업에서 이루어지는 집단상담의 경우 개인과 기업의 요구나 목표가 다를 때 이를 조정하는 역할이 중요하다고 말했다. 〈사례 4〉는 개인의 목표와 집단 전체의 목표에 차이를 두면서도 둘을 엮어 가는 방식에 대해 이야기했다.

> 목표를 좀 더 빨리 세울 수 있게 된 것 같다. 이거 굉장히 중요한 것 같다. 그 사람의 맥락과 그 사람의 생활에서 실제 구현될 수 있는 목표의 크기 형태를 조형해 내는 것 같애. 그건 너무 너무 중요해. 상담 처음 하는 사람이 나중에 잘하게 될 때. 지금 나를 보면 그게 좀 가능한 것 같애. 이전에는 만약에 자기를 찾는다 하면 그 자체에 애를 썼는데 이제는 현실에 가져와서 여기서 구현하는 방법이나 크기를 조절해서 제시하거나 찾게 하는 시도를 적어도 한 사람에게서 한 개씩은 하고 끝나는 것 같기는 해. 그러니까 조금 더 구체성이 있어 보여. 〈사례 5〉

> 각 개인의 목표가 다 다를 수 있고, 나는 그 목표를 개인에다가 초점을 둬요. (중략) 그러면서 집단 전체의 목표는 어디다 둬야 하냐면, 집단원의 목표가 이뤄질 수 있도록, 둘러갈 수 있도록 도와주는 그쪽으로 목표를 설정하거든요. (중략) 개인의 목표는 얻는 것에다가 두고, 집단의 목표는 재미에다가 둬요. 재미도 있어야 하니까. 그 재미라 하는 게 상담자가 재밌다 이게 아니라, 뭔가를 발견해 나가는 재미, 그걸 목표로 끌어가다 보면, 내가 집단에 오

면 얻는 것도 있고, 재미도 있고 함께 가도록 하는데, 그렇게 끌어가다 보면 자연히 개인의 목표는 달성되어 갈 수 있겠죠.　　　　　　〈사례 4〉

나 같으면 조직이 준 목표와 집단에서의 목표를 따로 해. 그리고 개개인이 가지고 있는 자기 개인목표가 있어. 이 두 개는 항상 상충이 돼. 그렇잖아. 교육 온 사람들은 모처럼 일 년에 3박 4일 교육 왔는데 온천에서 안마받고, 편하게 쉬고 잘 놀고 술 한 잔 먹고 돌아가면 아무도 나쁘다고 볼 순 없어. 회사에서는 밤 새워서 공부해 가지고 들어와서 잘하면, 성적이 높아지고 애사심 강해지길 바래. 하지만 그렇게 하고 싶은 사람은 아무도 없어요. 그렇잖아. 이 둘 사이에서 조정자 역할을 해야 하는 거야. 그렇지. 그런데 그때에 집단목표를 먼저 잡는다고 하고 밀고 나가면 불만이 굉장히 크지. 그런데 그게 개인목표에서 출발해서 나가서 집단목표까지 다 달성될 때까지 도달해야지.　　　　　　〈사례 3〉

5) 집단상담을 조직, 사회, 민족문제의 해결책으로 확장

〈사례 1〉, 〈사례 2〉, 〈사례 3〉의 경우 집단상담을 단순한 상담의 방법으로서가 아닌 민족의 화합, 사회를 밝고 건강하게 만드는 도구, 진정한 인간 존재로서의 만남을 가능하게 하는 잠재된 가능성을 가진 것으로 인식하고 있었다. 이들은 집단상담으로 지역사회나 민족의 문제를 해결할 수 있다는 믿음을 가지고 있다. 이들은 정치적, 사회적 갈등이나 문제를 해결하는 유용한 방식으로 집단상담이 활용될 수 있다는 믿음을 가지고 있었다. 또한 이들은 집단상담이 보다 체계적으로 보급되고 일반인들에게 접근해 갈 수 있도록 좀 더 조직적인 노력의 필요성에 대해서도 이야기했다.

우리 민족이 남북으로 나누어져 있는데 언젠가는 민족이 통일될 거고 그때 민족의 동질성을 회복할 수 있는 훈련이 우리 집단만 한 게 없다 난 그렇게 본 거예요. 정치가가 통일을 위해서 할 일도 있고, 기업가가 할 일도 있지만, 카운슬러가 할 수 있는 일은 통일 이후의 시대를 대비해서 집단 전문가를 많이 양성하는 것. 또 그러자니 미국 방법 가지고 안 되는 거예요. 정말 우리 것을 계발하지 않으면 안 되겠다 그런 생각들. 나에게는 집단하는 게 제일 큰 의미가 나중에, 나한테는 미션 같애. 좋고 나쁘고의 의미가 아니고 언젠가 이 민족의 동질성을 회복해야 할 때가 오는데 그때 우리 집단하는 사람들이 조국에 공헌하는 게 있고, 그걸 위해서 나도 훈련하고 제자들도 하고 그러는 게 좋았어. 미션. 나에게는 좋고 나쁘고의 개념은 아닌 것 같애.   〈사례 3〉

우리가 집단상담을 하게 되기까지는, 상담자로서 되게 훈련을 많이 받아야 되잖아요. 이 집단상담이란 것이 우리 사회를 밝게 하고 건강하게 만드는 굉장히 좋은 도구인데, 사실은 사람들이 참여를 별로 안 하잖아요. (중략) 대개 대학원생들이, 집단의 거의 70, 80프로가 대학원생들이고 일반인들은 잘 안 오잖아요. 그런 집단에 대해서 우리 사회에 그런 것들이 좀 많이 알려져야지만, 대학원생들이 그렇게 열심히 집단에 들어오려고 하고 그러는데, 사실 뭐 길이 그렇게, 집단상담의 길이, 그 좋은 도구를 쓸 만한 그런 길이 별로 없잖아요. 그러니까 그런 집단상담을 사회에 알리는 일을 해야 되는데, 그게 이제, 상담자 개개인이 현장에서 뛰어 가지고 알리고 이런 것들이 되게 시간이 많이 걸리죠. (중략) 상담은 전부다 개인플레이를 하잖아요. 그리고 상담학회가 해 줘야 할 역할은, 자격증을 주고 그냥 사례회의 좀 해 주고 뭐 그런 거 외에는 하는 게 없잖아요. 그래서 상담학회가 회비들을 더 걷든지 뭐 하여간 어떤 그런 것들을 해서, 상담학회 차원의 수련생 길러내고 막 그런 것만이 아니라, 상담을 사회에 알리고 또 어느 정도 봉사해서 자꾸 사람들 사이에 그런 것들을 더 좀 인식시키는 그런 조직적인 역할들을 하면은, 그것이 자꾸 언론에 보도도 되고, 또 그것이 그렇게 되지 않을까 싶어요.   〈사례 2〉

나아가서 이 그룹이 갖고 있는 잠재성, 사회적, 정치적 잠재성까지 믿고 있는 것. 로저스 같은 사람이 대표적이지. 그룹을 가지고 민족 간 화해까지 쓰려고 애를 썼거든 나는 그런 정치적인 맥락보다는 집단을 나와 너의 체험, 부버의 Ich und Du로 볼 수는 있다고 봐. 사람뿐만 아니라 모든 사물에

해당하는 것인데 그 대상을 신성시하는 것, 존귀한 존재로 보는 것, 절대적
존재로 보는 것이지.   〈사례 1〉

6) 저항의 존중

집단상담에서 저항은 개인상담보다 강렬하고 여러 사람 앞에서 그것을
처리해야 한다는 독특한 과제를 동반한다. 집단상담 대가들은 집단원들의
저항을 처리할 뿐 아니라 저항의 처리 과정을 통해서 집단상담을 작업 단
계로 이끌어야 한다. 이러한 관점에서 저항의 처리는 집단상담자에게는 중
요한 도구이다. 참여자 모두는 집단원들의 저항에 대한 상당히 긍정적인
관점을 이야기하고 있다. 그들은 집단원의 저항을 존중하고 중요하게 다루
어 생산적으로 이끌어 나가는 것이 중요하다고 말했다. 그들에게 저항은
작업을 위한 좋은 기회이자 자료이며, 도전이 되지만 생산적인 작업을 위
해서 반드시 있어야 할 것으로 취급되었다. 더 나아가 저항 자체가 상담자
중심적인 관점에서 나온 말이며 저항은 집단원의 자기주장이자 욕구라고
보는 것이 더 적절하다고 했다.

저항을 존중한다. 그냥 한마디로 그거지. 그게 아주 좋은 거지. 저항을
존중한다는 거. 아니면 저항하는 패턴 그게 바로 그 사람의 핵심이라고 표
현할까.   〈사례 1〉

내가 굉장히 문제라고 생각하는 거야, 저항이. 집단뿐만 아니라 상담 전
체에서 서구적인 관점으로 상대방을 보니까, 상담자 중심으로 보니까 저항
이라는 말 자체가 상당히 상담자 중심이다. 저항이 어딨어? 참가자는 지 주
장하는 거지. 이걸 저항으로 보는 게 서구적 관점이야. 이게 저항이 아니야.
자기주장을 하는 거고. 그 사람이 주장을 하는 밑바탕이 뭔가하는 그 욕구가
있고, 잘 보이고 싶은 욕구가 있고. 그런 거지. 사랑과 미움은 반대말이 아니
야. 저항도 반가운 거고, 열심히 참여하는 것도 반가운 거고. 다 집단에 나타

나는 하나의 공부하는 프로세스지, 그게 특별히 저항이다 따로 이름 붙여 만들 만한 그 자체에 대해서 글쎄, 나는 거부해. 완전히 상담자 저거가 붙인 이름이잖아. 〈사례 3〉

존중해 주는 겁니다. 저 사람으로서는 저렇게 할 수밖에 없겠다. 예를 들어 저항이 나오든 뭐 어떤 경우에는 내하고 싸우겠다고 이를테면 지도자 경쟁처럼, 힘겨루기하면서, 자기네 집단원들 지편으로 만들면서 그럴 수 있거든요. 그러면 내가 힘겨루기 말려들어서 싸울 수는 없잖아. 그럼 외롭잖아요, 그죠? 누군가가 알아서 내 편이 되어 해 주면 좋은데 그렇게 안 될 때는 그게 힘겨루기하는 그 사람한테도 상처를 안 주면서 집단이 흐름을 찾아서 갈 수 있도록 가야 하는데 그럴 때 저 사람으로서는 나를 경쟁자로 볼 수 있겠다, 어떤 형태든 이 집단에서 인정받고 싶을 수 있겠다 하고 그 존재대로 인정을 해주고요. 또 그 다음에 내가 그때마다 극복하는 내 장점이 내 솔직함으로 나갑니다. 있는 그대로의 모습으로 다가갑니다. 섭섭하면 섭섭하고 화나면 화나고 아니면 아닌 겁니다. 그게 집단을 빨리 응집시키는, 집단원들을 마음으로 만나게 하는 아주 큰 장점 같아요. 〈사례 4〉

대들거나 공격적인 모습을 보이지는 않더라도 피드백을 주면 끝까지 안 받아들이고, 그런 것들을 자꾸 보죠. 얘기를 계속 했으면 좋겠는데, 개방화를 안한다든가 그러면 그런 것들이 시원하게 처리가 안 되니까 그래서 되게 개방적이지 못한 사람들, 좀 저항이나 방어를 많이 할 것 같은 그런 사람들은 집단에서 그 사람들을 제일 뒤에 다루게 되죠. 충분히 사람이 자기를 집단원을 신뢰하고 오픈할 맘의 준비가 될 때까지 기다리고, 되게 말이 잘 안 나오는 경우가 많이 있죠. 계속 해서 항상 억지로라도 한 마디씩 하게 하고, 자존심을 좀 높여 주고…. 〈사례 2〉

저항의 존중도 존중이지만, 이거는 자료야, 확실한 자료야. 저항이라는 게, 사람 관계에서 관계를 아주 좋아하는 마음도 사람 관계를 직접 보여 주는 material이 되지만 저항이라는 것도 그것을 쌩쌩하게 보여 주는 material이 되잖아. 존중이라기보다, 자료지 뭐. 이거는 뭐 중요한 도구일 수도 있는 게 아니고 그거 없으면 뭘로 해? 〈사례 5〉

7) 빠르고 정확한 개개인에 대한 이해를 함

〈사례 1〉, 〈사례 2〉, 〈사례 3〉은 집단상담에서 역동에 대한 이해와 더불어 개인에 대한 이해가 중요함을 이야기하고 있다. 전체를 잘 다루기 위해서 집단상담자는 개개인에 대한 이해와 문제를 정확하게 포착하는 능력을 가지고 있어야 한다고 말한다. 〈사례 3〉의 경우는 개인상담을 10년 해야 집단상담자로서 출발할 수 있다는 표현을 사용하면서 집단에서 개개인에 대한 정확한 이해가 얼마나 중요한지 말하고 있다.

> 문제를 정말로 정확하게 잘 봐야 되요. 근데 그건 어느 정도는 좀 자신이 있는데, 정확하게 보고 이런 것은 있어요.　　　　　　　　　　　〈사례 2〉

> 일반 사람들이 10년 만나서 그 사람의 특징을 파악했다고 하면은 촉진자는 거의 5분 10분 내에 그 사람의 특성을 파악할 수 있는 그런 능력을 갖춰야 돼. 내가 집단훈련을 하면은 그 참가자들에게 신뢰받을 만한 제일 큰 게 니가 몇 마디 했는데 내가 피드백을 하면 옆에서 사람들이 네 그렇습니다. 내가 오래 봤는데 그 사람은 그런 놈입니다. 또 밖에서 나가 가지고 인사팀에서 미리 정보를 받았다느니, 관상을 봅니까, 이런 소리가 나오는 게 능력이거든. 그런데 자기가 다른 사람을 그렇게 보고 있어서 답답했는데 그 문제를 내가 지적하잖아, 자기에게 지적받은 그건 아니라고 하면 다른 사람한테도 그게 다 보이면 그건 지한테도 맞는 말이구나 하는 힘이 되잖아.　　　　　　　　　　　　　　　　　　　　　　　　　　　　〈사례 3〉

> 개인을 파악하는 거하고 전체를 그 역동을 파악하는 거는 상당히 다르다고 생각이 되네. 아 일단 그런 역동이 어떤지, 즉 group process에서 무슨 일이 일어나고 있는지를 알아야 되는데 그걸 보려면 먼저 개개인에 대한 파악도 가능해야 해.　　　　　　　　　　　　　　　　　　　　　〈사례 1〉

8) 인지적 유능성: 많은 정보량, 정보 간 통합, 변별적 적용, 우수한 기억력

집단상담 대가들은 인지적 특성에 있어서 많은 정보를 저장할 수 있고, 필요할 때 효과적으로 빨리 필요한 정보를 꺼내 사용하는 것으로 보인다. 〈사례 1〉이나 〈사례 3〉은 집단 전체 과정이 무의식적으로 입력되고 복귀되는 경험들을 가진다고 말했다. 또한 중요 정보들을 잘 통합하여 가지고 있다가 필요할 때 특정 문제와 관련된 형태로 조직하는 능력이 뛰어나며, 집단상담 장면에서 집단원의 이전 정보 중 중요한 정보만을 간추려 제시할 수 있고 핵심적인 문제해결에 필요한 지식을 변별적으로 사용할 수 있는 것으로 보인다. 또한, 이들은 자신이 하고 있는 인지활동을 조절하고 모니터하며, 자신이 하고 있는 활동에 대해 이유를 설명할 수 있는 것으로 생각된다.

> 요즈음에는 별 필요를 못 느껴서 거의 안 하는데, 옛날에는 집단을 하루 종일 하고 나면 그날 저녁에 방에 가서 누우면은 바둑 복기하듯이 그 집단 전체를 복기를 했어. image training을 해 두었기 때문에 환상으로 마치 영화 보듯이 집단을 다시 보는 게지. 내 생각은 집단에서 주고받은 한마디 한마디가 거의 다 복기가 됐던 것 같은데, 그러면서 집단원들의 특성을 파악하는 게지. 이런 건 기억력이 아니라 집중력이지. 〈사례 3〉

> 집단의 특징이 서로를 연결해 주는 각 참가자들을 연결해 주는 건데 그러니까 여러 멤버들이 있으면 서로의 유사한 문제들을 엮어 줌으로써 더 효율적인 통찰을 제시해 줄 수 있지. 난 이게 하나의 기술이라고 봐. 각 멤버들이 얘기했던 거를 의도적으로 기억하진 않는데 이렇게 쫙 이렇게 무의식적으로 기억이 됐다가 필요할 때 이게 재깍재깍 나와서 아까 누구도 그런 말을 했는데 똑같은 고민을 안고 계시는군요. 아까 A라는 사람은 그걸 이렇게 해결했는데 당신은 똑같은 장면에서 어떻게 생각하시냐 라든가. 이

런 것이 진짜 그룹만이 가지고 있는, 집단상담만이 가질 수 있는 매력이라고 생각을 해. 〈사례 1〉

어느 단계가 되니까 별 생각 안 하고도, 전체가 쫙 눈에 들어오니까 이건 이렇게 빼서 이렇게 해야겠다. 요거는 좀 기다렸다가 좀 써먹어야겠다. 이렇게 되니까 퍼즐이 짜 맞추어져서…. 옛날 한옥 같으면 하나하나 짜 맞춰서 됐잖아요. 하나하나 짜 맞춰서 있는 게 아니라, 전체가 있는데도, 짜맞춤이 되잖아요. 그런 게 있더라구요. 〈사례 4〉

이 사람에 대해서 내가 다 아는 게 아니라 탁탁 걸리는 부분, 핵심 부분이 나와서. 그 사람들이 어제 이 소리, 이 소리 했고, 그게 나한테 기억이 나는 게 문제고 핵심이기 때문에 걸려 있는데 내가 이야기하면 저 사람들은 이 사람은 다 기억을 하고 있구나 하는데 나는 나머지는 다 잊어버리거든. 내가 잘 잊어버리는 사람인데, 잘 잊어버리는지는 모르고 다른 사람들은 기억이 탁월한 사람이라고 보는데, 아니야. 요즘은 그래 잡히니까 덜하지.
〈사례 3〉

9) 개별화

(1) 자신의 능력에 대한 현실적인 기대를 함

집단상담 대가들은 최종적으로 내 식의 집단상담을 만들어 간다. 그 작업 이전에 이들이 하는 것은 자신의 능력에 대해 현실적인 기대를 가지게 되는 것이다. 즉, 다시 말해 그들은 자신의 장점을 장점으로, 자신의 한계를 한계로 수용한다. 그들의 융통성과 수용, 편안함은 자신의 한계를 최선을 다해 극복하려는 노력과 동시에 극복할 수 없는 부분에 대한 수용을 통해 획득되는 것이다.

이걸 그냥 받아들여요. 내 힘으로 더 줄 수 있는 것과 줄 수 없는 거를 인정하는 거죠. 물론 그 과정에서 노력은 해야겠지. 더 줄 수 있는 쪽으로. 그래서 우리가 다양한 집단을 경험해 봐라 그럴 수 있는 거고. 또 어떤 그룹에서는 뭐가 좀 강조되고 뭐가 좀 약하다 이걸 평가를 할 수 있는 거겠죠.
〈사례 1〉

내가 한다고 해도 한계가 있고. 나도 실수도 할 수도 있고 잘못할 수도 있고 때로 나에게 실망하는 집단원들도 있을 수 있고. 그러니까 내가 리더로서 완벽해야 한다는 환상을 옛날처럼 갖고 있지도 않고. 뭐 어떤 멤버들이 나에 대해 실망하거나 치료가 덜 됐다고 해서 전적으로 무능한 것도 아니요. 또 어느 정도는 내가 못 해내서 무능한 것도 있고 뭐 이런 능력부족도 있고 치료자가 자기를 인정하는 것. 이런 것도 있어요.
〈사례 2〉

내가 못하는 부분에 대해 좀 더 씩씩했으면 좋겠다. 내가 하는 방식으로는 전혀 씩씩하지는 않아. 그렇게 하는 방법은 어떤 것일까 궁금해. 씩씩하다는 뜻은 적극적으로 이끌어 가는 것 같은데 어떤 것일까 이런 것이 궁금하다. 나는 잘 못해. 집단상담자라면 그래도 여러 사람을 이끄니까 재미도 있고 상담자가 이끌어가는 것을 바랄 것 같기도 한데 안 되는 걸 어떻게 해. 할 수 있는 부분과 할 수 없는 부분이 분명히 있고, 할 수 없는 부분에 대해서는 좀 배워야지 이렇게 생각을 하지만 그게 없다 그래서 내가 집단을 못하겠다 이렇게는 안 되는 거 같애. 예전에 학생 때는, 할 수 있는 부분이 있고 할 수 없는 부분이 많고 그러니까 그걸 안 하면 소위 집단상담자로서의 기본 플랫폼에 올라가지 못한다고 생각하니까, 마음도 급하고 실제로도 그렇고 또. 근데 지금은 인제 플랫폼에 올라갔다고는 하지만 어느 자리에 설 것인가가 하는 거가 차이라고 생각하기 때문에, 마음이 다르지.
〈사례 5〉

(2) 개별화되고 특화된 기술을 가짐

집단상담 대가 5명 모두는 집단원들을 돕는 개별화되고 특화된 기술을 가지고 있다고 말했다. 이들은 여러 가지 경험과 학습을 통하여서 자신 있어 하는 몇 가지 구체적인 기술이나 개입 방식을 가지고 있는 것으로 나타났다. 대표적으로 〈사례 1〉은 재미를 가미해서 집단상담 장면을 가볍게 진행하는 것, '단골로 먹히는' 몇 가지 비법으로 탈동일시, 신체 치료기법, 경험하기 등에 대해 이야기했다. 〈사례 3〉의 경우는 기술의 발달 및 축적을 전문성 확장의 가장 중요한 전략으로 선택했다고 말했다. 〈사례 2〉와 〈사례 5〉는 집단원을 돕는 나름의 개입방식과 절차를 가지고 있었으며, 공감을 하거나 인지적 개입을 하더라도 자신만의 방식을 가미하여 사용하는 것으로 나타났다. 〈사례 4〉의 경우 진솔한 자기노출이 집단 운영에서 다른 사람과 차별화된 전략이라고 말했다. 이들 각자가 말하는 개별화되고 특화된 기술의 형태는 달랐지만 이들은 자신이 소화한 형태로 자신에게 가장 잘 맞는 개입방법을 알고 있었고 이를 적극적으로 집단에서 활용하는 것으로 나타났다.

> 점차 내 스타일을 알아가기 시작했어. 통합된. 그거는 나름대로 재미를 가미해야 된다는 것. 자기 인생철학과 전문적인 집단상담의 원리들이 서로 점차 통합되어 가는 것 같애. 나라는 인격과 함께….　　　　　　　〈사례 1〉

> 휴먼터치스킬에서 자아개념, 커뮤니케이션, 리더십, motivation, problem solving, negotiation skill, 코칭스킬 이런 것들 하나하나를 특별히 다 훈련을 받았기 때문에, 집단촉진자로서 가져야 할 모든 능력을 한 과목 한 과목 철저한 훈련을 통해서 익혀 왔지. 그래서 장 안에서 어떤 문제가 생겨도 거기에 대처할 수 있는 역량들을 준비해서 가지고 있어.　　　　　　　〈사례 3〉

> 가끔 통 풀리지 않는 문제일 것 같을 때 자기가 단골로 먹히는 자기만의 비법이랄까 그거 몇 개 갖고 있는 건 참 중요할 거야. 탈동일시도 있고, 신체 치료적 비법… 그 다음에 경험하기지. 탈동일시는 어떤 문제에서 빠져나오지 못하잖아… 그럴 때 바라보는 자, 관찰하는 자, 경험하는 자를 분리시키는 거를 가리켜. 이게 관념적인 게 아니라, 체험적으로 해 버려. 명상을 시켜 가지고. 그럼 고요해지고. 경험하기는 탈동일시하고 비슷할 수도 있는데 제대로 동일시를 해 버리는 거야. 근데 이건 일반적으로 하는 사람들이 하는 동일시는 관념적인데, 이걸 제대로 하도록 해. 예를 들면 분노할 때 분노

를 일으키는 대상을 생각하면은 분노가 일어나잖아. 근데 그게 아니라 이거 그냥 분노가 되어 버리라고 그래. 그럼 처음에는 으윽 하고 일어나겠지. 근 게 그게 얼마나 일어날 것 같아. 2~3분이면 끝나지. 분노 자체는 두려운 경험은 아니야. 그래서 모든 치료자들이 경험으로 느낌으로 들어가라고 하는 이유가. 우리가 느끼길 두려워 하니까. 부정적인 정서가 오래가는 거지. 쓸데없는 거지. 난 이게 핵심이야. 우울할 꺼리를 생각하고 있는 거고, 분노할 꺼리를 생각하고 있는 거지 그래서 못 벗어나는 거고. 우울 자체로 남아 있으면 그냥 사라지게 되어 있어. (그거 어찌 보면 게슈탈트 같은데서 stay on 있잖아요.) 그거지. 머무르기, 동양의 명상이 바로 그거고. 부처님이 하신 게 그거고, 예수님이 깨어 있어라. 난 그거로 보거든, stay on하거라 깨어 있어라. 〈사례 1〉

방법적인 것은 내 식의 방법으로 다뤄 가지. 개인적인 것… 나는 내 안에서 우러나야 되기 때문에 내가 한마음으로 함께 하면은 나는 그걸 기법으로 받아들이는 것 같아요. 내가 그 안에 들어 있냐 아니냐를. 결정적일 때 주로 써 먹는 것은 내 노출이예요. 〈사례 4〉

인지적인 작업을 하는 그런 것도 엘리스나 그런 사람들이 했던 것을 거의 쓰지 않고 내가 생각하는 그런 방법들을 사용을 해서 인지적인 그런 부분들을 한다든가 그리고 진행을 할 때 어떤 사람을 먼저 다뤄야 될 것인가 라든가, 또 어떤 얘기를 할 때 좀 더 내가 자신감이나 힘을 좀 더 낸다든가 그런 것들이 조금씩 하면서 달라져 가는 부분이죠. 〈사례 2〉

자기를 확인하는 것 이거를 굉장히 많이 시키더라고, 보니까. 확인하게 하는 방법은, 수용을 했어. 지금 어떠한 행동하는 거에 대해서 내가 전혀 요동치 않을 때. 어떤 애가 굉장히 놀라운 행동을 하거나 놀라운 말을 하는 거에 대해서 내가 요동치 않는 태도를 보여 줌으로써 수용이 될 수도 있고. 그건 제일 기본으로 하는 거고. 그 밖에 내가 자주 쓰는 말이 '하고 싶은 말이 뭐니?' 더라고. 그 상황에서, 네가 하지 못했던, 억울했던 상황에서. 억울한 상황에서 사람들은 대체로 울거나 괴로워하고 말잖아. 그러나 울거나 괴로워하는 게 아니고 네가 하고 싶었던 말이 뭐니, 그걸 확인하게 하고 그걸 실제로 하게 하는 거. 못 해 본 거 하게 하는 거기 때문에 실험이 될 수도 있지. 못 해 본 패턴에서 하게 하는 패턴으로 바뀌니까 하면 패턴의 변화도 되겠지.   〈사례 5〉

(3) 자신의 상담 이론을 형성함

5명의 집단상담 대가 모두는 자기식의 상담 이론이나 모형, 원리를 가지고 있었다. 그들은 집단상담에서 이 원리나 모형을 실현하는 데 에너지를 많이 쏟았고 그것을 핵심적인 원리로 이해하고 있었다. 그들은 문제를 일으키는 특성, 사람의 소망, 기술 등 초점을 두는 부분이 달랐지만 자기 나름의 이론이나 모형의 이름을 제시하고 있었다.

그들은 집단상담자는 결국 자신의 집단상담을 하게 된다고 말했다. 어떤 중요한 이론을 빌어 와서 그 이론에 입각한 상담을 한다고 하지만 경험과 자신의 삶이 어우러지면서 자기 나름의 집단상담을 해 나갈 수밖에 없는 것이라고 말하기도 했다. 이들은 한국적인 상담에 대한 관심과 사람들의 실제적인 변화를 추구할 수 있는 상담 이론에 대한 관심을 동시에 가지고 있었다.

내가 상담할 때 굉장히 중요한 상담 원리 중에 하나는, 사람들을 대할 때 강요성을 줄이는 것을 되게 중요하게 다루거든요, 강요성을. 강요성이라는 것은 내 마음대로 하려고 하고, 내 마음대로 잘 안되면, 사람에게 막 화가 나고 이런 것을 우리가 강요성이라고 하잖아요. 강요성이 높을수록 사람들은 화를 많이 내게 되는데, 나는 그 강요성이 모든 인간관계에서 장애가 되는 제일 큰 요인이라고 생각을 하거든요.   〈사례 2〉

처음에는 뭐 내 식의 집단이라는 게 그런 표현 자체가 어색하고 두렵기도 하고 했는데, 지금은 누구나 자기 식의 집단밖에 없다고 오히려 생각을 해. 왜냐면은 자기의 독특한 객체로서의 상담자를 떠날 수 없기 때문에.   〈사례 1〉

우리 사상에 바탕을 둔 한국형의 집단을 만들고 방법까지도 찾아낸 게 큰 차이죠.　〈사례 3〉

나는 내 식의 상담 이론이 있는데 나는 행복심리라는 상담 이론이 있어요.　〈사례 4〉

사람이 자신에 대해 나는 나쁜 사람, 나는 화내는 사람 이렇게만 생각하고 그런 말만 많이 들었을 거 아냐. 그런데 한참 얘기하다가, 그래 참 힘들겠다 화났겠다 하다가 그러면서 괴로워하잖아. 그런데 결국 남는 것은 화만 내다가 끝날 거 아냐. 그건 굉장히 안 좋은 문제라고. 그것을 소망의 형태로 바꾸어 주었을 때, 집단원은 그 소망이라는 긍정적인 면하고, 그 다음에 그 소망으로 인해서 기술이 없어서 화로 표현된 부정적인 면하고 두 개가 다 자기 것이 되는 거라고. 그러니깐 화만 가지고 있을 때는 그거를 자기 것으로 받아들이기가 굉장히 어려워. 왜냐하면 사람은 자기를 기본적으로 사랑하기 때문에 자기가 그렇게 나쁜 면을 가지고 있는 것을 정말 싫어해. 그걸 자꾸 버리려고 하는데, 실제로 하는 행동을 보면 자꾸 그런 행동만 나오고 감정만 나오니까 버릴 수도 없고. 그 안에서 나오는 게 혼란이라고. 그러나 그렇게 있는 거를 소망의 형태로, 의도의 형태로, 다시 공감, 그걸 공감이라고 해야 할지 모르겠지만 다시 읽어 주면, 내담자가 엄청 편안해 해. 그래, 이게 사실 나였지 이런 생각을 하지 않을까, 하는 거 같애. 그걸 우리는 상식적인 말로, 정리한다고 해. 상담자가 내담자를 정리시켜 준다는 게 그런 뜻인 거야. 그러니까 '하고 싶은 말이 뭔지 묻는 거', 그 다음에 '의도'와 '소망'을 찾는 거. 두 번째, 세 번째는 비슷해. 하지만 굳이 나눈다면 하나는 말이고, 하나는 의도와 소망을 찾는 거. 스스로가 인정을 하게 되고 편안하게, 머리가 맑아진다는 거. 내 식의 상담절차지 아직 이론이라고 하기에는 그렇고….　〈사례 5〉

집단상담 전문가들이 다양한 전략을 통하여 얻는 것은 탁월한 전문성의 획득이라고 할 수 있다. 집단상담 대가에게 나타나는 전문성은 먼저 집단역동에 대한 깊은 이해와 활용이다. 집단역동을 보는 이들의 눈은 점점 더 세밀해지고, 후기로 갈수록 이들에게 문제가 되는 역동뿐 아니라 긍정적인 역동이 중요해지고, 두드러진 역동뿐 아니라 보이지 않는 역동을 중요하게 다루는 것으로 나타났다. 또한 집단원과 집단원이 얽히거나, 집단 전체와 한 집단원의 갈등, 집단 리더와 집단원 전체의 대립과 같은 어려운 역동을 보다 수월하게 다룰 수 있게 된다. 이들은 집단원 개인뿐만 아니라 집단 전체와 관계를 맺는 리더십을 가진다. 이들의 집단상담 진행은 매우 편안하고 가벼움이 느껴지며, 집단 전체의 목표와 개개인의 목표를 잘 설정하며 현실적이고 실현가능한 목표로 구현해 내는 일을 잘 해 낸다. 집단상담 대가들은 집단상담을 상담방법 이상으로 사회나 민족의 문제를 해결할 수 있는 것으로 확장해 나가는 것으로 나타났다. 이들은 저항에 대해 매우 긍정적인 입장을 가지고 집단원의 저항을 존중하는 것으로 나타났다. 저항의 존중이 집단을 작업 단계로 이끌 수 있다는 경험적 신뢰를 가지고 있었다. 이들은 개인상담과 마찬가지로 집단원 개개인에 대한 빠르고 정확한 이해를 하는 것으로 나타났다. 그래서 개인상담을 잘하는 능력이 집단상담을 잘 이끄는 선행조건으로 이야기되기도 한다. 또한 인지적 유능성을 가지며

▌〈표 4-4〉 전문적 특성에 대한 개념, 하위범주, 범주

개 념	하위범주	속 성	차 원	범 주
집단역동에 대한 깊은 이해와 활용 집단 전체와 관계 맺는 리더십(강력한 관계 기술) 집단상담 진행의 편안함과 가벼움을 가짐 집단목표와 개인목표를 자유롭게 조형함 집단상담을 조직, 사회, 민족 문제의 해결책으로 확장 저항의 존중 빠르고 정확하게 개개인에 대한 이해를 함 인지적 특성: 많은 정보량, 정보 간 통합, 변별적 적용, 　　　　　 우수한 기억력	전문적 특성	정도	큼-작음	탁월한 전문성 획득
자신의 능력에 대한 현실적인 기대를 함 개별화되고 특화된 기술을 가짐 자신의 상담 이론 형성함	개별화	정도	큼-작음	

여기에는 많은 정보량, 정보 간 통합, 변별적 적용, 우수한 기억력 등이 포함된다. 최종적으로 이들은 개별화된 자신만의 집단상담의 방식과 이론을 가지게 되는 것으로 나타났다. 이를 위해 이들은 자신의 한계에 대해 인식하고 수용하며, 개별화된 방법과 특화된 기술을 가지며, 자신의 상담 이론과 모형을 구축하는 노력들을 지속하는 것으로 나타났다.

이 부분은 근거 이론의 패러다임 모형에서 결과에 해당되는 부분이다. 결과는 어떤 현상에 대처하거나 그 현상을 다루기 위해서 취해진 작용/상호작용 전략에 따라 나타나는 것이다(Strauss & Corbin, 1998). 집단상담 대가의 전문적 특성에 대한 개념과 하위범주, 범주 등을 정리하면 〈표 4-4〉와 같다.

제5장

집단상담 대가의 발달 과정

근거 이론의 과정 분석을 통하여 집단상담 대가의 발달 과정을 살펴보았다. 과정 분석은 과정과 구조의 상호작용으로 시간이 지나면서 현상에 대한 반응, 대처, 조절에 관계하는 작용/상호작용의 연속적인 연결을 의미한다(Strauss & Corbin, 1998).

앞서 집단상담 대가들의 전생애적 발달 과정에서 중요한 주제 및 특성들을 근거 이론의 패러다임 모형에서 추출하여 제시하였고, 다음으로 시간적 순서에 따른 발달 과정을 단계적 특성과 유사한 과정으로 분류하여 제시하였다. 집단상담 대가들이 집단상담을 선택한 시기부터 탁월한 전문성을 획득한 과정까지를 분석한 결과, 이들이 집단상담으로 이행하는 단계를 시작으로 하여 모방 단계를 거치며, 나아가 개별화 단계를 향해 가고 있음을 알 수 있다. 집단상담 대가의 발달 과정은 보다 세분화된 단계와 특성을 가지겠지만 본 연구에서는 시간의 흐름에 있어 가장 두드러진 특성을 정리하여 집단상담으로 이행 단계, 모방 단계, 개별화 단계로 정리하였다.

1. 집단상담 이행 단계

집단상담 이행(移行) 단계는 집단상담 대가들이 처음 집단상담을 접하고 집단상담자로서 첫 발을 떼는 시기이다. 이 단계에서 〈사례 1〉, 〈사례 2〉, 〈사례 3〉, 〈사례 5〉는 이미 개인상담이나 다른 교육 프로그램을 경험하고 상담자로서의 기본적인 경험 등을 가지고 있다는 점이 특징적이다. 〈사례 4〉의 경우는 처음부터 집단상담으로 상담 공부를 시작했다는 점에서 다른 참여자들과 차이가 있다. 집단상담 대가들이 집단상담을 자신의 고유 영역으로 채택하게 되는 데는 집단상담 이행 단계에 이들이 집단원으로 들어가는 집단상담의 리더와의 만남이 매우 중요한 역할을 하는 것으로 보인다. 〈사례 1〉, 〈사례 2〉, 〈사례 4〉, 〈사례 5〉는 이 시기에 만난 집단상담자가 멘토로 남아 있다는 공통점을 가지고 있다. 또한 이 시기에 만난 집단상담자들과의 관계가 단회적 집단상담 경험으로 끝나는 것이 아니라 지속되는 관계로 연결되어 있었다. 이러한 연결에는 멘토를 자발적으로 선택하고 찾아가는 방식과 함께 지속적인 관계가 될 수밖에 없는 상황, 즉 그 집단상담자들이 지도교수이거나 선배교수라는 환경적인 상황도 영향을 미친 것으로 보인다. 집단상담으로 이행하는 시기에 만난 집단상담의 멘토는 집단상담 자체의 모델이 될 뿐 아니라 삶의 중요한 모델로서 지속적인 영향을 끼치는 경우가 많았다.

집단상담 이행 단계에서 집단상담에 대한 애정과 관심이 발달하는 모습이 사례별로 조금씩 다른 양상을 보인다. 집단상담 대가 모두가 집단상담에 대해 처음부터 애정과 관심을 가진 것은 아니다. 〈사례 2〉의 경우 초기에 집단상담이 자신의 성격에 맞지 않았다고 말하며, 〈사례 3〉도 자신은 집단상담과 정말 맞지 않는 성격이라고 스스로에 대해서 묘사한다. 물론 〈사례 1〉과 같이 첫 집단상담 경험 자체가 너무 강한 변화의 경험으로 다가오고 자신이 살면서 해야 할 일이 바로 이 일이라는 것을 발견하는 극적인 경우도 있지만 〈사례 5〉는 집단상담에 대한 자신의 애정을 가마솥에 들어가 서서히 끓는 형상으로 비유하고 있다.

집단상담과 자신이 맞지 않다고 생각한 이들이 점차 집단상담자로서의 정체감을 가지게 되는 과정은 참여자별로 다양하다. 〈사례 2〉는 너무 내성적이어서 집단상담에 적응을 잘 못하여 재미를 느끼지 못했지만 그래도 지속적으로 집단상담이나 다양한 상담경험에 노출되면서 점차 자신을 표현할 수 있게 되고 집단상담이 어떻게 돌아가는지에 대한 눈을 가지게 되었다고 말했다. 〈사례 3〉은 자신이 인간적으로 집단상담자로 적합한 사람이 아니라고 묘사하고, 〈사례 5〉는 집단이 자신에게 매우 어려운 과제였으며 압도당할 만큼 어려웠음에도 불구하고 압도당하지 않은 것이라고 말했다. 이들이 이런 어려움에도 불구하고 집단상담에 대한 애정을 키워갈 수 있었던 것은 지속적으로 집단상담에 참여하였고, 집단상담에 대한 강한 외부적 요구가 있었으며, 외부적 요구를 내부적 요구로 전환했기 때문이라고 볼 수 있다.

> 잘 참여를 못 한 거죠. 평소에 집단에 적합한 성격이 아니어서, 참여를 하지 않고 주로 참고 내성적이고 그런 성격이다 보니까. 대학원 막 들어가서부터 ○○○ 선생님 집단이나 ○○집단을 했는데, 재미없었어요. 학생생활연구소에서 매주 두세 시간씩 집단했었어요. ○○○ 선생님도 하시고, 하면서 고생을 했고, 잘 못했고… 상담전공 들어오고 개인상담을 슈퍼비전 받고 개인상담에 조금씩 적응이 되어 가다가 ○○대 근무할 때 제가 상담실을 주관을 많이 하게 되기 때문에 방학 때마다 관련된 상담자들 연수를 내가 진행을 해야 되는데 어쩔 수 없이 해야 되니까. 그때부터는 조금씩 표현을 하고 상황들이 눈에 보이기도 하고 그랬던 것 같아요. 1979년도에 대학원을 갔

으니까 그 무렵에 집단을 바로 하게 되어서 잘 적응이 안 되었고, 집단이 재미있다고 생각했던 건 1985년 무렵이었던 것 같아요. 1985년도 무렵에 그때부터 하게 되었는데 그때 상황이 보이고 참여를 더 많이 하게 되고. 그러면서 해 볼 만하다고 생각했어요. 〈사례 2〉

매번 한 집단 마칠 때마다 집단 안 한다 그런 결심 수없이 했어. (어떻게 집단을 계속하시게 됐나?) 나라도 이걸 안 붙들고 있으면 산업체 훈련에서 이게 사라질 것 아닌가. 그게 내가 계속했던 가장 큰 이유야. 〈사례 3〉

처음엔 문제에 계속 나가 떨어졌고. 굉장히 부끄러웠고. 지금도 그 생각하면 치가 떨리는 게 있어. 완전히 나가 떨어졌지. 집단이 나에겐 참 어려운 과제였어. (중략) 어느 순간 외부적인 요구가 내적인 요구로 바뀐 거지. 그냥 외부적 요구로만 있는 건 아니야. 내 걸로 받아들인 거지. 집단을…. 〈사례 5〉

2. 모방 단계

모방 단계는 특정 집단상담 전문가와의 긴밀한 학습기회를 가진다는 것이 중요한 특징이다. 이 시기에 집단상담 대가들은 자신과 호흡이 맞는 멘토와 적어도 몇 년 이상 길게는 몇십 년 이상 관계를 맺으며 밀착된 학습을 경험하고 멘토의 방식으로 집단상담을 진행한다. 이들은 밀착학습의 중요성에 대해서 언급하며, 집단상담자로서의 성숙에 이런 경험이 반드시 있어야 한다는 것을 강조한다. 집단상담을 공부하는 후학들에게 주는 조언에서 이들은 한 전문가와 '붙어 있는' 경험이 전문가로서의 성장을 위한 중요한 전략임을 강조한다.

정말로 믿을 만한 촉진자 한 사람을 찾아서 그 사람 방법을 5년이고 10년이고 착실하게 공부하고 나면은 그 담에 딴 방법 배우는 건 그렇게 어렵지가 않다고 생각해. 그랬던 게 참 다행스럽고. 〈사례 3〉

여러 선생님을 만나러 다니다가 마음에 들거나 참 좋다는 선생님이 계시면, 선생님이랑 같이 옆에 붙어 있어라. 옆에서 배우는 게 제일 좋아. 그게 제일 빠른 것 같애. 〈사례 5〉

경험이 적어도 훌륭한 선생 밑에서 아주 집단상담의 핵심이 되는 요소를 잘 배운 사람은 세월의 경험만 많아도 범하는 우를 맨날 똑같이 범하는 사람보다 나아. 〈사례 1〉

이론도 하나를 확실하게 공부를 하고 그 나머지 이론을 했을 때 그 나머지 이론에 대한 이해도 빠르고 이렇기 때문에, 첨에 누구한테 배울 것인지 선택을 잘 하고 난 뒤에 그 샘한테서 배울 수 있는 걸 최대한 다 배우고 나무에 줄기가 형성이 됐다면 그 줄기 형성된 데다가 가지를 뻗을 수 있도록… 과정은 그렇게 권하고 싶어요. 〈사례 4〉

집단상담 대가들은 집단상담 대가와 밀착학습의 기회를 가진다는 점에서 공통적이지만 이들의 밀착방식은 개별적인 차이점이 있다. 〈사례 1〉의 경우에는 초기 강렬한 집단상담 경험 후에 동일한 리더와 반복적인 집단상담의 경험을 가지며, 지속적인 토론을 통한 학습을 경험한 것으로 나타났다. 이 과정에서 이들의 관계는 '유난'스러운 정도라고 표현되며 멘토를 '생명의 은인'이라고 말하기도 한다. 일정한 시기에 집중된 밀착된 학습을 통하여 집단상담에 대한 실제 및 지적인 학습이 동시에 이루어졌던 것으로 보인다.

〈사례 2〉의 경우는 지도교수가 집단상담 전문가로서 대학원 학생들에게 집단상담 실습과 수업을 진행했고, 수업 이외에도 학생들을 위한 집단상담 경험을 제공하는 혜택을 경험했다고 한다. 하지만 이 과정에서 밀착된 학습 경험의 정도는 다른 집단상담 대가에 비해 강하지 않은 것으로 보고한다. 자신이 집단을 계속하게 된 것에는 지도교수의 영향이 크지만 초기 집단상담 경험에서는 집단에 대한 강한 끌림을 경험하지 못했고 오히려

5~6년이 지난 후 다른 집단상담 전문가들과의 경험에서 집단상담에 대한 관심과 신뢰를 가지게 되었다고 말했다.

〈사례 3〉은 참여자 중 집단상담 학습에서 독학적인 요소가 가장 많이 발견된다. 그는 집단상담을 거의 혼자서 공부했고 또 자신이 진행한 집단상담에 대해서 체계적인 슈퍼비전의 기회 없이 스스로 자신의 집단을 돌아보는 방식으로 성장해 왔다. 한국에 집단상담이 처음 소개되는 시기에 또한 기업이라는 전혀 새로운 영역에 집단상담을 정착시키는 과정에서 그는 경험을 통해 자신의 이론을 확립한 경우라고 할 수 있다. 따라서 밀착학습에서도 다른 전문가들과 달리 밀착경험 자체가 길거나 강렬하지 않다. 하지만 그러한 여건 가운데도 외국으로 집단상담 대가를 찾아가고 대가가 운영하는 집단상담에 참여한 경험을 가지고 있다. 대가와 밀착되어 학습한 시기가 오랜 시간이 아니지만 대가의 책을 성경처럼 읽었다는 말에서 그가 일정한 시기에 매우 열심히 대가의 집단상담에 몰입했다는 것을 예측할 수 있다.

〈사례 4〉의 경우 자신의 학습의 특징을 도제학습이라고 말한다. 집단상담 대가를 대학교 4학년 수업에서 만나서 멘토가 돌아가신 지금까지 가장 중요한 집단상담의 모델이자 삶의 모델로 삼고 살아가고 있다. 그녀에게 이 밀착학습은 장기적이며 강렬하다는 특징을 가지고 있다. 참여자 중 밀착학습의 시간이 가장 길며 또한 한 명의 멘토와 거의 전문가로서의 발달 과정 전체를 연결짓고 있다는 특징을 가지고 있다. 멘토가 이 세상에 있지 않지만 그녀에게 멘토의 영향은 지속되고 있는 것으로 보인다.

〈사례 5〉는 집단상담 대가를 선배교수로서 만나게 된다. 그는 집단상담을 가르쳐야 하는 위치에 있는 자신에게 이 만남은 집단상담을 배울 수 있는 행운이었다고 기억하고 있다. 자신이 이미 교수였지만 선배교수가 진행하는 집단상담 수업과 집단상담 실제에 집단원으로 참여했던 경험이 참 좋았다고 말했다. 몇 년 이상 지속된 이 밀착학습의 기회는 그에게 집단상담 전문가로서의 길을 시작하고 이를 지속적으로 할 수 있었던 토대를 만들었으며, 집단상담자로서 뿐만 아니라 관계에 대한 모델을 제공하기도 했다고 말했다.

이상을 살펴볼 때 집단상담 대가들은 밀착학습에서 강도나 기간의 차이를 가지고 있다. 대가에 대한 접근방식도 본인이 직접 찾아가는 자발적인 경우와 환경적으로 대가와 근접한 곳에 있었던 경우로 나누어진다. 하지만 배움의 기회가 단회가 아니라 지속적인 상호작용으로 이어졌으며, 집단상담 대가들은 집단상담에 대한 이론적 배경이나, 기법, 인간관 등에 있어 대가의 영향을 많이 받았던 것으로 보인다. 집단상담 대가들은 자신의 초기 집단상담 진행이 대가들의 집단상담 진행 방식을 모방하는 것이라고 말한다. 〈사례 1〉의 경우 자신의 초기 모델링이 너무 진지하고 말이 없는 경우여서 집단상담 진행이 무겁고 힘들었다고 말하고 있다. 집단상담 대가들의 현재 이론적 입장의 주축은 그들이 초기에 만나 밀착학습을 경험했던 대가들의 이론적 배경과 유사한 것이다.

한편 집단상담 대가들은 모방 단계의 후기에 멘토와의 관계에서 상당히 독립적인 관계 양상을 나타냈다. 멘토들이 그들의 삶에 지속적인 영향을 끼침에도 불구하고 멘토를 벗어나고자 하거나, 집단상담에 대해서도 멘토와 달리하는 영역이 있음을 이야기한다. 이들은 멘토에 대해 동의하는 부분과 함께 그들과 함께 할 수 없는 영역이 있음을 인정하고 자신의 방식대로 그 부분을 보완하고자 하는 노력들을 하는 것으로 나타났다.

○○○님은 멘토 역할을 하셨지만 내가 남의 말 잘 안 들어. 그러고 보니까. 내가 좋아서 취하면 취했지 그냥 보고 취하는 건 아니야. ○○○님하고는 이젠 서로 약간 성향이 다른 집단을 하고 있지⋯.　　　　　〈사례 1〉

로저스의 사상을 공부를 하고 그쪽에 굉장히 충실했었죠. 중간에 가면서 서양방법이라서 우리한테 안맞는 거다 생각. 로저스를 직접 만나고 배워 보면서 이분한테 집단상담의 방법은 배울 수 있어도 사람 보는 인간관이나 철학은 내가 배울 게 아니다. 우리 걸 가르쳐야겠다 그런 생각을 하게 됐지.

〈사례 3〉

이 관계를 어떻게 벗어나나 이런 생각도 많이 들어. 그러나 그럴 때마다 내적인 갈등이지. 어떻게 해야 하나? 거리를 두기도 하고 많이 변했지. 옛날에는 콩깍지, 처음에는 콩깍지 씌우고 무조건 좋아하는데 이제는 거리도 두고 그렇게 해.

〈사례 5〉

3. 개별화 단계

집단상담 대가들은 일정한 대가 모방 단계를 지나면서 특정 이론이나 특정 전문가의 방법의 결핍을 발견하는 것으로 나타났다. 모방의 한계를 느끼기도 하며, 강하게 신뢰하던 대가나 상담 이론에 대한 혼란을 경험하기도 한다. 또한 이들은 좌절 경험을 가지게 되는데 리더로서의 초창기에는 상당히 강렬한 좌절을 경험하는 것으로 드러났다. 좌절 경험은 이들에게 더 다양한 이론이나 기술에 대한 필요성을 가지게 만들고 실제로 다양한 이론 및 기술의 학습을 위한 배움을 시도하게 한다. 이들은 다양한 이론을 학습하며, 외국의 또 다른 대가들과 만남 등을 시도하는 것으로 나타났다. 이들이 집단상담 경험을 매우 강조하면서도 이론적 지식의 확장에 지속적인 관심을 가지는 이유는 경험이 전문성에 매우 중요한 요인이지만 이론이 기반 되지 않은 지식이 가질 수 있는 한계를 우려하기 때문이다. 집단상담 대가들은 경험 없이는 전문성을 만들어 내지 못하지만 경험만으로 만들어진 전문성은 때로는 문제를 발생시킬 수도 있다고 보았다.

표준적이어야 돼. ○○○ 선생님하고 ○○○ 선생같이 정규교육을 탄탄히 받은 분들이랑은 얘기가 된다고 봐. 그러지 않은 사람들은 경험으로 똘 똘 뭉쳐서 하고 있는 거라. 일단 어느 게 더 효과 있다, 없다를 떠나서 일단 표준적인 거를 먼저 배워야 된다는 생각이거든. 그래야 실수가 적어. 또 우를 범하지 않아. 예를 들어서 어떤 리더가 처음부터 반말을 하고 욕하는 거를 시킨다. 그 사람한테서만 배운 사람은 나가서 그렇게 할 거 아냐. 거기서 오는 마이너스가 많거든. 플러스를 이뤄 내지 못해도 굳이 해를, 마이너스를 불러일으키는 건 곤란하지. 파격적인 거는, 프로들이 정말 일단 80, 90점은 늘 이뤄 낼 수 있는 사람들이 됐다가 파격을 조금 가미할 수 있는 거지. 근데 20, 30점 정도 하는 사람들이 파격을 이뤄 낸다 그거는 참 큰일 나겠지. 그래서 표준이 중요해. 교과서 공부해야 된다니까. 책도 보고 검증도 받아야 되고. 〈사례 1〉

경험이 제한되어 있는데 그걸 이론으로 back up할 수 있냐? 불가능해. 이론이 없는데 경험으로 back up할 수 있냐? 때때로 가능. 효율성은 좀 줄어들어도 가능은 해. 경험이 없는데 이론으로는 되냐, 그거는 불가능. (중략) 그런 의미에서 경험이 제일 중요해. 하지만 책도 봐야 해. 책을 본다는 뜻은, 단순히 공부한다는 뜻이 아니고 경험만 하지 않는다는 뜻이거든. 경험만 너무 강조하는 것은 위험할 수 있지. 〈사례 5〉

집단상담 대가들은 경험적 확장을 위해 장기 집단상담을 비롯해 엄청난 시간투자를 하며 집단상담 실제를 경험하는 것으로 나타났다. 이들은 대부분 최소 2년 이상의 장기 집단상담을 운영하거나 참여한 적이 있다. 그리고 자신의 인생의 황금기를 집단상담을 하는 데 다 보냈다는 말을 할 정도로 많은 시간을 집단상담 경험에 투자한다.

다양한 이론과 수많은 경험을 통해 이들은 점차적으로 내 식의 집단상담을 만들어 가는 것으로 보인다. 사람의 문제에 대한 자신만의 시각이 형성되고, 이를 다루는 독특한 기술을 개발하며, 자신의 이론이나 모형을 가지게 되는 단계이다. 5명의 집단상담 대가들은 정밀함이나 체계에 있어서 차이가 나지만 각자의 이론적 모형이나 이론을 가지고 있는 것으로 나타났다.

집단상담 대가들은 개별화된 자신의 이론과 기술을 가지게 되는 과정에서 집단상담에 대한 이론적인 확장과 함께 경험적 확장을 추구한다는 공통점을 가진다. 하지만 이들의 개별화를 위해 이론과 경험의 확장을 성취하는 과정에서 각자가 취하는 주요 전략은 차이를 가진다. 〈사례 1〉은 '게걸스러울' 정도의 학습과 그 학습의 결과 중 다양한 방법을 집단상담에 적용하는 것을 전략으로 취한다. 〈사례 2〉는 한 가지 이론에 깊이 있는 내면화를 추구하며, 장기 집단상담 경험을 반복하는 방법을 강조한다. 〈사례 3〉은 구체화되고 체계화된 기술의 습득과 축적을 강조한다. 〈사례 4〉는 다양하고 장기적인 프로그램 개발 과정에 참여하였으며 지속적인 도제교육을 받아 왔다. 〈사례 5〉는 집단상담의 실제와 이론에 대한 균형 잡힌 성장을 중시하며, 실제와 이론에 대한 동시적인 노력을 지속해 온 것으로 나타난다. 이를 자세히 살펴보면 다음과 같다.

〈사례 1〉의 경우, 매우 다양한 학습 경험을 가진다. 끊임없이 새로운 것을 배우는 그의 태도는 '게걸스럽다'라는 말을 들을 정도이다. 역할극, 신체치료, 과정 지향 심리학(process-oriented psychology), 가족치료, 자아초월 심리학, 실존 심리학, 불교적 상담, 요가 등은 그가 배웠다고 언급한 것들이다. 지금도 필요하다면 타 대학원의 슈퍼비전 수업에 들어가서 배우고 싶다고 말하는 배움에 대한 욕구와 열정은 그의 개별성 및 탁월성을 이끌어 낸 중요한 전략으로 보인다. 그는 집단상담에 새로운 치료법이나 방식을 도입하는 데 적극적이고 다양한 방식을 통합한 자신만의 집단상담을 이야기한다.

> 처음 몇 년을 role play를 거의 하지를 않았어. 고거는 일단 내가 배운 선생님들이 그걸 한 적이 없고 했기 때문에 안 했는데 게슈탈트나 사이코드라마에서 하는 role play를 도입하니까 훨씬 편리하더라구. 특히 현장에 없는 사람들 말로만 들으면 참 막연해지고 뭐 말만 길어지고 그럴 수 있는데 뭐 그런 것 도입하니까 편리한 것도 있고, 또 신체증상을 호소하는 경우에

일반적으로 심리치료에서 신체증상을 즉각적으로 다루긴 어렵잖아. 그런 경우에 최근에 작년부터 배운 process-oriented psychology, POP라는 게 있거든. process work에서는 신체증상을 많이 다루는데 그거 도입해서 많이 성공을 봤어. 현장에서 딱 자기 증상의 의미를 알게 해 주거든. 그러니까 상담을 하더라도 어제 얘기가 나왔지만 한가지 모드, 한 두 가지 치료적 개입을 하는 게 아니라 여러 가지 알고 있으면 참 편리하더라구.   〈사례 1〉

〈사례 2〉의 경우, 한 가지 이론의 깊이 있는 내면화 및 집단원들과의 장기 집단상담 경험의 반복을 강조했다. 〈사례 1〉의 다양한 학습 경험과 대조적으로 한두 가지 이론과 방법에 대한 지속적인 학습과 몰입이 〈사례 2〉의 중요한 전략이다. 그는 자신의 이론을 자신의 삶 가운데 실현하고자 하는 강한 소망을 나타낸다. 그는 소설 『큰 바위 얼굴』에 나오는 주인공처럼 살고 싶다고 말한다. 격물(格物), 즉 집단원과 하나가 되는 한 가지 주제를 집단상담과 자신의 삶에서 실현시켜 내는 것이 그에게는 목표이자 전략이다. 그는 자신의 집단상담에 대해서도 강요성을 줄이는 것을 중요하게 보고 이를 깊이 다루어 간다. 많은 기법이나 이론적 복잡성보다는 격물, 강요성을 줄이는 것, 무아(無我) 등의 주제를 깊이 다루어 가는 것이 그의 집단상담의 중요한 특성이라고 할 수 있다. 또한 〈사례 2〉에게는 앞서 언급했던 대가들과의 밀착학습보다 집단원들과의 밀착된 장기집단 경험이 더 큰 배움과 집단에 대한 확신을 제공했던 것으로 보인다. 그는 면담 과정에서 집단원에 대한 고마움과 그들 존재의 가치에 대해 언급을 자주 했다.

우리가 로저스 이론 하나만 가지고서도 정말 좋은 상담자가 될 수 있잖아요. 정말 깊은 공감을 할 수 있고, 그런 능력만 갖춘다면. 그러니까 어면 많은 이론보다도 정말 자기가 소중하다고 생각하는 몇 가지 이론에 대해서 자기가 깊게 내면화시키면 되지 않나, 어면 그런 자세. 그리고 그런 이론들을 자기 삶의 철학으로 받아들여서 한번 해 보려는 그런 태도. 삶의 태도라든가 그런 것이 나에게는 참 중요해요.   〈사례 2〉

장기집단에 참여한 사람들… 집단상담에 오면 내가 조금 도움을 주긴 했
겠지만, 그 사람들이 나한테 되게 도움을 많이 줬고, 생각하면 애인 같고 그
런 사람들이죠. 다 고맙고. 그냥, 살면서 불교에서 인연에 대해서 말하잖아
요. 이것이 있으면 저것이 있고 또 저것이 있으면 이것이 있고, 이런 것들에
대해서 정말 가슴 설레이는 그것이 내가 혼자 존재하는 것이 아니라 여러
사람들과의 관계성 속에서 존재하는 것이다. 그런 것들이 되게 마음속에, 마
음을 사로잡게 하는 것인데, 집단 같은 걸 해도 정말 그런 것 같아요. 그래서
내가 별로 한 것이 없다는 생각들을 많이 하는데, 서로 주고받는 말들이 서
로에게 도움을 많이 주고 또 그 사람들이 나를 이 우주에서 정말 외롭지 않
게 해 주고, 나한테 힘을 주기도 하고 가끔씩 선생님 좋아요. 그런 말들이 나
를 에너지를 느끼게 채워 주고….   〈사례 2〉

〈사례 3〉의 경우, 구체화되고 체계화된 기술의 습득과 축적이 그의 개
별화와 전문성의 특징이다. 집단상담 전문가로서 자신이 다른 사람과 구
별되는 부분이 구체화되고 체계화된 기술을 가졌다는 점이라고 말한다.
그는 인격연마라는 너무나 오랜 시간이 걸리는 영역보다는 구체적인 기술
을 획득하는 것을 먼저 하기로 했고, 그 선택이 자신에게 도움이 되었다고
말한다. 그는 의사소통 및 인간관계 기술, 리더십, 프레젠테이션 방법 등
에 이르는 다양한 기법들을 배우고 자기의 것으로 만드는 노력들을 해 왔
다고 했다. 분명하고 체계화된 기법을 지속적으로 추구하고 정교화하는
것이 그의 전문성 및 개별화의 중요한 전략으로 드러났다. 그의 집단상담
은 매우 구체적이고 체계화된 기법들을 중심으로 구성되어 있다는 특성이
있다.

휴먼터치스킬에서 자아 개념, 커뮤니케이션, 리더십, motivation, problem
solving, negotiation skill, 코칭스킬 이런 것들 하나하나를 특별히 다 훈
련을 받았기 때문에, 집단촉진자로서 가져야 할 모든 능력을 한 과목 한 과
목 철저한 훈련을 다 갖추고 있어. 탁월한 스킬을 갖고 있어. 자랑을 할 수 있

는 건데, 그래서 장 안에서 어떤 문제가 생겨도 거기에 대처할 수 있는 도구
들을 준비해서 가지고 있어. 〈사례 3〉

〈사례 4〉의 경우, 다양한 프로그램 개발과 지속적 도제교육 경험이 개별
화에 중요하게 작용한 것으로 보인다. 집단상담과 관련된 다양한 프로그램
제작 및 연구, 기획에 자주 참여했으며, 한국에서 처음 구조화된 프로그램
을 제작하는 일에 주도적으로 참여하여 20년 이상 지속해 왔다. 그녀는 5명
의 연구 참여자 가운데 가장 오랜 시간의 대가 밀착학습 경험을 가지고 있
다. 이런 집단상담 프로그램에 대한 장기적 관여와 지속적인 도제교육은
그녀의 개별화와 전문성의 주요한 전략으로 보인다.

> 내가 구조화된 집단상담 프로그램을 만드는 데 참여했기 때문에 관련 자
> 료들을 다 볼 수 있었고 그냥 읽어가는 게 아니라 만들어야 되기 때문에 거
> 기에 대해서 충분하게 알고 있어야 가능하고 그리고 그때마다 내하고 같이
> 참여한 동기하고 제자가 둘밖에 없었으니까 선생님하고 계속 공부하고 세
> 미나 하고 컨퍼런스처럼 하면서 만들어 갔기 때문에 그게 아주 큰 공부가 됐
> 어요. 그 다음 집단상담 이런 거구나, 집단상담 프로그램 이렇게 만드는 거
> 구나, 이렇게 연계되어서 종결짓는구나, 그리고 집단원들에게 이 내용이 뭘
> 전달해야 되는구나 하는 걸 하나부터 열까지 다 알고 할 수 있었으니까. 그
> 게 다른 사람이 어느 정도 프로그램이나 만들고 난 뒤에 요즘 집단상담 공부
> 하는 사람들하고 다르지 않았을까 싶어요. 〈사례 4〉

〈사례 5〉의 경우, 집단상담 실제와 이론에 대한 동시적 노력을 지속해
왔고 이는 다른 전문가와 차이를 만들며 자신만의 개별화를 이룬 중요한
전략으로 보인다. 3차에 걸친 면담에서도 다른 집단상담 대가와 비교했을
때 집단상담 실제와 이론의 결합이 상당히 견고하다는 특성이 드러난다.
집단상담의 다양한 현상이나 경험에 대해 그는 이론적인 토대를 갖추어 설
명하려고 하며 자신의 집단진행이나 개입을 설명할 때도 분명한 이론적 기

반을 제시한다. 자신의 이야기가 소설이 되는 것이 싫다는 그는 집단상담 실제에 관심과 함께 실제에서 나타나는 여러 현상이나 자신의 개입을 체계화하고 설명할 수 있기 위해 노력하는 것으로 보인다. 그는 실제와 이론의 균형잡힌 성장에 대한 깊은 관심이 있다. 이런 노력들은 그의 전문성이나 개별화된 이론들을 정교하게 만들고 집단원들에게 위험을 초래할 수 있는 요인들을 최소화하게 만드는 힘으로 작용하는 것으로 보인다.

> 나 같은 경우는 특별히, 사람에 대한 애정이 있는데 그거 말고 난 이론 같은 걸 좋아하잖아. 우리가 어떻게 이해해야 하나 하는 거를 알기 위해서 책도 많이 보고 또 경험을 이해하기 위해서 책을 많이 보려 그러고. (중략) 내소리로 하고 싶은데 그게 소설이 되는 건 싫어. 내가 동그라미(자신의 이론)에 대해서 이야기할 때 각각에 대해서 이런 게 어떤 것인지. 이런 걸 제공하는 경험이 무엇인지. 이런 걸 제공하면 그렇게 되는지 확인을 하고 싶은데, 일단 모델이 있어야 되잖아. 모델이 있으면 각각 어떻게 되는지 보고 싶어.
>
> 〈사례 5〉

이상을 살펴보면 집단상담 대가들은 자신만의 집단상담을 구축하고 개별성을 가지게 되는 단계에서 나름대로 강조점을 두고, 개별적 전략에 몰두하는 것으로 보인다. 참여자에 따라 다양성을 추구하거나 한 가지 이론을 깊이 내면화시키는 것을 강조한다는 점에서, 또 인격적인 상담자의 성숙을 강조하는 것과 기술을 축적하는 것을 우선으로 하는 방식은 서로 상반되게 보이기도 한다. 하지만 이들은 자신이 선택한 방식을 끊임없이 지속한다는 공통점을 가지고 있다. 과정분석의 결과로 나타난 집단상담 대가의 발달 과정은 [그림 5-1]과 같다.

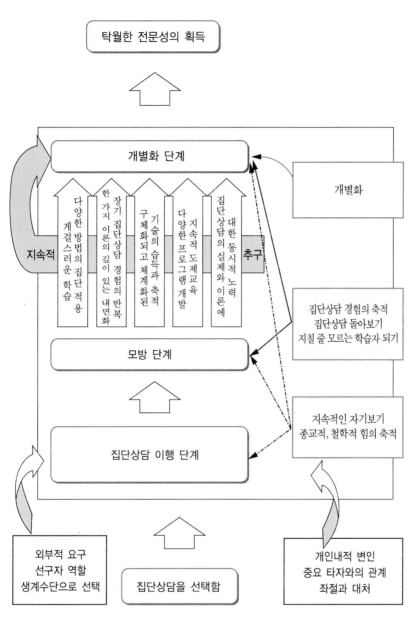

[그림 5-1] 집단상담 대가의 발달 단계

제6장

후학들에게 주는 집단상담 대가들의 메시지

다섯 명의 집단상담 대가들에게 집단상담자로 성장해 가는 후학들을 위한 특별한 메시지를 부탁했다. 저자는 이들에게 연구가 끝난 이후 6개월이 지나서 이 메시지를 작성해 줄 것을 요청하였다. 이 메시지는 주로 다음과 같은 내용을 중심으로 이루어져 있다. 첫째, 집단상담자로 성장하기 위해 꼭 해야 할 것, 둘째, 집단상담자로서 두려워하거나 피하지 말아야 할 것, 셋째, 집단상담자로서의 좌절이나 어려움을 다루는 방법에 대한 조언, 넷째, 그들을 집단상담 전문가로 키운 것(요인, 방식)들 중 후학들에게도 추천하고 싶은 것, 다섯째, 자유롭게 후학들에게 하고 싶은 이야기 등이었다.

1. 집단상담 대가 1의 메시지

1) 집단상담자로 성장하기 위해 꼭 해야 할 것

(1) 학위 과정 이수

상담은 마치 의사가 다루는 생명만큼이나 중요한 인간의 마음을 치유하는 작업이다. 따라서 쉽게 볼 일이 아니고 자기 식대로 오만하게 상담을 할 일은 더더욱 아니다. 집단상담자가 되기 위해 거치는 정규 학위 과정이 중요한 이유는 학문을 통해서 마음 치유에서의 표준적인 길을 배울 수 있기 때문이다. 다 아는 얘기라고 할 수도 있겠지만 이것을 강조하는 이유는 많은 사이비 아마추어 상담자들이 있는 것이 현실이고, 또한 상담을 너무 가볍고 쉽게 보는 섣부른 상담자가 많기 때문이다. 이들은 심하면 내담자의 인생을 끝장내기도 한다. 돕기 위해 존재하는 상담자라는 사람이 오히려 가해자나 범죄자가 되고 마는 경우를 적지 않게 목격하게 되는 것이 우리의 현실이다. 그래서 이 분야의 선진국에서는 그토록 학위를 강조하고 특히 상담윤리를 강조하는 것이라고 본다. 따라서 최소한 상담학 관련 분야에서 석사 학위를 이수해야 하며 가능하면 박사 학위까지도 추천하고 싶다. 미국의 경우에도 상담 관련 자격증을 취득하기 위해서 주(州)에 따라서는 박사 학위 소지를 원칙으로 하는 경우도 있는 것으로 알고 있다. 물론 학위가 있다고 하여 반드시 상담을 잘 하는 것은 아니지만 학위가 없으면 실제 상담에서 그만큼 큰 실수를 할 확률이 높다는 측면에서 중요한 것이다. 결국 학위 과정을 통해 배우는 상담 이론이란 경험의 결집이요 총화이기 때문에 필히 거쳐 가야만 한다. 앞으로는 내담자를 보호하기 위해 이런 정규 과정을 거치지 않은 사람들이 하는 사이비 상담에 대해서는 정부 차원에서 단호하게 규제해야 된다고 본다.

(2) 수련 과정 이수

예전에 공부했던 국내의 많은 집단지도자들은 제대로 집단상담을 연마할 수 있는 충분한 기회를 갖지 못했었다. 물론 외국 유학을 다녀온 분도 아주 없었던 것은 아니지만 있어도 희귀했었다. 그러나 지금은 여건이 너무나 좋아져서 수많은 집단상담 프로그램들이 실시되고 있고, 또한 외국에서 훈련을 받고 오는 분도 적지 않다. 많은 학회에서 상담 전문가 자격 과정을 개설하고 있다. 어떤 학회에서는 구체적으로 세부상담 전공 분야를 명시하여 자격 과정을 개설하고 있기도 하다. 집단상담학회의 경우 집단상담 전문가 자격 과정이 있다. 물론 이런 과정을 이수하는 데 있어서는 많은 시간, 비용 그리고 노력 등이 필요하다. 그러나 모두 너무나 필요한 세부 내용들로 구성되어 있기 때문에 결코 간과할 수 없다고 본다. 사실 대부분 학회에서 요구하는 수련 시간이 외국의 기준에서 보면 훨씬 적은 시간으로 구성되어 있다. 또한 아직 한국은 상담의 초기 혹은 과도기로 볼 수 있기 때문에 수련 내용의 질이나 엄격성에 있어서 상담의 선진 외국에 비하면 많이 떨어지는 것이 사실이다. 따라서 학회에서 요구하는 정도의 수련 과정은 필히 이수해야 된다고 본다.

(3) 개인적인 수련

앞에서 언급한 것은 어떻게 보면 공식적인 과정에 관한 것이다. 그러나 보다 더 중요한 것은 집단상담을 개인이 좋아하고 필요성을 느껴서 어느 정도 전문적인 수준에 다다를 때까지 수련을 받는 것이다. 즉, 다양한 집단에 집단원으로서 지속적으로 참여하는 것이다. 물론 앞의 과정들에서도 당연히 많은 학습이 이뤄지지만 자신의 취향과 선호에 맞는 집단상담 형태에 집중적으로 참가하며 지도감독을 받는 것이 필요하다.

그러기 위해서는 어느 정도는 집단상담에 '미쳐야' 된다. 그만한 열정 없이 전문가가 된다는 것은 쉽지 않다. 고생보다는 보람이 크기 때문에 이 일을 계속하지만, 또한 결국 우리가 만나는 것은 고단하기 짝이 없는 일이기 때문에 열정과 사명감과 지속적인 내적 동기가 없다면 결국 포기하고 말 것이다. 자살의 위험이 있는 내담자, 상담에서 특별한 효과를 보이지 않는 집단원, 집단에서 많은 사람들에게 부정적 전이감정을 유발하는 집단원, 뿌리가 너무 깊어 오랫동안 헤매는 집단원, 쉽게 지도자를 자극하는 집단원, 집단원 상호작용에서 발생하는 격렬한 부정적 역동들… 집단상담자가 겪어내고 극복해야 할 상황들은 너무 많다.

내가 아는 많은 집단상담 전문가들은 자신의 이 일을 너무나 사랑한다. 집단상담이 바로 그들 자신이라고 말해도 과언이 아니다. 그만큼 그들은 자신의 일을 사랑하고 심취해 있다. 이 정도가 아니라면 진정한 전문성은 잘 발휘되지 않을 것이라고 보는 것이 나의 솔직한 견해다.

(4) 집단지도자로서의 인격과 능력

인격을 얘기하자면 나부터가 너무 부끄럽고 찔린다. 삶에서 계속 인격과 관련된 도전을 받는다. 여러 장면에서 그렇다. 특히 인간관계에서 너무나 많은 도전을 받고 있고, 나이가 들어 가면서, 사회적 책임이 더 커지면서 인격적인 측면에서의 시련은 더 심하다. 『의식혁명(Power vs. Force)』의 저자인 데이비드 호킨스 박사에 의하면 한 사람의 의식수준이 그 개인의 성격, 행동, 윤리 등 나머지 모든 것들을 결정한다. 따라서 우리는 결국 자신의 의식수준을 벗어날 수가 없는 것이다. 따라서 의식수준이 낮은 사람은 상담을 하지 않는 것이 당연히 좋다. 결국은 집단원과 내담자들에게 피해를 줄 것이고, 자신에게도 도움이 되기 어렵다. 최소한 자신의 결함을 인정할 수 있고 그것을 향상시키기 위해 부단히 노력하는 자세가 되어 있어야 된다. 그것을 위해서 지속적인 지도감독을 받고, 개인치료를 받고 그리고 개인적인 수양을 하는 것이 필요할 것이다. 개인적인 수양이라 함은 단순히 상담 분야에서만이 아니라 좀 더 정신적인 추구가 있는 수련을 말한다. 내가 아는 전문가들 대부분은 단순히 상담심리학에서만 자신의 자양분을 얻어 오지 않는다. 그들은 자신들의 종교, 어떤 정신적 영적 전통, 혹은 심도 깊은 상담심리학의 접근법을 선택하여 평생 꾸준히 내적인 연마에 힘쓴다.

상담은 결국 역전이에 빠지지 않는 것이 관건이며 인격의 성숙이 핵심이기 때문에 누군가 자신의 상담활동에 대해 솔직한 피드백을 해 주는 사람이 필요하다. 개인상담과 달리 집단상담 지도감독을 받는 경우는 흔치 않은데, 할 수만 있다면 상급의 지도자 혹은 동료들의 피드백을 경청하는 것이 필요하다. 몇 년 전 세 차례에 걸쳐 집단상담 전문가들이 집단원이 되어 많은 일반 관찰자들에게 생생한 집단역동을 그대로 보여 준 집단상담의 시도는 이런 점에서 많은 도움이 되었다. 서로 허심탄회하게 집단원으로 참여하면서 자신의 성장도 추구하지만 자신이 상담자로서 그리고 집단상담 지도자로서의 한계들을 만날 수 있는 좋은 기회였다. 그리고 본인은 최근에 다른 집단상담 전문가와 공동 지도를 함으로써 서로에게 배우고 피드백받는 기회를 갖고 있다.

또한 무엇보다도 공부를 게을리 하지 않아야 할 것이다. 요즘은 좋은 수련의 기회들이 많이 있다. 비싼 비용을 들여 가며 외국의 전문가들을 초빙하여 워크숍을 개최하고 있다. 사실 배우는 것만큼 즐거운 것이 어디 있을까? 다른 전문가들이 실시하는 프로그램에 참석하여 꾸준히 배울 것을 강조하고 싶다. 자신의 방법론이 최선이라고 생각하는 것은 정말 무지의 소치이며 오만이다. 자신도 물론 자신의 주요 방법론 안에서 진화해야 하며 또한 다른 효율적인 방법론은 배우고 도입하는 데 주저해서는 안 될 것이다. 나는 어떤 특정한 입장이라고 주장하는 것에 겸손해야 한다. 유명한 자아초월 심리학자이며 통합 심리학자인 Wilber는 모든 치료법에는 그들이 주로 다루는 의식 영역이 있음을 벌써 오래전에 간파하고 그것을 이론적으로 마무리한 바 있다. 정신분석은 주로 그림자(shadow) 영역을 다루고, 인지치료는 주로 자아나 인생각본의 영역을 다루며, 인간 중심 접근이나 게슈탈트 치료는 실존적 영역을 다루며, 고대 정신적 수련 전통은 보다 상위 의식의 초월적인 영역을 다룬다. 하나의 접근법이나 하나의 영역만을 집중적으로 다루는 자세는 너무나 근시안적인 태도라고 본다. 인간은 그 영역에 있어선 몸, 마음, 영성의 존재이며 이들을 다루는 접근법도 수백 가지의 방법이 있고 또한 이들도 계속 진화하고 있으며 더욱이 내담자에 따라서 보다 더 적절한 방법론을 골라서 구사해야 할 필요가 있음을 기억해야 할 것이다.

2) 집단상담자로서 두려워하거나 피하지 말아야 할 것

첫째, 다가오는 삶을 피하지 말라고 하고 싶다. 이 말은 다소 설명을 필요로 한다. 우리에겐 어쩔 수 없는 두려움과 공포가 있는 것이 사실이기 때문이다. 그러나 우리가 피하고자 하는 것의 실체란 사실 없다. 정말로 '두려운 대상'이란 없고, 단지 우리의 '대상에 대한 나의 불안'이 있을 뿐이다. 따라서 우리는 내 앞에 일어나는 사실들, 즉 다가오는 사건들과 삶을 직시하여 의연히 대처할 일이다. 그러나 그 불안과 공포가 너무 크다면 그것을 알아차리고 너무 힘들다면 잠시 피해 있어야 할 것이다. 집단상담자는 학교와 실습으로만 배우지 않는다. 우린 상담을 기술이나 학문으로만 배우는 것이 아니며, 이는 우리가 기술자가 아니라 무엇보다도 한 사람이기 때문이다. 다른 무엇보다도 나의 인격과 삶의 총체적인 경험과 사람됨 자체가 최선의 도구이기 때문이다. 때로는 경험이 많고 나이가 들어도 당연히 슈퍼비전을 받고, 개인상담을 받아야 한다. 나는 종종 상담을 받으러 간다. 혼자 해결할 수 없는 문제가 생겼을 때는 다른 전문가를 찾아간다. 같은 상담자만을 찾아가는 것이 아니라 그때그때 내게 필요하다고 생각되는 전문가를 찾아가서 도움을 받는다.

둘째, 내 마음 깊은 곳에서 울려 나오는 양심의 소리를 피하지 않기를 권하고 싶다. 정말 하고 싶지 않은 것이면 하지 않아야 하지 않을까? 직장, 직업, 환경, 어떤 인간관계 등… 하고 싶지 않은 것을 계속하며 자신의 마음에 저항되는 일을 자꾸 하다 보면 자신이 싫어지게 되고 그 결과 자기 삶의 생동감을 잃게 된다. 물론 이것을 위해서는 많은 용기를 필요로 한다. 건강한 사람이라면 하고 싶은 일이 있다고 본다. 그것이 무엇이든 타인의 평가와 기대를 넘어서야 하는 용기가 필요하며 그보다도 자신의 요구와 욕망을 깨닫고 그것에 충실할 수 있어야 한다.

셋째, 당연히 상담 장면에서 일어나는 역전이를 극복하는 데 게을리 하지 않아야 할 것이다. 역전이를 솔직하게 인정하고, 자신의 현재 성격의 한계를 넘어서는 내담자나 상담 장면과 역동에 대해서는 진지하게 되돌아보고 자문을 구해야 할 것이다. 그러나 많은 집단상담자들이 이런 현상을 역전이라고 깨닫지 못하는 것 같다. 그것을 자기 식대로 합리화하여 결과적으로 집단원에게 상처를 입히거나 잘못된 개입의 모델을 심어 주는 병폐가 적지 않다고 보며 이 점이 상당히 걱정스럽다. 정평 있는 교과서들을 늘 옆에 두고 참고할 일이다. 내담자를 상담자 자신을 추종하는 노예로 만들지 않아야 한다. 상담은 경직된 권위로 하는 것이 아니다. 그것은 진정한 존경에서 나와야 하는 것인데 내담자가 아직 충분히 건강하지 못할 때 내담자는 상담자의 병적인 권위를 진정한 권위와 힘으로 착각하여 서로 병리적인 관계를 형성하기 쉽다. 결국은 깨닫게 되겠지만….

3) 집단상담자로서의 좌절이나 어려움을 다루는 방법

첫째, 일어나는 사실과 현실을 그대로 인정하도록 애쓴다. 엄연히 일어나는 현실 앞에서 나의 기대와 이상을 계속 고집한다는 것은 착각이요 망상이다. 나는 10대에 나의 이상을 앞세워 많은 번민을 하였다. 왜 현실이

나의 이상을 따라주지 못하는가 하여 많이 괴로워했다. 마찬가지로 나의 심리적, 신체적, 정신적 능력들, 내 주변의 사회적 여건들, 심지어 자연환경에 대해서까지 현실의 한계를 인정해야 한다. 그러나 아주 다행스러운 것은, 나의 환경은 변화시키기 어렵지만 일어나는 사건과 환경에 대한 나의 관념은 내가 선택할 수 있다는 것이다. 그런 의미에서 나는 결코 일어나는 사건들의 희생자가 되지 않는다. 묵묵히 지켜볼 수도 있고 나아가 그것의 긍정적인 점도 때로는 찾아낼 수 있다. 선불교에선 '모든 것이 이미 있는 그대로 완전하다' 는 철학이 있다. 문제는 나의 정신적 내면이지 외부환경이 아니다.

둘째, 그러기 위해선 삶의 철학을 해야 한다. 삶과 인간과 우주를 보는 자신의 철학이 서 있지 않으면 심한 스트레스에 굴복하게 된다. 그 결과 정신적인 번민을 하게 되고 나아가 신체적인 병을 얻게 된다. 평소에 이런 태도를 준비하고 있다면 가장 이상적이겠지만 그것이 아니라도 벌어지는 상황을 마주 대하고라도 그 상황을 지혜롭게 보는 철학적인 자세를 배우도록 멘토도 찾아 나서고, 다른 사람들의 조언도 들으며, 삶의 지혜를 담은 책도 보길 바란다.

4) 바람직한 상담자의 상(像)

-Polster 박사의 워크숍을 다녀와서-

우리가 필수적으로 배워야만 하는 어떤 상담 이론은 그 어디에도 없다고 본다. 그만큼 삶의 길은 다양하고 많기 때문이다. 그러나 우리가 꼭 마음에 담아야 할 참사람의 모습은 있다고 말하고 싶다. 진정한 상담자에 대한 상을 갖는 것은 중요하다. 그것이 우리가 향해 나아가야 할 목적이기 때문이다. 박사님도 그러셨다. 상담가의 역할로 존재하려고 하지 말고 먼저 인간으로 있으려고 하라고. 그렇다면 최소한의 '연결' 이라는 흐름은 흐를 것이라고… 참으로 맞는 말이다. 이미 칼 로저스도 언제나 강조했으며 사실 이것은 상담에선 늘 말해지는 것이다. 그러나 과연 위대한 인간의 모습과 위대한 상담자의 상을 우리 마음속에 갖고 있는가?

내가 만난 위대한 상담자는 자유롭다. 그들은 관대하다. 그들은 자발적이다. 그들은 전체를 본다. 그들은 순간을 직관한다. 그들은 부분과 전체의 연결을 보며 그에 맞춰 참으로 예술적으로 반응한다. 그 순간 그들의 반응은 그들의 인격과 삶과 지식과 지혜의 총합으로써 나온다. 그들은 사랑이다. 그들은 머리와 가슴이 놀라울 정도로 균형 잡혀 있다. 그들은 세상을 부정하지 않으며 세상을 연민의 마음을 가지고 보며 나아가 더 나은 세상을 향해 기도한다. 그러나 그들은 심각하지 않다. 예외 없이 유머가 많다. 그래서 그들은 우리가 충분히 안길 수 있을 만큼 늘 넉넉하다. 이런 분을 한번 뵈면 머리론 잊고 있어도 우리 가슴에 늘 이분들이 살아 계실 것이다. 현대에 예수님이나 부처님을 뵌다면 아마 이러하실 것이다. 아니, 이러하셨으면 좋겠다. 그 앞에서 어리광도 부리고 울기도 하고 내 고민에 대한 지혜도 나눠 듣고… 그분들은 우리가 그분들께 다가가기에 부담스러울 만큼 심각하지 않을 것이고, 내가 괜한 죄의식을 느낄 정도로 규율이 강하지도 않을 것이며, 기대기 어려울 만큼 가볍지 않을 것이고, 지나친 유머로 오히려 우리가 방어적인 태도를 취하게 하는 일도 없을 것이다. 언제나 입을 열면 머리 얘기로 우릴 설득하려 들어서 그와의 연결감을 못 느끼게 하지도 않을 것이다. Polster 박사님은 자신을 열어 보임으로써 우릴 안심시키고 동시에 힘을 주시고자 적재적소에서 말씀을 하셨다. 자신도 젊어서는 말이 없고 수줍음이 많았다고. 그리고 자긍심을 갖는 것은 좋지만 그게 지나쳐서 거만해지는 것은 곤란하다고, 난 아직도 좀 이상한 젊은이이며 곧 다시 결혼할 것이라고…(그때 그분의 연세는 84세였다). 그분은 이런 저런 모습으로 우리에게 깊은 사랑과 지혜를 수시로 열어 보여 주셨다. 이런 분들이 이 지구상에 종종 계심에 감사한다. 우리가 갈 길을 잃거나 가야 할 목적지를 찾지 못해 방황하지 않도록 종종 이런 어른들이 나타나 주셔서 너무 감사하다. 우리도 각기 자신의 색깔대로 나날이 자신의 Self에, 그 근원에 좀 더 근접하길 기도한다.

2. 집단상담 대가 2의 메시지

1) 성장 이론

집단상담을 이끄는 사람은 성장에 대한 자기의 이론이 있어야 한다. 내가 생각하는 성장이란 항상 깨어 있는 마음(각성), 있는 그대로를 보는 시각, 전체를 보는 마음이라고 생각한다. 일부만 보는 편협된 시각을 벗어나 전체를 있는 그대로 볼 수 있어야 한다. 구름을 땅에서 보면 회색, 구름 속에서 보면 안개, 구름 위에서 보면 하얀 솜털처럼 보인다. 항상 나의 주관에 겸손하고 내 생각이 객관적이고 보편타당한 생각이 되도록 시각을 다듬어야 한다.

마음을 비우고 상황에 몰입하면 상담자의 눈은 객관적이고 예리해진다. 돈이나 명예가 아닌 일 자체가 좋아서, 상담 자체가 좋아서 열심히 하려는 성장 동기에 따라서 살아야 한다.

2) 집단상담의 목표

(1) 문제 해결 능력 기르기

내가 추구하는 집단상담의 목표는 미성숙한 성격을 성숙한 성격으로 발달시키고, 문제를 풀어 가는 해결 능력을 키우는 것이다. 아동기나 청소년기에 위축되거나 부정적인 감정이 쌓여 있으면 또래관계나 대인관계를 피하고 감정을 억압하게 된다. 이런 식의 생활 패턴은 대인관계를 통해서 학습되어야 하는 사회성이나 성격 발달을 정체시켜서 미성숙한 성격을 만든다. 미성숙한 성격은 나이가 들수록 복잡해지는 삶의 많은 문제들을 잘 해결하지 못하고 스트레스를 받고 무너지기도 한다. 상담은 문제를 풀어 주는 것이 아니고 문제를 풀 수 있는 심리적인 요소를 길러주는 것이다.

문제 해결 능력을 기르기 위해서는 자기이해, 자기개방, 적극적인 경청, 감정 표현과 더불어 공감, 감수성, 자기수용, 자존심 등의 심리적 자질을 길러야 하고, 문제를 객관적으로 볼 수 있는 맑은 눈, 갈등 상황에서 위험을 무릅쓰고 자기의 감정과 입장을 표현하는 용기가 필요하고, 강박, 의존성, 강요와 같은 성격을 줄여야 한다.

문제의 원인을 이해하고 파악해 해결책을 찾는 것도 필요하지만 이보다도 더 중요한 것은 문제의 해결에 필요한 해결 능력을 기르는 것이다. 문제의 원인을 아는 것은 상담의 시작일 뿐이다. 문제를 풀어 가기 위해서 분석적인 입장에 너무 오래 머물다 보면 문제에 대처하는 힘을 기를 수 없다. 전이 감정을 알고 전이 감정에서 벗어난다고 그동안 정체되어 아동기에 머물러 있던 성격이 갑자기 어른스럽게 변화되지는 않는다. 상담을 배울 때 너무 과거에 머물러 있어서는 안 된다. 현재의 삶 속에서 부딪히는 문제 속으로 뛰어 들어야 한다.

상담을 배우는 많은 사람들이 분석적인 작업이나 과거의 감정을 푸는 작업, 감정 표현이나 공감 훈련 등을 몇 년 동안 하고 있는 것을 많이 보게 되는데, 처음 상담을 배우는 사람들은 모든 상담에 공통적으로 쓰이는 상담 이론을 어느 수준까지 먼저 배우고 다른 이론을 다음에 배우는 것이 좋겠다.

(2) 실패에 대응하기

살다 보면 되는 것보다는 안 되는 일이 더 많다. 수없이 실수하고 실패하면서 우울과 절망에 빠지게 된다. 강박성은 실패에 대한 두려움에서 생긴다. 실패에 대한 두려움이 클수록 강박성은 강해진다. 강박성이 강하면 몇 번의 실패에서 주저앉게 된다. 강박성을 줄이고, 실패 시 마음을 나눌 수 있는 좋은 친구를 사귀게 하고, 낙관적인 태도를 갖게 하고, 의사소통 능력을 길러주는 등의 노력을 통해서, 실패를 감수하고 수용해 실패에서 빨리 빠져 나오고, 실패에 적극적으로 대처하는 능력, 새롭게 도전하는 마음을 길러 주는 것이 필요하다.

3) 나의 집단상담 참여기

30대에 집단상에 참여할 때 2박을 하고 난 다음날 아침에 '나' 라는 느낌이나 개념이 없어지고 '우리' 라는 느낌으로 가슴이 충만했었다. 무아의 느낌이 내게 밀려 왔고 하염없이 눈물이 흘러내렸다. 10여 명의 작은 집단사회에서 서로 이해하고 공감하는 속에서 내가 없어졌던 것 같다. 낯선 사람들 속에 앉아 있으면 별볼일없어 보이던 사람들이 다 좋아지고 한 사람 한 사람들이 정말 귀중하다는 생각이 들면서 그들이 좋아졌다. 못나고 바보 같은 자신의 내면을 솔직하게 드러내는 사람들은 항상 인기가 있었다. 자신의 잘못이나 숨겨 온 내면을 많이 드러내는 진실하고 솔직한 사람이 인기가 있는 이상한 사회가 집단상담이었다.

"내가 더 못나지 않았을까? 바보 같은 놈! 저런 식으로 사나?" 하는 분별심들이 도토리 키 재기처럼 아무 의미가 없어지면서 사람은 다 똑같이 귀하고 아름다운 존재라는 깨달음이 스며들어 왔다. 집단에 참여할수록 사람은 한 꺼풀만 벗기면 별로 다르지 않고 선하고 아름답다는 생각이 내 내면에 깊어졌다. 무아에 대한 경험들이 너무 좋아서 집단상담에 관심을 계속 갖게 되었던 것 같다.

4) 상담자의 마음 공부

마음 공부나 수행을 하는 사람들은 명상이나 기도를 하지 집단상담을 하지는 않는다. 마음 공부는 자신의 자아를 비우는 과정이다. 집단 속에 들어가 있다 보면 구성원들에게 여러 가지의 피드백을 듣게 된다. T-그룹이란 집단상담을 진행하면서 가장 좋은 점은 진행자가 어느 순간 멤버가 되어서 구성원들에게 깨진다는 점이다. 어느 직업이나 수행자도 집단상담의 리더처럼 부정적인 피드백을 많이 받지는 못할 것이다. 난 잘하고 있다고 생각했는데 구성원들에게서 참담하게 부정적인 피드백을 듣고 나의 자아는 깨져 갔다. 그러면서 내 자아도 비워지고 있었다.

자아가 조금씩 비워지면서 집단원의 말이 생생하게 가슴에 들어오기 시작했다. 어떤 때는 아직 말하지 않은 구성원의 감정이 가슴에 밀려들어 오기도 한다. 상담자가 되기 위해서는 자신의 강박이나 강요성을 줄여야 한다. 강박이나 강요성은 집단상담 진행 중에 상담자가 구성원의 사소한 잘못에 화를 내고 구성원에게 자기의 입장을 강요하면서 짜증을 내고 공감 능력도 떨어지게 한다.

공감하는 능력을 기르기 위해서는 공감 훈련을 반복하는 것도 필요하지만 공감을 방해하는 화나 짜증, 불만 등의 부정적인 감정을 유발하는 강박성, 낮은 자존심, 강요성, 이기심 등을 줄여가기 위한 과정도 거쳐야 한다. 상담자로서 공감적인 태도를 기르기 위해서는 분별심을 버리고 세상을 있는 그대로 보는 시각을 가져야 한다.

5) 분별심

사람을 대할 때 잘못하는 것을 보면서 "바보 같다, 멍청하다, 어리석다, 못한다, 잘한다, 착하다, 선하다" 등의 긍정적·부정적인 평가를 하는 것은 분별심에서 나온 말이다. 분별심에서 나온 말은 항상 화, 짜증, 신경질, 분노, 불쾌 등의 부정적인 감정을 동반한다. 어떤 상황에서 나의 마음이 흔들리고 부정적인 감정이 올라온다면 나는 이미 분별심에 빠져 있는 것이다. 소리를 지르고 물건을 집어던지고, 욕설을 하고, 때리는 등의 공격적인 행동의 내면에는 화나 분노 등의 부정적인 감정이 있다. 화가 많이 날수록 나의 분별심은 강한 것이다. 화를 많이 내면 사람을 미워하게 되고, 마음의 평정을 잃게 되고, 하는 일에 집중할 수 없게 되고 몸에 많은 병을 달고 살게 된다.

미워하는 사람을 사랑하려는 것은 정말 어려운 일이다. 그래서 근원적으로 부정적인 감정의 정도를 줄이는 방법을 배워야 한다. 마음에 안 드는 일을 보고서도 약간의 화나 약간의 불만이 생기는 정도라면 나의 분별심은 별 문제가 되지 않는 상태다. 분노, 분통, 불쾌, 심한 짜증, 심한 불만 등의 부정적인 감정이 자주 올라오는 것은 내 성격의 문제가 심한 것이다.

분별심을 벗어나기 위해서는 있는 그대로를 보고, 전체를 보려는 노력이 필요하다. 있는 그대로 본다는 것은 잘했다 못했다고 판단하지 않고 "저 사람이 이런 상황이어서 저런 행동을 하고 있구나." 하고 보는 것이다. 저 사람의 잘못된 행동을 고쳐 줘야 하는데 하고 생각하면 잘못을 지적하고 해결책을 제시하고 충고하는 말이 자동으로 나오게 된다.

상담자는 뭔가를 고치고 도와줘야 한다는 생각에 사로잡힐 수가 있는데 누군가를 고치고 도움을 주려는 태도를 먼저 벗어던져야 한다. 내가 먼저 저 사람이나 어떤 상황을 있는 그대로 보지 못하면서 누군가를 돕고자 하는 것은 적절한 태도가 아니다. 내가 먼저 있는 그대로를 보려는 마음이 충분히 되어야 남에게 도움이 될 수 있을 것이다.

철학자 키르케고르(Søren Kierkegaard)는 기도란 내가 마음을 비웠을 때 내 마음속에 들어온 신을 만나는 것이라고 했다. 있는 그대로 보려고 하면 화가 나지 않고 불만스런 감정도 안 생겨서, 나의 마음이 비워지고 구성원들의 감정이 내 가슴속에 들어오게 된다. 그러면 구성원들을 순수하게 만나게 될 것이다.

전체를 보는 것은 나의 입장이나 욕구, 감정, 견해만을 말하는 것이 아니고 상대의 입장도 같이 보면서 말하는 것이다. 전체를 보기 위해서는 상대의 입장이 되어야 한다. 시어머니를 싫어하는 아내를 보고 야단을 친다면 나의 입장(시부모를 공경해야 한다)만을 강요하는 것이다. 우선 아내가 잔소리 많이 하는 시어머니를 싫어할 수밖에 없겠다는 마음을 받아들인다면 아내의 마음을 같이 보는 것이고 이것이 전체를 보는 것이다. 이렇게 전체를 보고 상대의 입장이 되어 보면 심하게 화가 나지 않게 된다.

6) 강요성

자신의 입장을 밀어붙이고 자신의 견해를 받아들이지 않으면 못마땅해하고 화를 내는 것이 강요성이다. 내가 상담에서 가장 역점을 두는 것의 하나가 강요성을 줄이는 것이다. 강요성은 대인관계에서 가장 많은 문제를 일으킨다. 자기 마음에 안 드는 상황이나 사람을 만나면 강요성의 정도에 비례해서 화를 많이 내게 한다. 내 자신도 젊어서는 심한 강요성 때문에 신경질을 많이 냈고 성질이 매우 급했었다.

사람들은 화가 너무 많이 나면 분노 때문에 폭행을 하거나 말을 안 하려 하고 관계를 단절한다. 부부 간 싸움의 가장 큰 요인은 강요성이다. 자신의 입장을 말하면서 '… 해야 한다'(must)의 태도로 말하는 것이 강요성이다. 우리는 어느 누구에게도 강요할 권리가 없다. 이렇게 해 주면 좋겠다고 원하고, 제안하는 것 이상의 권리가 없다. 강요하는 것은 상대를 무시하는 것이고 자신의 자아의 날을 키워 나가는 것이다. 강요성을 줄이려면 전체를 보려고 노력해야 한다. 내 입장만 보는 것이 아니고 상대의 입장을 같이 보는 것이다.

강요성은 3가지로 나눌 수 있다.

① 강박적 강요성: 똑바로 해야 한다는 것을 강요한다. 틀리지 마라. 실수하지 마라 등의 원칙이나 틀에 사로잡혀 있고 잘못하면 화를 낸다.
② 이기적 강요성: 내가 원하는 것을 들어주라. 뭔가를 사 달라. 돈을 많이 주라 등 자신의 요구를 들어주지 않으면 화를 낸다.
③ 의존적 강요성: 의지하는 대상이 자신을 돌보지 않거나 함께해 주지 않을 때, 배우자가 일찍 집에 오지 않을 때, 자식이 말을 듣지 않을 때 등의 상황에서 화를 낸다. 주로 자식이나 배우자, 연인과의 관계에서 나타난다.

7) 정신 집중과 몰입

집단을 진행하면서 겪었던 내 어려움의 하나는 집단에 정신을 100% 집중하는 것이었다. 내가 피곤하거나, 구성원이 길게 설명을 하거나 감정이 없는 충고, 조언 등의 얘기를 하면 지루해지면서 조금씩 딴 생각을 했었다. 지금도 100% 몰입해서 듣지는 못한다. 그래서 딴 생각이 들면 그 생각을 미루려 하고 약간이라도 지루하면 바로 지루하다고 표현을 하려고 한다. 평상시에도 집중 훈련을 조금씩은 하는 편이다. 내가 불자이기 때문에 아미타불을 염하고 다니는데 이렇게 한 대상에 정신을 모으고 사는 것도 집중능력을 기르는 데 도움이 되는 것 같다. 요즘 집단상담에서의 나의 가장 큰 목표는 처음부터 끝까지 구성원과 하나가 되는 것이다. 격물치지(格物致知)의 마음으로 구성원과 하나가 되어 보려고 애를 쓰고 있다.

8) 감정 관리

성숙하기 위해서 터득해야 하는 또 다른 목표는 부정적인 감정의 정도를 줄여 가는 것이다. 대인관계에서 대부분의 문제는 격한 감정에서 충돌하게 된다. 똑같은 상황에서 어떤 사람은 약간 화를 내고 어떤 사람은 심한 분노심을 터트린다. 분노나 심한 화, 신경질, 짜증 등의 감정을 자주 느낀다면 부정적인 격한 감정에 휩쓸리게 될 것이다.

부정적인 감정은 강요성이나, 강박성, 낮은 자존심에 비례한다. 불편한 상황에서 심한 화, 짜증, 신경질 등의 감정이 1주에 3회 이상 생긴다면 내 성격은 수용성이 많이 부족한 편이다. 수용적인 성격은 불편한 상황에서도 주된 감정이 약간의 화나 짜증·불만 정도여야 한다. 상담자 자신의 감정이 대부분의 상황에서 약간의 화나 불만 등의 낮은 감정으로 유지되도록 감정을 순화시켜야 한다.

내 자신은 30대 초반에 마음에 안 든 상황을 보면 못마땅한 느낌을 자주 느꼈었다. 이런 감정 상태에는 당연히 공감이 안 되고 거부적인 태도를 갖게 되었었다. 이러한 부정적인 감정이 조금씩 순화되는 데 15년 정도의 시간이 필요했었다. 나의 부정적인 감정의 정도를 낮추는 일은 소나무 자라듯이 더디게 이루어지고 있다.

집단에서 집단원과 대립되는 상황이 되면 많이 긴장하고 떨기도 했는데 운영에 대한 여유가 생기면서 긴장이 줄어들고 마음도 편해졌다. 마음 관리를 하기 위해선 항상 내 마음의 흐름을 잘 읽어야 한다. 먼저 화나 못마땅함 등의 부정적인 감정이 올라오면 먼저 그 감정의 책임이 나에게 있다는 사실을 알아야 한다.

마음에 안 드는 상황에서 약간의 화가 나거나 불만이 생기는 것은 지극히 당연한 감정이지만 약간의 화 이상으로 부정적인 감정이 더 올라간다면 이는 나의 비수용성이 그만큼 더 세다는 것이다. 부정적인 감정의 책임을 자기 자신에게서 찾지 않는다면 심하게 화내고 성질내는 성격을 고칠 수는 없을 것이다. 화가 많이 나면 "아, 나의 비수용적인 성격 때문에 나의 부정적인 감정이 이리 많이 올라가고 있구나." 하고 감정의 책임을 자신에게서 찾아야 한다.

그리고 감정의 원인이 강박 때문인지, 강요 때문인지, 인정욕구 때문인지 의존성 때문인지 밝혀야 한다. 항상 각성된 마음으로 마음을 '주시' 하고 있으면 지금 내 감정이 무엇이고 부정적인 감정이 어디서 흘러나오는지 금새 알아차릴 수 있다. 내 감정의 원인을 알면 부정적인 감정이 올라올 때마다 감정의 원인에 대응하는 자기와의 대화를 통해서 부정적인 감정을 유발시킨 비합리적인 사고를 긍정적인 사고로 바꿔나갈 수 있을 것이다.

9) 자기와의 대화

여기에 적은 자기와의 대화는 지금도 내가 내 마음 관리를 위해서 수시로 사용하는 내 마음의 글이다. 내 명상의 주제가 되어 항상 내 마음 속에서 되뇌어지고 있다. 길을 걸을 때나 운전을 할 때, 버스를 타고 움직일 때, 청소할 때 등 내 마음속에서 떠나지 않고 맴돌고 있다.

(1) 인정욕구에서 벗어나기
① 남에게 인정받고자 한다는 것은 주체성이 없고 줏대가 없는 짓이다.
② 내가 남을 의식하고 사는 것은 그에게 종속되는 것이다. 이는 곧 심리적인 노예가 되는 것이다.
③ 주어진 여건에서 최선을 다하고, 지난 과거나 다가올 미래를 생각하지 않고 지금 여기에 충실하는 것이 가장 가치 있는 삶의 자세다.
④ 역설적으로 내가 얼마나 못난 사람인가를 보자.
⑤ 외로움을 견디지 못하면 자유를 상실한다. 할 말 못할 말 다하고 외로

움의 밑바닥까지 떨어지고 그렇게 두려워하는 외로움의 구렁텅이에
빠져 보자. 구렁텅이에서 다시 기어 나오든지 그렇게 못할 거면 그 자
리서 콱 죽어버리자.

(2) 강박성에서 벗어나기

① 실수를 하는 것은 내가 인간이라는 것을 입증하는 것이다. 신(神)만이
   실수하지 않는다.
② 실수를 안 하려 하고, 잘못한 것을 후회만 할 것이 아니라 완전하려고
   하는 기준을 낮추려고 해야 한다.
③ 완전한 사람은 실수를 안 하는 사람이 아니고, 실수를 해도 이를 너그
   럽게 받아들이는 사람이다. 부족하더라도 부족한 나의 무거운 짐을
   지고 묵묵히 걸어가는 것이 삶이다. 자기를 수용해야 새롭게 시작하
   려는 의욕이 생기고 자기 변화가 가능해진다. 지금까지 내가 얼마나
   많은 성취를 했느냐가 중요한 것이 아니라 이 순간 내가 얼마나 전념
   하고 몰두해서 사느냐가 중요한 것이다.
④ 실패의 결과가 어떻게 될 것인가를 구체적으로 생각해 보고 이에 대
   한 대응책을 생각해 본다.
⑤ "실수를 하면 어떠냐, 실수했다고 무슨 일이 생기냐, 그러면 어떻다
   는 것인가?" 하는 역설적인 마음을 갖는다.
⑥ "꼭… 해야 한다"는 강박감 대신 "…하고 싶다" "…하였으면 좋겠다"
   는 식으로 생각을 전환해 본다.

(3) 강요성에서 벗어나기

① 강요한다는 것은 이기적이고 자기중심적인 태도이다.
② 상대의 마음에 안 드는 성격을 우선 바꾸려고 할 것이 아니라 나의 강
   요성을 먼저 버려야 한다. 주위에 있는 사람들의 마음에 안 드는 성격

을 바꾸려고 애를 쓸수록 난 힘들고 짜증이 날 뿐이다.

③ 있는 그대로 보는 것은 과거와의 시간적인 연속선상에서 그 행동을 이해하는 것이다. "성장 과정에서 이런 성격이 형성되었고 이런 성격에서는 그렇게 행동할 수밖에 없겠다."

10) 집단상담자로서 나의 좌절이나 어려움

대학원(석사)을 마치고 지방대학의 심리학과에 자리를 얻을 수 있었는데 그 자리를 그만두었다. 그 이유는 서울에 있으면서 상담에 대한 지도를 충분히 더 받고 지방에 가려고 생각했기 때문이다. 그리고 나서 상담보다는 불교공부를 더 해야겠다는 생각이 들어서 3년을 명상하고 종교 책을 보면서 보냈는데, 이런 이유로 상담 현장에 있게 되었고 집단상담을 많이 하게 되었다. 상담을 하지 않고 시골에서 명상하고 살면서 썩은 통나무처럼 이름 없이 살려고 했다. 외롭기도 했고 마음 공부가 쉽게 되는 것이 아니어서 힘들기도 했다. 아내의 동의를 얻는 것도 너무 힘이 들었다.

집단상담은 나를 많이 비워 줘서 절에 가지 못한 내 마음을 많이 달래 줬었다. 그러다가 ○○○○에 상담자로 가서 직원들 집단상담을 하게 되었는데, 지금까지 집단상담 한 것 중에서 가장 힘든 집단이 ○○○○집단이었다. 같은 회사 남자 직원들만의 집단을 하려 하니 참가자들이 개방을 잘 안 해서 진행하기가 정말 힘이 들었다. 그 당시 집단을 어떻게 하면 잘할까 매우 고민했고 많이 외로웠다.

책도 보고 많은 고민을 했었는데 해답은 별로 없었다. 그건 조금씩 나무 자라듯이 성장하는 것이었다. 인간에 대한 이해나 나의 수용성, 공감력, 통찰력, 직관력 등이 서서히 형성되기를 기다려야 했다. 사람들 속에서 부대끼면서 사람의 마음을 읽는 눈이 조금씩 자라고 여유도 생기는 것 같다.

3. 집단상담 대가 3의 메시지

1) 집단상담자로 성장하기 위해 꼭 해야 할 것

집단상담자에게 꼭 필요한 것은 전문적인 지식과 구체적인 촉진의 기술이다. 이 두 가지는 어느 것이 더 중요하고 덜 중요한 것이 아니다. 지식만 있고 촉진 기술이 부족하면 참가자에게 영향을 미치기 힘들 것이고 지식이 부족한 사람이 촉진 기술이 뛰어나면 참가자들을 잘못된 곳으로 안내할 수 있기 때문에 위험할 수가 있다.

(1) 심리학, 한국학, 기타 연관 학문에 대한 공부

집단상담자에게 필요한 전문적인 지식은 크게 심리학, 한국학, 기타 연관된 학문으로 나누어 생각해 볼 수 있다. 심리학은 의사소통, 대인관계, 성격심리학, 발달심리학, 임상심리학, 상담심리학 등을 권하고 싶고, 한국학은 한사상, 천부경, 한국인의 의식구조 등은 반드시 공부하라고 권하고 싶다. 한국에서 집단을 하는 사람들에게 서양의 이론만으로는 부족하다고 생각하기 때문이다.

기타 연관된 학문으로는 문화인류학, 사회학 등의 관련된 책을 반드시 읽었으면 좋겠고 동양 서적으로는 주역이나 논어는 꼭 권하고 싶다. 개인적으로는 이 세상에서 가장 훌륭한 성장상담자는 공자라고 믿고 있기 때문이다. 나는 오래 전에 집단상담 전문가는 집단에 들어가기 전에 이 세상에 있는 모든 관련 서적을 두루 공부해야 한다고 생각한다. 그러나 일단 집단에 들어가서는 그 책들을 모두 잊어버리고 참가자를 대해야 한다고 배웠다. 개인적으로는 많은 이론들을 공부하기도 어려웠지만 참가자들을 대할 때 이론의 틀을 벗어 버리고 있는 그대로의 참가자를 대할 수 있을 때까지 더욱 많은 시간과 노력이 필요했다.

(2) 집단촉진을 위한 실기

촉진의 실기는 집단상담자가 되려면 끝도 없이 갈고 닦아야 한다. 우선 의사소통 역량은 상담자의 가장 중요한 역량이다. 상담자는 약도 없고 도구도 없다. 단지 말을 사용해서 사람을 변화하도록 돕고 성장을 돕는 전문가이다. 사람들이 사용하는 말은 상대로 하여금 희망과 용기를 주어서 사람을 살릴 수도 있고, 상처를 주고 기를 꺾어서 사람을 죽이는 말도 있다. 상담자는 끊임없이 말을 훈련해서 매 순간에 사람을 살리는 말을 사용할 줄 알아야 한다.

① 의사소통은 말을 듣는 기술과 말하는 기술로 나누어 생각할 수 있다.

a. 말을 듣는 기술

적극적 경청: 이 지구상에 있는 약 100만 종의 동물들 중에서 오직 사람만이 말을 사용하고 있고 그 때문에 이 지구의 주인이 될 수 있었다. 사람들이 처음 입에서 낸 건 말이 아니라 소리였다. 모든 동물들이 소리는 낸다. 그리고 그 소리는 빈 그릇과 같다. 그런데 사람들은 그 소리라는 빈 그릇에 뜻을 담고 감정을 싣고 자기 성격이나 가치관 나아가 자기 자신을 담아서 말을 만들었다. 그러나 많은 사람들이 말을 주고받을 때에 자기 입장에 서서 상대가 이야기하는 표면적인 사실만을 듣는 경우가 많다.

집단상담 참가자들은 상담자가 자기 입장이나 심정을 자기처럼 자기 자신을 알아주고 받아주기를 바란다. 그러므로 말을 들으면서 상대의 입장에 서서 상대가 표면으로 주고받는 사실보다 그 사실의 밑바탕에 깔려 있는 심정을 듣고 받아들이며, 나아가 그 사람의 마음을 듣고, 마지막으로는 말하는 사람을 듣고 받아들이는 기술은 집단상담자에게 요구되는 가장 중요한 기술이다.

b. 말하는 기술

칭찬 인정: 나는 집단상담 전문가들을 훈련할 때에 두 가지를 요구한다. 하나는 집단상담 참가자를 처음 만나서 5분 정도 대화를 한 다음에 그 사람의 장점을 30가지 이상 찾아내서 칭찬할 수 있게 하는 것이고 두 번째는 참가자들에게 그들이 일생 동안 누구에게서도 들어 보지 못했고 두고두고 잊을 수 없는 그런 감동적인 칭찬을 할 수 있도록 훈련하는 일이다. 많은 참가자들이 집단상담에 참가해서 그런 감동적인 칭찬을 들었다면 그것만으로도 큰 의의가 있다고 생각하게 된다.

질문: 상담자는 대답하는 사람이 아니라 질문하는 사람이다. 효과적인 질문은 참가자가 자기 내면 세계를 깊이 통찰하고 깊이 사색하며 바람직한 모습으로 자기 자신을 가꾸어 나가게 만든다. 그냥 단순한 질문을 해서 혼란을 주거나 아무 생각 없이도 쉽게 답을 할 수 있는 질문이 아니라 단 한마디의 질문으로도 참가자를 깨우칠 수 있는 집단상담자가 되어야 한다.

대결 지적하기: 집단상담자가 참가자의 입장에 서서 듣고 받아들이지 못한다면 매정하다거나 몰인정하다는 소리를 들을 가능성이 있다. 그러나 듣고 받아들이기만 하고 따끔한 지적 한마디를 못하면 나약한 사람이라는 소리를 들을 것이다.

이 지적하기를 힘들어 하는 집단상담자들이 너무나 많다. 그 이유는 거부당하거나 무시당하거나 반발을 받을 가능성이 크기 때문이다. 이런 염려를 하게 되는 가장 큰 이유는 참가자들의 행동에 대해서 지적을 하려면 집단상담자가 이미 화가 나 있기 때문이다. 그 때문에 지적은 단순한 지적이 아니라 비판 혹은 비난조로 들릴 가능성이 많다. 그리고 집단상담자가 화가 날 수도 있는데 화가 났을 때에도 화를 내지 않고 단순히 화가 났다고 알려 주는 표현 요령이 부족하기 때문에 더욱 어려워질 때가 많다.

지적을 하려면 받는 사람이 반발하지 않고 "저분이 진정으로 나를 아끼고 위해서 이런 고마운 이야기를 해 주시는구나"라고 고맙게 받아들이고 자기 개선을 위해서 애쓰게 만들 수 있는 지적의 요령을 훈련해야 한다.

② 대인관계는 성격 특성과 관계 개선의 요령을 익혀야 한다.

a. 성격 특성

경험을 바탕으로 주관적으로 판단하지 말고 심리학적인 이론 근거를 가지고 상대의 특성을 파악할 수 있어야 한다. 예를 들어서 MBTI나 EGO GRAM 등의 검사기준을 가지고 참가자들의 말을 듣고 행동을 보면서 참가자들의 성격 특성을 파악하는 일이다. 우선 성격 특성을 파악하는 훈련이 되고 나면 그 특성에 맞게 반응하는 요령을 익힌다.

가령 상대가 "요즈음은 힘이 들어 죽겠습니다."라고 이야기할 때에도 "그래도 당신이 워낙 능력이 있고 책임감이 강한 사람이니까 그 어려운 일을 이만큼 해내는 게 아니겠습니까?"라고 칭찬 인정을 해야 할 때도 있고, "정말 힘이 들어도 이만 저만 힘이 드는 게 아닌 모양이구나."라고 공감 수용을 해야 할 때도 있다. 그런가 하면 "어떤 점이 힘이 드는가? 그렇다면 대안은 무엇인가?"라고 물어야 할 상대도 있다. 이처럼 성격 특성에 따라서 다르게 반응할 수 있으면 좋다.

처음 훈련을 할 때에는 상대의 전체적인 성격 특성에 대해 반응하다가 조금 익숙해지면 같은 상대라도 상황이나 대상에 따라서 욕구가 달라질 수 있기 때문에 상대가 하는 매 순간의 말이나 행동에 맞추어 반응을 할 수 있으면 더욱 효과적이다.

마지막으로는 상대가 사용하는 성격 특성에 맞추어 자기도 그 특성으로 행동하는 일인데 모든 특성의 행동을 다할 수 있을 때까지 하려면 오랜 훈련 시간이 필요하고 어떤 특성은 상담자의 특성에 너무 맞지 않아서 정말 훈련하기 힘이 들 수도 있다.

b. 관계 개선

성숙된 사람이란 주체성이 있고 관계가 좋은 사람이다. 집단 내에서 다른 참가자들에게 부정적인 피드백을 받았을 때 대처하는 방법은 상대에 맞춰서 자기를 개선하려고 노력하는 사람들이 많은데 이것은 자기 개선 능력이나 수양 능력이다.

인간관계 개선이란 자기에게 부정적인 피드백을 하는 사람의 심정을 듣고 받아들여서 상대가 자기를 긍정적으로 보게 만드는 능력이다. 가령 "당신은 고집이 너무 세다."라는 피드백을 받고 고집을 줄이려고 든다면 그것은 자기 개선을 하는 일이다. "나를 그렇게 보았다면 정말 답답하고 힘이 들었겠다." 식으로 상대의 심정을 받아들이는 것이 관계 개선을 위한 시도이다. 집단상담자는 관계 개선의 요령과 단계를 철저하게 익히고 있어야하며 참가자들에게도 가르칠 수 있어야 한다.

그 외에도 개인상담 능력이 필수적이며 간혹 참가자들 중에서 위기 상황이 발생할 경우도 있기 때문에 위기 개입 능력을 갖추고 있어야 한다. 그리고 갈등 관리, 코칭, 리더십, 문제 해결, 협상 능력, 집단촉진의 기술, 프레젠테이션 스킬, 논리적 대화 등도 하나 하나 익혀 두면 참으로 유용할 것이다.

이런 역량들을 익히기 위해서는 모든 기술들을 함께 가지고 있는 지도자를 만날 수 있다면 참으로 다행한 일일 것이다. 그러나 현실적으로 그런 전문가를 만나는 것은 힘든 일이기 때문에 다양한 집단에 참여해서 많은 전문가들을 만나고, 그분들의 기술들을 보고 배울 필요가 있을 것이다.

2) 집단상담자로서 두려워하거나 피하지 말아야 할 것

(1) 끊임없이 도전하라. 도전이 없으면 성장이 없다

집단상담자는 끊임없이 성장해 나가는 사람이다. 만약에 석가나 예수와 같은 정도의 성장을 이룬 사람이 있다고 하더라도 그 사람이 그 자리에 머물러 있다면 그는 죽은 사람이다. 성장이 정지된 사람에게서는 많은 지식을 배울 수는 있겠지만 그것만으로는 당신이 새로워질 수는 없을 것이다.

(2) 자기개방

자기개방과 직면이 성장의 지름길이다. 집단 내에서 솔직하게 자기를 개방하라. "내가 이런 사람인 줄 알고 나면 모든 사람들이 실망할 것이다."라고 생각되는 부분이 있다면 그것부터 개방하라. 그때에 모든 참가자들이 당신을 인간적인 사람이라고 볼지도 모른다.

(3) 피드백받기

참가자들에게서 피드백받는 것을 두려워하지 마라. 회피하거나 방어하려 들지 마라. 아마 당신은 엄청난 오해를 받고 있다는 생각이 들지도 모른다. 그러나 이런 오해들을 넘어서야 만남에 이를 수 있지 않는가?

(4) 모르면 모른다고 이야기하라

참가자들도 당신이 만능이 아니라는 것을 잘 알고 있다. 그들은 초인적인 역량을 가진 집단상담자를 기대하고 있는 것이 아니라 솔직한 집단상담자를 기대하고 있을 것이다.

(5) 포기하지 마라

어떤 경우에도 집단 전체나 참여자 개개인에 대해서 포기하지 마라. 도저히 이 집단만은 안 되겠다든가 저 사람은 포기할 수밖에 없겠다라는 생각은 하지 마라. 한 개인이 아직도 살아 있고, 집단이 모여 있다면 아직은 포기하기엔 너무나 이르다.

3) 집단상담자로서의 좌절이나 어려움에 대한 조언

(1) 집단 밖에서 겪는 좌절이나 어려움

자신이 느끼는 부족감이나 무능력감 때문에 집단상담자로 부적격한 사람이 아닌가라는 의문을 갖는 사람들이 의외로 많다. 심지어는 스스로 집단상담 전문가로서 소질이 없다는 사람도 있다. 이들이 착각하는 것은 집단상담 전문가로 소질이 있는 사람이 따로 있다고 생각하는 것이다. 상담자는 경험에 바탕을 둔 지식이나 역량으로 상담을 하는 것이 아니라 전문적으로 훈련받은 역량으로 상담을 하는 것이다. 그러므로 지금까지 사용해 왔던 말투, 대인관계, 리더십 등등 모든 특성들을 버리고 상담자로서 자기 자신을 재창조해 내야 한다.

예를 들어서 당신이 평소에 가지고 있던 성격대로 행동한다면 당신과 성격적으로 잘 맞는 소수의 참가자들과는 아주 잘 통할 것이다. 그러나 당신과 정반대의 성격을 가지고 있는 사람들에게는 당신의 집단에 참여하고 있다는 사실 그 자체만으로도 엄청난 스트레스가 될 수도 있을 것이다.

한 사람의 집단상담자가 된다는 것은 이처럼 다시 태어나야 하는 일이기 때문에 많은 좌절과 어려움을 겪을 수밖에 없는 일이다. 이런 좌절이나 어려움을 이겨 내기 위해서는 집단상담 공부를 시작할 때 반드시 바람직한 지도자를 택하고 좋은 동료들을 만나라는 것이다. 이 세상에서 가장 미련한 사람들이 하는 이야기가 "내 문제는 내가 가장 잘 안다. 내 문제는 내 손으로 해결해야 한다."는 착각이다.

사실에 관련된 문제라면 내가 가장 잘 알고 내 손으로 해결하지 않으면 그 누구도 해결해 줄 수 없겠지만, 대인관계의 문제는 내가 가장 잘 모를 수도 있고 혼자서 해결할 수 있는 문제보다 관계를 통해서 풀어야 할 문제가 더 많을 수도 있다. 견디기 힘든 좌절이나 어려움도 좋은 지도자가 있고 함께 공부하는 동료들이 있으면 오히려 쉽게 해결될 수도 있을 것이다.

(2) 집단 내에서 겪는 좌절이나 어려움

종종 집단 과정에서 개인이나 집단 전체의 저항을 받게 되거나, 참여가 되지 않을 때 또는 집단상담자 자신이 화가 나거나 감정적으로 불안정해져서 어려움을 겪을 때가 있다. 이럴 때에는 솔직하게 집단에서 이야기하고 집단의 도움을 요청하면 의외로 쉽게 해결되는 경우를 많이 보았다. 그리고 집단이 혼란을 겪거나 난관에 봉착했을 때에도 이런 과정들이 성장을 위해서 반드시 필요한 과정이라는 것을 믿고 기다려라.

4) 나를 집단상담자로 키운 것들 중 후학들에게도 추천하고 싶은 것

나는 처음에 감수성 훈련 집단을 체험하고 그 접근방법만을 숙달하기 위해서 노력했다. 내가 집단 공부를 하던 시기에는 국내에서는 다양한 집단 체험을 할 수 있는 기회가 없었기 때문에 한 가지 접근방법에 몰두할 수밖에 없기도 했다. 그 뒤에 미국에 건너가서 다양한 접근방법이 있다는 것을 알았고 여러 집단에 참가하고 또 지도자 과정들도 공부했다. 그런 다음에 한국형 모델을 만드는 데 모든 관심을 집중했다.

이처럼 하나의 접근방법에 열중하다가 다양한 기법들을 접하고 부분적인 독립을 하다가 내 이론과 방법을 만든 것은 지금 생각해도 효과적이었다고 생각한다. 처음 공부할 때에 여러 접근방법을 공부하다가는 하나도 제대로 하기가 어렵고, 그렇다고 어느 정도 숙달이 된 뒤에도 한 가지 접근방법만 고집하다가는 편협해지기 쉽다.

이런 경험을 바탕으로 자기 모델을 만드는 일은 정말 중요한 일이다. 특히 우리 한국인들은 너무나 독특한 문화를 가지고 있기 때문에 서양식의 접근방법으로는 늘 부족함을 느끼게 될 것이다.

5) 정말 하고 싶은 이야기

집단상담자는 자기 개인의 부귀영화를 꿈꾸는 사람이 아니다. 우리는 참가자들을 도와서 그들의 삶에 영향을 미치고 그들이 좀 더 성숙하고 좀 더 깊이 사랑할 수 있도록 도우려는 사람들이다. 이를 위해서 끊임없이 나 자신을 갈고 닦으며, 늘 열린 마음으로 온 세상의 모든 사람들을 듣고 받아들이자.

한 사람의 전문가가 얼마나 많은 사람들에게 영향을 미치는가를 알기 때문에 나는 늘 집단상담자 훈련 과정에서는 유난히 까다롭게 군다. 훈련받는 동안에 내 앞에서 땀을 흘리고 참가자들 앞에 가서는 여유 있는 촉진자가 될 것인지 아니면 훈련 과정에서 여유 있고 참가자들 앞에서 쩔쩔 매는 집단상담자가 될 것인지를 선택하라고 한다. 여러 사람들을 불러 모아 놓고 집단을 한답시고 엉뚱한 짓이나 하고 있다면 참가자들의 삶을 낭비시키고 있는 것이 아니겠는가?

4. 집단상담 대가 4의 메시지

1) 에피소드 하나: 집단상담이 구원이었다

얼마 전, 평생을 교직에 몸 담으셨다가 교장으로 정년퇴임하신 분을 만나서 이야기를 나눈 적이 있다. 그분은 어렸을 적부터 아이를 가르치는 것이 꿈이었으며, 그 꿈을 이루려고 많은 노력을 하였고, 대학을 졸업한 후 교사가 되어 평생을 그 일을 해 왔노라고 하셨다. 어린 시절, 간절히 소망하던 꿈을 이루고 교사로서는 가장 높은 자리인 교장의 자리까지 올라 보기도 한 후 직업인으로서의 자신의 일을 마치셨다는 이야기를 들었다(그분은 그 이야기를 마치 승전고를 전하시듯 들려 주셨다). 힘차게 말씀하시는 그 모습에서 철부지 시절부터 꿈꾸며 소망하여 온 일을 평생의 직업으로 택하여 살아 왔다면 매순간 누구보다도 뜨거운 열정을 가지고 그 일을 해 왔으리라는 생각에 부러움이 앞섰다.

그분과 헤어져 돌아오는 길에 나에게 일어났던 부러움이라는 감정을 되새기며 나의 길을 돌아보았다. "나의 꿈은 무엇이었던가?" "나도 그분과 같은 간절함으로 나의 일을 꿈꾸어 왔던가?" "지금의 내가 되기 위해 열정을 품고 그 일을 이루려 노력했던가?" 등등의 물음을 스스로에게 던져 보았다. 이 물음에 대한 나의 답은 아쉽게도 "아니다."이다. 내가 어릴 땐 상담에 대해 그리 호감을 가지고 있지 않았을 때인지라 내가 상담자가 될 것이라는 것은 생각조차 해 보지 않았었다. 그분의 이야기를 들으면서 어린 시절부터 상담자가 되기 위해 열정을 품어 오지 않았다는 것이 마치 내가 준비되지 않은 상담자인 것만 같아서 묘한 부끄러움과 아쉬움이 들었다. 물론, 예나 지금이나 상담을 공부한 이래로 외도하지 아니하고 오로지 이 길만을 가며 매순간 최선을 다한다는 마음과 자세에는 변함이 없지만 어린 시절 상담자에 대한 꿈을 그려오지 않았다는 것이 2% 부족함의 여운을 남기게 한다.

내가 상담자의 길로 입문한 데는 대학 시절 집단상담이라는 과목을 수강한 것이 그 시작이라고 볼 수 있다. 특히, 그 수업에서의 경험이 집단상담에 관심을 두고 상담을 하게 된 계기가 되었다. 그때까지 굴절된 안경을 쓴 것처럼 늘 내 눈으로만 나를 보고 스스로 부정적인 자아를 형성하고 있던 나에게는 타인의 시각으로 나를 들여다보는 경험은 센세이션에 가까웠으며, 피할 수 없는 진한 매력으로 다가왔다. 집단상담은 마력처럼 나에게 작용하여 대학원에 진학하게 하였고 지금의 내가 되게 하였다. 그 뒤, 교육학 석사, 박사의 과정을 거치면서 지금까지 한 번도 외도하지 않고 외길 인생을 살아 왔다. 외길 인생이었다는 것이 한편 답답함과 지겨움을 느끼게도 하지만 나에겐 뿌듯함과 자부심을 가지게 한다. 무엇이 나로 하여금 이 길로만 가게 했을까? 비록, 앞서 그분과 같이 어린 시절부터 키워 온 꿈은 없었지만 상담(집단상담)을 향한 나의 애정과 사랑은 다른 것을 돌아볼 겨를도 여지도 주지 않았다.

생각해 보면, 집단상담의 경험은 내 인생의 향로였으며, 내 삶의 지표가 되었다. 집단상담을 할 때마다 새로운 나의 모습을 발견하고, 그 모습이 때론 기쁨으로, 때론 아픔으로 다가오면서 나를 더욱 성장시키는 원동력이 되곤 했다. 집단상담을 통해 닫혔던 내 마음이 열리게 되었고 나라는 존재의 가치에 눈뜨게 되었으며 부족한 나의 모습을 피하며 숨기려 하기보다는 사랑으로 보듬어 줄 수도 있게 되었다. 나를 수용하면서 타인을 수용하게 되었고 나를 사랑하면서 타인도, 세상도 진정으로 사랑하게 되었다. 세상을 향해 새롭게 눈을 뜨니 모든 게 아름답지 않을 수가 없었고, 아름다움으로 세상을 볼 때 느끼는 기분은 나에게는 기쁨이며 축복이었다. 조금씩 수용의 폭이 넓어지며 자유로움과 풍요로움을 느끼는 내 자신을 보며 상담(집단상담) 외의 다른 길은 생각해 볼 가치조차 없다고 생각했다. 처음의 그 매력 때문에 아직까지도 집단상담을 애인처럼, 스승처럼 여기며 이 길을 가고 있다.

2) 에피소드 둘: 상담은 예술이다

우연한 기회에 성악을 배운 적이 있었다. 물론 성악을 하려고 배운 것은 아니고, 소리를 제대로 내어서 찬양하고 싶은 기특한 마음에서였다. 선생님으로부터 소리를 배로, 머리로 내야 한다며 이런 저런 가르침을 받았는데, 가르치는 분의 설명을 그대로 따라하는 것이 쉽지가 않았다. "입모양은 이렇게 하시고…" 이런 것들을 그런대로 따라할 수 있겠는데 "소리를 머리 뒤쪽 어느 곳에 머물게 하고…" 이런 말들은 도대체 어쩌라는 건지감을 잡을 수가 없었을 뿐 아니라, 제대로 한 것인지 못한 것인지조차도 가늠할 수가 없었다. 제대로 따라하지 못하는 우리들의 모습을 보며 선생님이 얼마나 답답하실까 생각하며 나와 상담전공 대학원들과의 관계를 비추어 보았다.

그즈음 나는 상담자 훈련을 함에 있어서 훈련의 공식 같은 게 있으면 가르치기도 배우기도 쉽겠다는 생각을 하면서 그렇게 할 수 없을까를 궁리하던 터인지라 성악을 배울 때의 이 경험이 남다르게 다가왔다. 상담 기술의 적용이나 적절한 반응시기 등에 대해서, 이때는 이렇게, 저때는 저렇게, 마치 1+1=2가 되는 것처럼 그렇게 공식화할 수 있다면 가르침이 훨씬 용이할 수 있겠다는 생각이 든 것이다. 성악을 배우는 과정에서 나의 이 생각은 참으로 미련한 생각이었음을 깨닫고 그 고민을 홀가분하게 내려놓게 되었다.

상담은 Science이라고 하는 사람도 있고 Practice라고 하는 사람도 있다. 실제 상담을 해 보면 상담은 Science도 Practice도 다 포함하며 나아가, 그 범주를 뛰어 넘는 Art임을 알 수 있다. 그러므로 상담은 단순히 학문으로만 접할 수 있는 것도 아니며, 이론에 기초하지 않고 실습으로만 터득되는 것도 아니다. 이론으로 무장하고 그 이론을 바탕으로 하여 무수히 많은 집단상담을 경험하며 그 결과를 스스로 돌아보고 분석하는 등의 과정을 거치며 본인의 감각으로 터득해 가는 것이 유능한 상담자가 되는 정도가 아닌가 생각한다.

나의 경우도, 집단상담 전문가로 성장할 수 있게 된 것은 다른 상담 전문가들보다 집단상담을 더 많이 실시해 왔다는 것이 그 요인이 되지 않았을까 생각한다. 1981년 집단상담을 접하고 난 뒤부터 어쩔 수 없이(?)─석사과정부터 대학학생생활연구소에서 근무했기 때문에─집단상담을 실시할 수밖에 없었다. 피할 수 없는 이런 현실이 집단상담자로서 나의 자질과 역량을 키울 수 있는 좋은 기회가 되었던 것이다. 무수히 많은 시행착오를 거치며 집단상담 지도자로서의 나의 모습을 돌아보기도 하고, 어떻게 하면 집단상담을 효과적으로 운영할 수 있는지 연구하고 고민하였으며, 부족함 중에서도 경험이 축적되어 감에 따라 집단상담자로서의 자신감을 키워갈 수 있었다. 유능한 집단상담자가 되길 원한다면 두려워하지 말고 기회가 닿는 대로 집단상담을 하는 것이 도움이 될 것이다. 물론 집단상담의 참여자로서의 경험과 슈퍼비전을 받는 등 집단상담자로서의 자신을 향상시키는 노력은 끊임없이 해야 한다.

3) 에피소드 셋: 건강한 상담자가 건강한 집단원을 만든다

아주 어릴 적 어느 비오는 날, 길을 걷다가 미끄러워서 넘어진 적이 있었다. 빗물로 흙물로 온몸이 엉망이 된 채로 집엘 갔는데, 그 모습을 본 우리 어머니 왈(曰) "니는 천날 만날 자빠지노! 젓도 못 묵고 자랐나!" 많은 사람들 보는 데서 넘어져서 어린 마음에도 부끄럽기도 하고 아프기도 해서 집에 와서 엄마에게 울며 넋두리 좀 해 보려고 했는데 어머니의 그 말에 죄인처럼 아무 말도 하질 못했다. 어머니의 그 말에는 아직도 항변하고 싶은 억울함이 있다. "난 천날 만날 자빠진 것 아닌데! 우짜다가 넘어진 건데! 그것도 내가 잘못해서라기보다는 길이 미끄러워서 그랬는데!" 등등의 항변….

그 일 이후로 난 나도 모르게 천날 만날 자빠지는 아이로 여기게 되었고 내 마음에 드는 결과가 이루어지지 않을 때마다 이 말을 떠올리며 "그래 난 역시 자빠지는 아이지, 그러니 잘되는 일이 없는 아이지."라는 부정적인 사고에 젖어 있었다. 그 결과 대인관계에서도 소극적으로 되었고 무슨 일에나 자신감을 잃게 되어 점점 위축되어 갔다. 이런 나를 지금의 나로 만들어 준 것이 지도교수와의 만남이고 집단상담의 경험이었다. 집단상담을 통한 집단원들의 지지가 나를 긍정적으로 보게 했으며 존재의 가치를 느끼게 했다. 집단상담을 통한 나의 긍정적 경험이 나로 하여금 대부분의 사람들이 집단상담을 통해 도움을 받을 수 있다는 확신을 가지게 하였으며 이러한 믿음이 집단상담자로서의 여유로움을 가지게 한 것 같다.

집단상담자는 집단상담의 효과에 대한 최소한의 확신은 가져야 한다. 확신을 가지고 집단상담에 임할 때 상담자로서의 자신감을 가질 수 있으며 상담자로서의 자신감은 집단원에게 안정감과 신뢰를 줄 수 있다. 자신의 변화에 대한 경험이 있는 집단상담자는 집단원의 변화를 믿음을 가지고 기다려 줄 수 있을 것이며 여유롭게 대할 수 있을 것이다. 자신을 가치롭게 보는 집단상담자야말로 집단원을 가치로운 존재로 볼 수 있으며, 자신을 있는 그대로 수용할 수 있는 집단상담자만이 집단원을 존재 그대로 수용할 수 있을 것이다. 자신의 단점까지도 사랑할 수 있는 집단상담자라야 집단원의 단점도 판단하거나 평가하지 아니하고 볼 수 있게 될 것이다. 집단상담자는 집단을 진행할 때도 자신을 집단원의 하나로 보고 자신의 모습을 보기에 게을리 하지 말아야 하며 자기 발견을 통해 정신적 건강함을 유지하여야 한다.

4) 에피소드 넷: 집단원의 변화는 상담자의 능력에 기인한 것이 아니다

상담을 하다 보면 만족스러울 때도 있고 숨고 싶을 만큼 자신이 무능하게 여겨질 때도 있다. 이러한 경험은 물론 나도 예외일 수는 없다. 어느 날은 세상에서 내가 가장 유능한 상담자인양 자만심에 빠져 있을 때가 있는가 하면 또 어느 날은 나로 인해 집단원의 인생을 망치게 한 것은 아닌가 하는 염려와 죄책감에 빠져 더 이상 하고 싶지 않은 기분을 느낄 때도 있었다. 상담을 한 지 한 10년쯤 되었을 때인가? 이제는 상담에 어느 정도 이력이 났다고 생각할 즈음 또 다시 상담에 대한 한계(나에게서 상담에 대한 한계라

함은 주로 상담자로서 능력과 관계된 것이 많음)에 부딪히며 슬럼프에 빠지게 되었다. 앞서 말한 바와 같이 상담자는 늘 자신을 돌아보기를 게을리 하지 말아야 한다는 것이 나의 주장인지라 슬럼프에 빠져 있는 나의 모습을 자세히 들여다보았다. 그때 내가 경험한 슬럼프는 기대하는 만큼 집단원들이 변화하지 않은 것 같아서 상담자로서의 나의 상담 능력에 무능감과 무력감을 느끼고 있었기 때문임을 알게 되었다. 이 일을 계기로 상담에 대한 나의 입장을 새롭게 정리하게 되었는데 그 결과 내 식의 상담에 대한 정의를 내리게 되었다.

집단상담자는 집단상담 경험을 통해 집단원의 잠재력을 개발하고 문제해결의 능력을 키울 수 있도록 조력하며 이를 위해 그를 존재대로 본다고 하면서도 나도 모르게 적극적으로 참여하지 않는 집단원을 보면 답답해하며 끌어내고, 자신의 모습을 보기를 거부하는 내담자를 보면 안타까워 안달을 하며 집단상담을 마치기 전에 내가 원하는 모습으로 그들이 바뀌기를 바라는 것이다. 집단원 중에는 집단상담을 처음 경험하며 아직 자신을 노출할 준비가 되어 있지 않은 집단원도 있을 터인데 그 모습을 그대로 존중하기보다는 그 모습에서 벗어나 빨리 변화해야 한다는 욕심을 부렸던 것이다. 집단상담 중에 그가 변화한다는 것은 결과적으로 상담자인 내가 잘하였기 때문이라고 인정받고 싶기 때문이다. 집단원의 변화라는 열매를 상담자인 내가 따서 먹으려 한 것이다. 비록 그가 이번에 크게 변화하지는 않더라도 이번 집단상담의 경험을 통해 자신의 모습을 볼 수 있게 된다면 앞으로 그의 일상생활에서 어느 순간 깨달을 수 있을 것이며 아니면 다음 집단상담의 경험에서 자신을 더 개방하는 용기를 얻어 그 집단에서는 변화될 수 있을 텐데도 말이다.

이런 경험을 하면서 집단상담은 집단원의 열매 맺음을 도와주는 것이기는 하나 그 열매를 꼭 이번의 집단경험에서 이루려고 할 필요는 없다는 생각을 하며 나의 욕심을 내려놓게 되었다. 결국 내가 내린 집단상담의 정의는 집단상담은 집단원의 열매 맺음을 위해 집단상담자가 집단원과 더불어 씨를 뿌리도록 도와주는 것일 뿐이라는 것이다. 다행히 집단원의 변화라는 열매를 이번에 얻는다면 좋은 것이고, 아니라 하더라도 이번의 상담 경험이 기틀이 되어 앞으로의 삶 중에서 언젠가 결실을 맺을 수도 있다는 여유로움으로 기다려 줄 수 있어야 한다. 집단원의 변화는 오직 그의 몫이다. 집단원의 변화를 보며 마치 나의 능력인양 교만해서도 안 되고 변화가 없다 할지라도 상담자의 능력 탓이라 여길 필요도 없다.

5) 에피소드 다섯: 민감함이 자원이다

상담을 공부하는 사람들에게 농담처럼 던지는 말이 있다. "정신과 의사 중에 싸이코 아닌 사람이 없고, 상담하는 사람 중에 문제없는 사람 없다." 고 하는…. 정신과 의사들에게는 욕을 먹을 말인지는 모르겠으나 상담을 전공하는 나로서는 후자의 말에는 수긍이 가는지라 일리가 있는 말이라고 보아 부인하지 않았다. 문제가 있다는 말은 사물이나 사건을 덤덤하게 보지 않는다는 말이고 덤덤하지 않다고 하는 것은 곧 민감함을 가지고 있다는 말이 아닌가.

예전의 내 모습을 생각해 보면 민감하다 못해 지나치게 예민한 사람이었던 것으로 기억한다. 예나 지금이나 민감함은 여전하지만, 최소한 요즈음의 나는 그 민감함으로 인해 스스로를 괴롭히는 일 따위는 하지 않는다. 조그마한 실수도 실패라 여기며 갈가리 자신을 찢어 놓던 나, 누가 조금만 뭐라고 해도 마치 내 탓인 양 소라처럼 껍질 속에 나를 숨긴 채 나오려 하지도 않고…. 이런 내가 나는 정말 싫었었다. 조그만 일에 너무 쉽게 흔들리는 것 같아서… 그러나 상담을 하면서 살펴보니 나의 이런 모습이 민감성이라는 상담자의 아주 중요한 자질이 아닌가? 아픔을 느낄 수 있는 사람이어야 집단원의 아픔을 알 수 있으며, 그 경험을 느껴 본 감정이 있기에 공감할 수 있는 것이다. 집단상담 중에도 민감함이 있어야 집단원의 행동과 표정을 놓치지 않고 읽을 수 있으며, 자신의 감정도 읽어서 조절할 수 있는 것이다.

집단상담자는 개인상담자보다 더 많은 더듬이를 가지고 집단상담을 진행해야 한다. 많은 집단원들을 최대한 많이 보고 그 사이에 일어나는 역동을 집단의 거름으로 써야 하므로 한 개인을 집중하여 볼 수 있는 개인상담자보다는 훨씬 더 민감함을 요구한다고 볼 수 있다. 집단상담자는 집단원을 읽는 데뿐만 아니라 특히 자신을 읽고 보는 데에도 민감함을 발휘해야한다. 집단원들과 자신의 관계가 어떠한지, 누가 편하며 누가 불편한지, 역전이가 일어나고 있는지 집단을 성공적으로 진행하였는지 성공하였다면 무엇 때문인지 실패하였다면 그 원인이 무엇인지 등을 헤아려 볼 수 있는 민감성을 가져야 하며 지금까지는 민감성 때문에 힘들었다면 이제는 이것을 귀한 자원으로 여기며 감사해야 할 것이다.

6) 에필로그

저자의 부탁을 계기로 내 자신, 특히 집단상담자로서의 나의 모습을 돌아보는 값진 시간을 가져 보았다. 생각을 접을 즈음에 지금의 내 자리에 선 것은 내가 애쓰며 준비했기 때문이 아니라 하나님의 예비하심이었다는 것을 고백하지 않을 수 없다. 내 삶의 모델이 되었던 지도교수를 만난 것, 그분을 통하여 집단상담을 접하게 된 것, 그분의 지도로 자기성장 프로그램이나 또래상담 이론을 최초로 소개하는 기회를 얻게 되어 갇혀 있던 나를 대외적으로 나아갈 수밖에 없도록 인도해 주신 것, 대학에서 학생들에게 상담을 가르치게 된 것, 지금은 사회의 상담 기관에서 다양한 내담자들을 만나며 상담자로서의 경험의 폭을 넓힐 수 있게 한 것 등등 무엇 하나 시시때때로 준비하여 채워 주시지 않은 것이 없는 듯하다. 앞의 그 무엇보다도 집단상담을 통하여 나를 더 사랑할 수 있게 된 것은 하나님이 나에게 주신 가장 큰 선물이라 여겨진다. 이게 내가 받은 축복이라면 이젠 그것을 나누어야 할 것 같다. 부족한 내가 이렇게 성장할 수 있었다면 나와 같은 길을 가고 있는 많은 후학들도 나보다 더 유능한 상담자가 될 수 있을 것이다. 자신의 존재 가치를 믿고 자신감을 가진다면 말이다….

7) 덧붙이는 글

끝으로 내가 상담자로서 슬럼프에 빠졌을 때 혼자 생각의 늪에서 이리저리 헤매다가 결론처럼 얻은 답들을 후학들에게 헤쳐 본다.

최선을 다했다면 만족하라.
자신의 한계를 인정하라.
끊임없이 자신과 집단원들에 대해 탐구하라.
자신을 사랑하라.
집단원의 변화에 욕심을 내지 마라.
집단의 진행이 잘 되지 않을수록 집단 밖으로 물러나 여유를 가져라.
자신을 보는 것을 피하거나 두려워하지 마라.
집단원이 지도자 경쟁의 모습을 보이면 인정받고 싶어 하는 그의 모습을
　존중해 주라.
발전을 위한 도전은 용기 있게 하라.
집단상담자가 되었다면 자신 있게 하라.

5. 집단상담 대가 5의 메시지

우선 이렇게 집단상담자로서 성장해 가는 후학들에게 조언을 해 달라고 부탁해 주신 것에 감사하면서 동시에 부끄럽기도 하다. 그럼에도 이제는 사회에서 한창 일할 세대가 되어 후세들에게 부족하지만 도움이 되었으면 하는 바람으로 몇 가지 주제에 대해 말씀드리고자 한다.

1) 집단상담자로 성장하기 위해 꼭 필요한 것

나의 경험을 돌아보면 집단상담자로 성장하기 위해 피할 수 없을 뿐 아니라 반드시 필요한 것은 크게 세 가지라고 생각한다.

첫째, 내담자로서의 집단상담의 경험이다. 전문적인 집단상담자가 되기 위해서는 지도자로서의 경험뿐 아니라 집단원으로서의 경험 역시 중요하다. 집단상담자는 전문가의 수준에 도달하기 전에 집단원의 경험을 함으로써 집단상담 초기에 집단원들이 겪는 불안감, 자기개방을 해야 할 시점에서의 주저함을 이해할 수 있다. 이를 통해 나중에 집단상담 전문가가 되었을 때 집단원들의 마음을 공감하고 좀 더 효과적으로 이해할 수 있다. 뿐만 아니라 집단상담을 통해 자신의 어려움과 문제가 해결되어 가는 과정을 직접 경험함으로써 집단상담이 가지고 있는 변화의 힘에 대해서도 확신할 수 있다. 이와 같은 점은 교과서를 통해서 습득할 수 없으며 직접적인 경험을 통해서만 이해할 수 있다. 집단상담 경험을 올바로 하기 위해서는 몇 가지 유의해야 한다. 우선 경험하고자 하는 집단상담이나 지도자에 대한 정보를 사전에 구하기 바란다. 요즈음 집단상담을 경험할 수 있는 기회가 점점 많아지고 여러 가지 홍보물에 접할 수 있다. 하지만 집단상담의 형태는 지도자나 참여자, 집단의 목적에 따라 다양하기 때문에 집단원은 사전에 참가하고자 하는 집단상담에 대해 최소한의 정보를 구하는 것이 좋다. 가장 좋은 정보는 이전에 그 집단에 참여했던 몇 사람에게 물어보고, 집단의 운영 방식, 분위기, 배운 점, 배우기 어려운 점 등을 미리 알아보는 것이 중요하다. 때때로 집단상담 경험이 충격적이어서 놀라거나 정서적으로 힘들어지는 경우가 있는데, 그러한 경험은 항상 일어나는 것은 아니지만 매우 자연스럽고 있을 수 있는 현상이다. 집단상담에 대해 가장 잘 배울 수 있는 방법은 그러한 충격적인 경험을 통해 배울 점이 무엇인지 찾아보는 태도를 가지는 것이다. 그렇다고 해서 일부러 충격을 많이 주는 집단을 찾아가라는 이야기는 아니다. 하지만, 때때로 발생하는 그러한 경험에 대해 열린 마음을 가지면 집단에 대해 훨씬 잘 배울 수 있을 것이라고 생각한다.

둘째, 상담자로서의 집단상담 경험이다. 개인상담과 마찬가지로 집단상담도 많이 진행해 보는 경험이 매우 중요하며 필수적이다. 나는 상담을 배우는 학생들에게 상담은 많은 실수를 통해서 배우는 것이라는 이야기를 빠뜨리지 않는다. 때때로 학생들 중에서는 상담이 실패하거나 도움을 주지 못할 것 같아서 상담을 어려워하는 경우가 있는데, 실패가 두려워 상담 경험을 하지 못하면 영영 상담을 배울 수 없다. 그래서 가능한 한 상담 경험을 많이 하는 것이 중요하다. 그렇다고 해서 무작정 많이 할 수는 없다. 많은 분들이 동의하시겠지만, 상담 경험을 많이 하되 개인적인 고뇌와 좌절, 그럼에도 불구하고 포기하지 않는 마음과 슈퍼비전의 도움을 받으면서 하기 바란다. 상담자로서 책임지는 태도란 '상담을 잘 하지 못할 것 같아서 상담을 하지 않는 것'이 아니라 '아직 잘 하지 못하는 상담자라는 것을 수용하며, 상담시간 중에는 자신의 한계 때문에 주저하지 말고 능력의 한계를 가진 사람으로서 자신이 할 수 있는 최선을 다하며, 자신이 잘 하지 못한 점에 대해서는 상담 회기를 마친 후 고뇌하되, 자기비난에 머무는 고뇌가 아니라 대안을 발견할 때까지 아파하는 태도'이다.

셋째, 학문과 이론, 그리고 과학적 태도에 대한 관심이다. 앞서 말했듯이 개인상담과 집단상담에서 경험은 매우 중요하다. 거의 대부분은 경험을 통해서 습득하고 경험이 없으면 집단상담에서 일어나는 여러 가지 현상과 경험을 결코 이해할 수 없다. 그러나 그렇다고 해서 자신이 현상을 이해하는 방식과 자신의 경험을 무비판적으로 확실하다고 주장하는 태도는 버려야 한다. 즉, 자료와 근거를 가지고 자신의 이해와 경험을 이해하며 때때로 자신의 이해와 경험이 잘못될 수도 있다는 것을 받아들여야 한다. 상담 이론은 이전의 집단상담의 대가들이 자신의 경험을 바탕으로 집단상담의 현상과 경험을 정리한 것이다. 따라서 집단상담자는 그러한 이론을 통해 자신의 개인적 경험이 이전 집단상담 대가의 경험에 비추어 볼 때 얼마나 부합하는지를 항상 점검해야 한다. 또한 과학적 객관성을 가지고 개인적 경험을 재평가하는 과정이 필요하다. 그렇지 않고 자신의 개인적 경험의 확실성에 대한 신뢰가 지나치면 독단에 빠져 발전하기 어려우며, 심하면 사이비 종교와 유사하게 현상에 대한 지도자 자신의 개인적 이해와 경험을 집단원에게 미묘하게 강요하고 주입하며 결과적으로 독단적 태도를 가지게 된다. 전문성이란 개인적 경험과 이전 대가의 경험 사이의 변증법적 대화를 통해서 발달한다는 점을 잊지 않기 바란다.

2) 집단상담자로서 두려워하거나 피하지 말아야 할 것

나는 지금 생각해도 맨 처음 진행한 몇 번의 집단 상담을 돌이켜 보면 등골이 오싹하고 어깨와 뺨에는 소름이 돋는다. 그때 당시에도 너무 부끄러웠고 얼굴이 화끈거렸는데, 아직도 그때 일을 생각만 하면 너무 부끄럽고 너무 민망하다. 예컨대, 내가 집단원으로 참여했던 마라톤 집단상담이 대체로 밤을 새면서 진행되었기 때문에 나는 마라톤이라고 하면 반드시 밤을 새야 하는 줄 알았다. 그래서 너무 졸려서 집단을 운영하기 힘들어하는 집단원들을 데리고 밤새 집단상담을 진행하면서 집단원들을 고문했던 생각이 난다. 그때 나의 첫 마라톤 집단상담에 참여했던 분들에게 (물론 그분들은 이제 다 잊으셨겠지만) 지금 이 자리를 빌어 사과하고 싶다. 또한 집단상담자의 자기개방이 효과적이라는 이야기를 교과서에서 읽고 온갖 불필요한 자기노출을 했었고 그것을 수습하지 못했던 경험도 생각난다. 하지만 그때의 집단상담 지도자의 경험이 너무 싫고 소름끼쳐서 그 다음 집단상담을 하지 않았다면, 나는 그 이후에 집단상담을 하지 못했을 것이다. 이 절의 제목이 '집단상담자로서 두려워하거나 피하지 말아야 할 것'이라고 되어 있지만, 나는 '초보자이든 숙련자이든' 집단상담을 두려워하기 바란다. 하지만, 두려운 것을 피하지는 말기 바란다. 집단상담의 운영이 두렵지 않다고 말하지는 않겠다. 왜냐하면 원래 두렵고 힘든 것이기 때문이다. 다른 사람들 역시 집단의 경험이 (특히 초기에) 두렵지 않아서가 아니라 두려워도 전문가가 되고자 하는 개인의 목적에 비추어 반드시 해야 하는 것이기 때문에 할 뿐이라는 점을 알기 바란다.

3) 집단상담자로서 좌절이나 어려움을 다루는 방법에 대한 조언

사실 개인상담이든 집단상담이든, 아니 그 어떤 영역이든 전문가가 되는 과정에는 좌절이 있고 어렵다. 힘든 일이나 좌절이 없는 전문가란 있을 수 없다. 왜냐하면, 힘든 일이나 좌절이 없으면 그 길로 가는 사람이 많고, 그 길로 가는 사람이 많다면 그들은 희소 가치가 없기 때문에 전문가가 아니라 일반인일 뿐이기 때문이다. 따라서 좌절이나 어려움은 있을 수밖에 없고 다만 우리는 그것을 다루는 방법을 각자 만들 수 있을 뿐이다.

내가 집단상담자로서 겪었던 좌절이나 어려움을 다루었던 방법은 단순하게 말하면 '오히려 더 많이 덤벼드는 방법'이었다. 좌절이 있거나 떨리거나 두려우면 피하기보다는 더 많이 덤벼드는 방법을 택했다. 물론 가끔 어려운 상황을 피하고 싶을 때도 많았다. 때로는 상담자가 좌절을 피하고 싶은데 마침 내담자가 오지 않아서 내담자에게 너무 '고마워' 할 때도 있다. 한 예로, 개인상담이 너무 안 되고 어떻게 해야 할지 몰라 심한 좌절에 빠져 있는데, 그날 내담자가 못 오겠다는 연락을 하면, 마음속 비밀스러운 목소리로 '할렐루야' 하면서 마음이 밝아지고 어둡고 우중충하게 느껴졌던 상담실에 갑자기 햇살이 들어와 밝아지는 것 같은 경험은 나도 많다. 하지만 그렇다고 계속 내담자와 부딪쳐서 어떻게든 내담자의 성장을 촉진하는 방법을 고민하고 찾아내지 않는다면 상담자의 전문성은 발전하지 않을 것이다. 좌절이나 어려움을 이기기 위해서는 어쨌든 부딪쳐야 한다. 때때로 쉴 수는 있지만, 아주 쉴 수는 없다. 좌절이나 어려움을 다루기 위해서는 '좌절과 어려움에 부딪치기' 바란다. (여러분의 마음에 와 닿지 않고 듣고 싶지 않은 말일지 모르지만) 부딪치는 만큼 빨리 성장한다.

4) 나를 집단상담자로 키운 것(요인, 방식)들 중 후학들에게도 추천하고 싶은 것

되돌아보면 나를 집단상담에 빠지게 하고 또 나의 전문성을 높이도록 해 준 몇 가지 방법이 생각난다. 물론 그것들을 하기 전에는 그러한 방법들이 내게 도움이 될 것이라는 '확신'을 가진 것은 아니었다. 오히려 지나고 보니 도움이 되었다고 말하는 편이 더 정확할 것 같다.

내게 가장 도움이 되었던 요인은 좋은 집단상담 지도자를 만난 것이었다. 내가 그 선생님을 잘 알고 '그 선생님께 배워야겠다.'는 마음을 먹고 찾아간 것은 아니었다. 하지만, 여러 가지 상황과 조건으로 인해 나는 그 선생님과 가까이 지낼 수 있었고, 그 선생님께서 학생과 집단원들을 지도 하실 때 아주 가까이에서 함께 그 집단들을 경험할 수 있었다. 되돌아보니 그 경험이 내게는 아주 중요한 경험이었고 지나고 보니 내가 집단을 운영하는 방법, 집단원에게 반응하는 방법, 위기를 타개해 나가는 방법, 심지어 말투, 억양, 표정의 많은 부분까지도 그 선생님을 닮아 있다는 것을 깨닫게 된다. 집단상담을 운영하다가 크고 작은 난관에 부딪칠 때 유사한 상황에서 그 선생님께서 대처하신 방법에 대한 기억은 내가 전문가적 결정을 좀 더 쉽게 하도록 도와주었다. 여러분에게도 좋은 선생님을 만나는 행운이 있기를 바란다.

자신의 집단상담 스타일을 개발하기 위해 끊임없이 생각하고 실험하기 바란다. 이 말은 '좋은 선생님을 만나서 보고 배우라.' 는 말과 다소 상반되는 것처럼 보인다. 집단상담을 처음 시작할 때에는 좋은 선배 집단상담자의 스타일을 배워야 한다. 그들의 스타일을 배우기 위해 때로는 그들의 비디오를 보면서, 때로는 잘 운영된 집단상담자의 축어록을 한 줄 한 줄 읽으며 그 속에 담긴 그들의 의도를 연구하고 그러한 의도를 구현하는 방법을 발견해 나갈 필요도 있다. 그러나 집단상담이 어느 정도 몸에 익은 후에는 자신의 스타일을 개발하기 위해 전념하기 바란다. 아마 여러분도 집단상담에 참여하거나 시연을 보면서 각 집단지도자마다 그 색깔이 다르고, 그럼에도 불구하고 집단상담의 효과가 있는 것을 보았을 것이다. 집단상담에 어느 정도 익숙해지면, 사람의 변화에 대한 자신 나름대로의 '이론' 이나 '모형' 을 가질 수 있어야 하고, 그러한 '이론' 이나 '모형' 을 실험하는 것을 두려워하지 말아야 한다. 자기 나름대로의 '이론' 과 '모형' 은 넓고 깊은 독서와 공부, 그리고 용기 있는 실제 실험을 통해 습득된다.

5) 정말 하고 싶은 이야기

사실 하고 싶은 이야기는 앞에서 거의 다 했다. 그래서 특별히 더 말할 만한 것은 별로 없는 것 같다. 그럼에도 불구하고 한두 가지 생각나는 것을 적는다.

우선, 상담이나 집단상담이 '치료', 즉 잘못된 부분을 고치는 일이라는 생각을 버리기 바란다. 오히려 상담이나 집단상담은 내담자가 가지고 있는 장점과 강점을 발견하고 그들이 보이는 소위 '문제행동'이라는 것조차 나름대로 의미가 있고 그들이 처했던 삶의 맥락 속에서는 중요한 결정이었다는 점을 확인하고 그 행동의 타당성을 인정해 주는 일이라는 점을 기억하기 바란다.

상담이나 집단상담을 문제행동의 교정이라고 이해하는 경우, 상담자나 지도자가 가장 먼저 해야 하는 일은 '문제의 진단'이 된다. 그래서 많은 상담자는 내담자의 이야기를 듣고, 그들의 과거 경험을 들으면서 그러한 부정적인 경험과 현재 그들의 문제 간의 관련성을 밝히는 방식으로 사례를 개념화한다.

슈퍼비전을 하면서 하게 되는 가장 안타까운 경험 중 하나는 상담자들의 사례 개념화는 현재 문제가 발전해 온 방식에 관한 설명인 경우가 많다는 것이다. 예컨대, "이 내담자는 이러이러한 경험과 과정을 거쳐 현재의 이러이러한 문제가 발생되었다."는 식의 기술이다. 하지만 이러한 기술은 내담자에 대한 두 번째로 중요한 설명일 뿐이다. 더 중요한 설명은 "이 내담자는 원래 이러이러한 중요하고 의미 있는 것을 인생에서 포기할 수 없었고, 그것이 중요했기 때문에 어떤 행동을 해 왔다(그것이 비록 다른 사람이 보기에는 문제라고 보일지 모르지만…). 내담자는 자신의 행동을 '문제'라고만 생각하지, 그것이 가지고 있던 긍정적인 의미를 발견하지 못하고 있었는데, 내담자의 그동안의 경험을 살펴보면, 분명 이러이러한 구체적인 긍정적인 의미가 있었다. 단, 그 행동이 상황이 바뀐 현재에는 자신이 중요하다고 생각하는 것을 성취하기에는 다소 비효율적인 방법일 뿐… 이제 상담자가 할 일은 내담자로 하여금 지금까지 '문제'라고 개념화한 행동의 의미를 제대로 이해하게 하는 것, 하지만 상황이 달라진 지금 '비효율적 행동'을 상황에 맞는 '효율적인 행동'으로 바꾸는 것일 뿐 …"이라고 설명하는 것이다. 즉, 간략하게 말하면 상담자는 내담자의 문제를 '발견'하려고 하기보다 그들의 문제를 '타당화'(validation)할 수 있는 눈을 가지기 바란다. 그리고 그러한 눈을 내담자도 자신에 대해서 가질 수 있도록 도와주기 바란다. 그 후에야 비로소 내담자가 자신의 비효율적인 행동을 바꾸고 싶은 동기가 생길 것이다.

둘째, 슈퍼비전에 대해 말하고자 한다. 개인상담이나 집단상담 전문가를 양성하는 과정에서 가장 중요한 것 중 하나는 슈퍼비전이다. 개인적으로 바라기는 슈퍼비전 시간이 슈퍼바이지를 '혼내거나' 또는 슈퍼바이지의 문제점을 '파헤치는' 시간이 되지 않기 바란다. 슈퍼바이지 역시 자신의 '문제점'만 발견하고 돌아가는 시간이 되지 않기 바란다. 오히려 슈퍼바이지가 잘못한 것이 있다면 잘못을 지적하되 대안도 토의하고 제시하는 시간이 되기 바란다. 슈퍼바이지에게 직면할 문제가 있다면 직면의 원칙, 즉 '직면이란 상담자와 내담자가 부딪쳐 만나는 것이 아니라 내담자로 하여금 자신의 일부분을 만나게 하는 것'이라는 원칙을 슈퍼바이지에게도 적용해야 한다. 그리고 슈퍼바이지의 잘못과 '문제점'만 발견하기보다 잘한 점과 강점, 그리고 좋은 의도가 균형 있게 확인되는 시간이 되기 바란다. 슈퍼바이지가 개입을 잘못했다고 하더라도 슈퍼바이지는 자신의 '좋은 의도'를 확인할 필요가 있다. 다만, 그러한 의도를 구현하는 방법이 '비효율적'이었다는 점만 이해하면 된다. 요약하면, 일반적인 피드백보다는 구체적인 피드백이 주어지는 슈퍼비전, 잘못에 대한 지적과 함께 대안이 제시되는 슈퍼비전, 슈퍼바이지의 문제뿐 아니라 강점과 잘한 점이 구체적으로 논의되는 슈퍼비전, 슈퍼바이저나 참여자와 슈퍼바이지가 직접 대면하는 직면보다는 슈퍼바이지가 자신의 한 측면을 만난다는 의미에서의 직면이 많이 이루어지는 슈퍼비전 시간이 되기 바란다.

이제 이야기를 마쳐야겠다. 지금까지 여러 선생님들을 만나고 또 그분들이 해 주신 가르침을 정리해서 이러한 책으로 꾸미는 수고를 하고, 이처럼 자유롭게 후배들과 이야기할 기회를 주신 권경인 선생에게 감사를 전한다. 나도 원고를 읽어 보았는데, 이 책에 기록된 선생님들의 여러 가지 경험들을 통해 많은 가르침을 얻게 된다. 이제 그분들의 이야기가 여러분들에게 책으로 전달되겠지만 나를 포함해서 그분들의 이야기가 모두 정확하고 옳다고 할 수는 없다. 그중에서 어떤 것을 택하여 어떤 것은 닮고 어떤 것은 반면교사로 삼아 닮지 말아야 할지는 독자 여러분의 몫이 될 것이다. 하지만 그 선생님들이 하는 이야기 중에 공통적인 것 하나가 있음을 알게 된다. 그것은 '집단상담을 잘 하는 길은 쉽지 않다. 하지만 나는 포기하지 않았다. 그리고 집단상담을 더 잘 하기 위해 아직도 나는 배고프다.' 인 것 같다. 부족하지만 여기에 제시된 여러 가지 정보와 가르침이 집단상담을 사랑하는 여러분께 조금이나마 도움이 되기를 바란다.

제7장

집단상담 대가와 개인상담 대가의 비교

본 장에서는 앞서 기술된 집단상담 대가의 특성 및 발달 과정에 나타난 주요 사항들을 상담자 발달에 대한 선행 연구와 비교하고 한국적 상황에서 이해되어야 할 부분을 함께 살펴보았다. 이를 위해 한국 집단상담 대가의 특성, 발달 과정, 집단상담 몰입, 한국적 상황에서 고려할 점, 실천적 적용점 및 의의 등으로 정리하였다.

1. 대가의 특성의 비교

한국 집단상담 대가의 특성을 크게 인간적 특성과 전문적 특성으로 나누어 정리하였다. 발달 후기에 도달한 이들의 특성은 집단상담이라는 영역에서 특별히 강조되는 상담자 특성과 함께 상담 영역에 있어 공통적으로 나타나는 특성들이 함께 발견되었다. 집단상담자의 특성과 개인상담자의 특성을 명확하게 구분하는 것 자체가 둘 다 상담자라는 공통된 영역에 걸쳐 있다는 점에서 불가능하다. 그러나 기존의 문헌 및 연구결과들 특히 Jennings와 Skovholt(1999)의 상담 대가들의 특성 연구, 특별한 상담자의 특성을 분석한 Goldberg(1992)의 연구, 전문상담자의 특성을 분석한 Albert(1997)의 연구 등을 개인상담을 위주로 전문성의 특징을 제시한 연구로 보고, 본 연구 결과와 비교하였다. 이를 통하여 집단상담 영역에서 나타나는 독특성을 정리하고 상담 영역 전반의 대가들이 공유하는 특성의 공통성을 찾아보고자 하였다.

집단상담 대가의 인간적 특성 중 집단상담자의 독특성으로 정리될 수 있는 것은 자기개방에 대한 두려움이나 꺼림이 매우 적다는 것, 다양성에 대한 호감과 추구, 높은 위험감수 경향, 서두르지 않는 기다림의 명수라는 점 등이었다. 상담 영역의 공통점으로 정리된 인간적 특성은 인간에 대한 깊은 신뢰, 높은 수용력, 깊은 공감능력, 깊이 있는 진정성, 유연함과 융통성, 무거움과 아픔을 생산적으로 처리하는 유머, 다양하고 강렬한 감정에 대한 두려움이 적음 등으로 요약된다.

집단상담 대가의 전문적 특성에서, 집단상담자의 독특한 특성은 집단역동을 보는 눈이 세밀해짐, 어려운 집단역동을 수월하게 다룸, 집단 전체와 관계를 맺는 리더십(강력한 관계 기술), 집단 진행의 편안함과 가벼움을 가짐, 집단목표와 개인목표를 자유롭게 조형함, 집단상담을 조직, 사회, 민족 문제의 해결책으로 확장시킴 등으로 정리가 되었다. 상담 영역의 공통점으로 나타나는 전문적 특성에는 저항의 존중, 빠르고 정확한 개개인에 대한 이해, 인지적 유능성(많은 정보량, 정보 간 통합, 변별적 적용, 우수한 기억력), 자신의 능력에 대해서 현실적 기대를 함, 개별화되고 특화된 기술을 가짐, 자신의 상담 이론을 형성함 등이 포함되었다.

Jennings & Skovholt(1999) 상담 대가들의 특성		Goldberg(1992) 특별한 치료자의 특성	Albert(1997) 전문 상담자의 특성
인지적 영역	• 지칠 줄 모르는 학습자 • 축적된 경험이라는 주요 자원을 가지고 있음 • 인지적 복잡성과 인간에 대한 모호함을 가치롭게 여김		
정서적 영역	• 자기-자각, 반영적, 독립적, 피드백에 대한 개방 등으로 정의되는 정서적 수용성 • 정신적으로 건강하고 자신의 정서적인 안녕을 보살피는 성숙한 개인 • 자신의 정서적 건강이 그들의 일의 질에 어떻게 영향을 미치는지를 잘 앎	• 민감함 • 잘 돌봄 • 내담자의 안녕과 자신의 개인적, 전문적 성장을 위해 전념 • 전문적으로 다른 사람을 멘토링하는 일로 활기를 갖게 됨	• 융통성 있음 • 민감함 • 내담자에게 안식처를 만들어 주는 능력
관계적 영역	• 강력한 관계기술을 가지고 있음 • 강한 작업동맹이 치유적 변화를 위한 기초라는 것을 믿음 • 상담에서 특별한 관계를 사용하는 데 전문가임(깊이 있는 공감과 강한 직면을 함께 사용)		• 치료적 동맹을 만들어 가는 특별한 기술
기타	• 강한 감정에 대한 두려움이 없음 • 내담자와 작업할 때 개입의 시기와 강도를 조절하는 뛰어난 감각		

위의 〈표 7-1〉에 나타난 상담자 후기의 전문성에 대한 연구 결과를 집단상담 대가들의 특성과 비교할 때, 개인상담 맥락에서의 탁월한 전문성을 획득한 전문가들과 집단상담의 대가들은 융통성 및 민감성을 가지고 있고, 인지적 측면이나 관계적인 면에서 유사한 특성을 가지고 있다. 인지적 측면에서 양쪽 모두 모두 지칠 줄 모르는 학습자이며, 축적된 경험이라는 주요한 자원을 가지고 있다는 점에서 비슷하다. 집단상담 대가들이 많은 양의 정보를 소화하고, 정보 간의 통합을 이루어내며, 방대한 정보에서 필요한 부분을 찾아내어 변별적으로 적용하고, 우수한 기억력을 가지고 있다는 점에서 인지적 유능성을 가졌다고 할 수 있다. 이는 개인상담 대가들의 인지적 복잡성과 연결되는 것으로 이들은 모두 높은 인지적 능력을 가지고

있는 것으로 나타났다. 한편 정서적 영역에서 상담대가들은 높은 정서적 수용성을 가지고 있다는 측면에서 공통점이 발견된다. 관계적 측면에서 강력한 관계 기술을 가지고, 상담 관계에서 특별한 관계를 형성하고 사용하는 점에서 일치된다. 또한 그들은 깊이 있는 공감과 강한 감정에 대한 두려움이 없다는 점을 공유하고 있었다.

한편 집단상담 대가들은 개인상담자에 비해, 자기개방에 대한 두려움이나 꺼림이 매우 적다는 것이 중요한 특성으로 나타난다. 물론 개인상담 대가들도 자기개방에 있어 자유롭고 두려움이 적지만 집단상담에는 개인상담에서 요구되는 개방의 수준보다 훨씬 높은 수준의 자기개방이 요구되며, 상담이 이루어지는 환경 자체에서 집단상담은 훨씬 더 개방적이고 노출적이라는 점을 감안할 필요가 있다. 즉, 집단상담 자체가 여러 사람 앞에 개방된 형태로 진행된다는 점과도 관련이 된다. 집단상담 대가들은 집단상담 장면에서 자신을 매우 중요한 도구로 활용하고, 자신의 실수나 약점에 대해서도 더욱 개방적이며, 이는 집단상담의 분위기 조성에도 큰 영향을 끼치는 것으로 보인다. 집단상담 대가들의 개방성은 자신의 상담 진행에 대한 시연이나 자신의 집단 진행 전체 과정을 개방하여 학습의 자료로 사용하는 데 기꺼이 참여하였다는 점에서도 발견된다.

집단상담 대가들은 다양성에 대한 관심이 큰 것으로 보인다. 개인상담 대가에 대한 연구에서 보이는 모호성에 대한 추구(Jennings & Skovholt, 1999)와 연결될 수도 있지만 모호성보다는 다양성에 대한 관심을 더 직접적으로 이야기하고 있다. 다양한 집단원을 한꺼번에 작업하는 집단상담자에게 다양성에 대한 관심과 추구는 자연스러운 것이라고 할 수 있다.

개인상담 대가들의 특성에는 나타나지 않는 높은 위험감수 경향은 집단상담 대가들이 집단상담 장면에서 실험을 중요한 개입방법으로 자주 사용하는 것과 연결되는 것으로 보인다. 이들은 창의적이고 새로운 방식의 실험을 다수의 집단원들과 함께 즉시성을 발휘하여 사용한다. 이런 과정에서 예측하기 어렵고 모험이 되는 장면을 이끌어 갈 때 높은 위험감수 경향들이 나타나는 것으로 보인다.

집단상담 대가의 전문성에서도 개인상담 맥락에서의 대가들의 특성과 구별되는 점이 나타나는데 그들은 개인을 이해하는 탁월한 눈에 덧붙여 집단 전체를 파악하고 집단의 역동을 이해하고 활용한다는 점이다. 집단역동을 파악하고 잘 활용하는 일은 대가들에게도 매우 어려운 일인 만큼 수많은 경험과 이론적 학습을 통해서 획득되는 것이다. 집단상담자는 집단역동에 대한 감각과 어려운 역동에 대처하는 방식에 대한 특별한 경험들을 쌓아가는 것으로 나타났다. 이 점은 집단상담과 개인상담, 두 분야의 전문가 사이를 확실히 구분하는 부분이라고 집단상담 전문가들은 강조하고 있다.

집단상담 대가와 개인상담 대가 모두 강력한 관계 기술을 가지고 그것을 치료적으로 활용한다는 점에서는 공통점이 발견되지만 집단상담자는 집단원과 집단원끼리의 관계 형성을 촉진하는 것, 상담자 자신이 집단 전체와 관계를 맺는 것 등에 대해서 한층 높은 차원의 관계 형성 기술을 가지고 있어야 한다. 이것을 리더십 또는 카리스마라고 표현하기도 한다. 집단 전체에게 영향을 끼칠 수 있는 관계 능력과 기술을 보유하고 있어야 한다는 점에서 개인상담 대가들과의 차이가 발견된다.

2. 대가의 발달 단계의 비교

본 연구에서 한국 집단상담 대가의 발달 단계를 살펴보았다. 집단상담 대가들의 발달 과정에서 두드러진 몇 가지 단계로 집단상담 이행 단계, 모방 단계, 개별화 단계를 정리했다. 집단상담자의 발달에 대해 분명한 단계적 모형이 구축되지 않았다는 점에서 기존의 상담자 발달 단계 모형들과의 직접적인 비교가 어려운 부분이 있지만 이들 간의 유사성 및 차이점을 통해 집단상담 대가들의 발달의 과정을 좀 더 분명하게 정리해 보고자 한다. 이를 위해 개인상담 맥락에서 상담자 발달 후기를 연구한 연구로 Skovholt 와 Rønnestad(1992)의 상담자 발달 모형 중 7, 8단계와 Loganbill 등(1982) 의 3단계 모형 중 통합기의 특성들을 비교하여 살펴보았다. 개인상담 맥락 에서 상담자 발달 후기의 특징들을 〈표 7-2〉와 〈표 7-3〉으로 정리하여 제 시하였다.

집단상담 대가의 발달 단계를 Skovholt와 Rønnestad(1992)가 제시한 상담자 발달 단계의 7단계와 8단계에 걸쳐져 있는 상태로 이해한다면, 이 들이 상담의 이론이나 입장, 기술들에 있어 개별화되고 심오해지는 공통점 을 볼 수 있다. 또한 진정성의 증가와 깊은 고민을 통한 성숙은 유사점으로 발견된다. 특히 상담자 발달의 마지막 단계에서 상담자들이 개별화를 통하 여 자신만의 독특한 방법과 이론들을 추구해 나간다는 점에서는 집단상담 대가와 개인상담 대가들은 매우 유사하다.

Loganbill 등(1982)의 3단계 모형 중 통합기에 보이는 융통성과 통합도

〈표 7-2〉 Skovholt & Rønnestad(1992)의 상담자발달 단계 모델 중 7, 8단계

단 계	7단계	8단계
범주	개별화	개별성보존의 단계
정의와 기간	10~30년	1~10년
핵심 과제	깊이 있는 진정성	자기로 존재 은퇴를 준비
우세 정서	만족과 고뇌	수용
영향의 우세한 원천	경험에 기반한 일반화와 축적된 지혜가 중요해짐 초기 영향력의 원천들이 내재화, 선배전문가로서의 자기	경험에 기반한 일반화와 축적된 지혜가 중요해짐 초기 영향력의 원천들이 내재화, 선배전문가로서의 자기
역할과 작업 스타일	유능한 전문적 테두리 내에서 자아로 성장	자기 자신으로 존재
개념적 견해	개별화, 개인화됨	매우 개별적으로 선택되고 통합됨
학습과정	개인적으로 선택한 방법들	개인적으로 선택한 방법들
효과성과 만족도	현실적이고 내적임	심오하게 내적이고 현실적임

제3단계: 통합기	
주요특징	• 재구조화와 통합 • 새로운 인지적 이해, 융통성, • 불안정을 인정하는 데서 오는 안정감
세상을 보는 관점	• 객관적으로 보고, 있는 그대로 받아들임 • 문제에 대해 새롭고 창의적인 대응
자신을 보는 관점	• 능력에 대한 현실적 견해 • 강점과 약점을 모두 수용 • 피드백 수용, 자기성찰
슈퍼바이저	• 강점과 약점을 가진 한 인간 • 슈퍼비전에 대한 현실적 기대

집단상담자와 개인상담자 모두의 발달에서 보이는 현상이라고 할 수 있다. 특히 불안정을 인정하거나 자신의 강점과 약점을 모두 수용하는 것, 능력에 대한 현실적인 기대로 인한 상담에 대한 편안함과 안정감을 높이는 것은 양쪽 모두에게서 매우 중요한 발달 과업이라고 할 수 있다.

집단상담 대가의 발달 단계를 Skovholt와 Rønnestad(1992)의 전생애적 관점의 발달 단계와 비교해 보면 [그림 7-1]과 같다. 집단상담 이행 과정은 관습적 단계 및 전문적 훈련으로 이행 단계와 연결되고, 모방 과정은 대가 모방 단계와 조건적 자율성의 단계와 연결해 볼 수 있다. 집단상담 대가들의 개별화 과정은 결핍과 좌절을 경험한 후 이론과 경험의 확장을 추구하는 과정으로 Skovholt와 Rønnestad(1992)의 탐구, 통합, 개별화 단계 및 개별성 보존의 단계와 연결될 수 있을 것이다.

상담자 발달 단계에 있어서 시작 단계에서 대가의 모방 단계를 거친다는 점, 또한 좌절이나 결핍 등으로 인한 제한점을 발견하는 시기가 있다는 점, 다양한 이론과 경험을 통한 학습이 왕성하게 일어나는 시기가 있다는 점, 마지막에 개별화를 추구하며 성취한다는 점에서 유사점이 발견된다.

개인상담을 주요 맥락으로 한 Skovholt와 Rønnestad(1992)의 전생애적

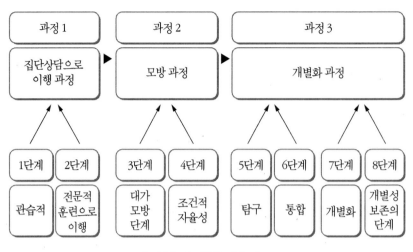

[그림 7-1] 발달 과정 비교

관점의 발달 모형과 집단상담 대가들의 발달 단계에서의 차이점은 첫째, 집단상담 대가들은 초기 집단상담 경험이 발달에서 매우 중요한 영향을 끼친다. 초기 집단상담 멘토들이 전문가로서 그들의 발달에 강력한 영향을 미친다는 점을 주목할 필요가 있다. 이는 집단상담이라는 상담 영역을 처음부터 자신의 고유한 영역으로 정하고 시작하는 경우는 드물기 때문이다. 대부분의 상담자들은 기본적으로 개인상담을 상담의 기본적인 방식으로 학습한다고 볼 수 있다. 따라서 집단상담으로 자신의 상담자적 정체성을 결정하게 되는 경우는 상담자로서 그들의 진로 미결정 시기에 강렬한 집단상담 경험이나 탁월한 집단상담자를 멘토로 만나는 경험과 같은 중대 사건이 존재한다는 점이 특징적이다.

또한 집단역동에 대한 이해와 활용에 있어 성숙은 집단상담자만의 독특한 발달 과업이라고 할 수 있다. 개개인을 이해하는 기본적인 능력 위에 집단 전체 역동을 파악하고 다루어 가며, 상호작용을 촉진하는 능력이 집단상담자에게는 중요하게 요구되며 이를 발달시켜 가는 것이 전문성 확장의 중요한 축이 된다는 점에서 차별성이 있다.

기본적으로 집단상담자는 개인상담자의 발달 과정과 유사한 과정을 밟아 나가지만 그 과정에서 집단상담이 요구하는 더 많은 과업들, 예를 들면 앞서 언급했던 집단역동에 대한 이해, 집단원 간의 관계 형성을 위한 리더십, 다양성에 대한 소화, 강렬하고 격렬한 감정을 집단원들과 함께 처리하는 방식 등에 대해 학습하고 전문성을 축적해 나가야 하는 것으로 보인다.

3. 집단상담자 발달의 주요 현상으로서의 집단상담 몰입

근거 이론 패러다임 모형에서 '가장 중심적인 사건이나 생각'에 해당하는 현상은 '집단상담에 몰입'으로 나타났다. 집단상담 대가들의 집단상담에 대한 몰입은 집단상담에 대한 '재미', '의미', '도전과 기술의 조화', '집단상담 그 자체가 좋음' 등의 하위범주로 다시 나뉘어 설명되었다. 이러한 몰입이 왜 일어나는가에 대한 몇 가지 의미 있는 해석이 가능하다.

먼저 집단상담 대가들이 왜 집단상담에 몰입하게 되는가에 대한 설명으로 집단상담이 상담자 교육에 핵심적인 여러 가지 요소를 포함하고 있다는 점을 생각해 볼 수 있다. 상담자 교육을 위한 핵심 요소로 자기이해와 변화 경험, 탁월한 전문가의 상담 실제에 대한 관찰 및 모델링, 자신의 상담 방식에 대한 피드백을 포함하는 슈퍼비전 등이 있는데 집단상담은 이러한 경험들을 한꺼번에 제공할 수 있는 방법이라는 것이다. 집단상담 대가들은 집단상담을 통해서 자신에 대한 이해와 변화를 경험했고, 탁월한 전문가들이 집단원들을 상담해 가는 과정을 직접적으로 관찰했으며, 그 방식대로 다른 사람을 도움으로써 상담 실제를 경험하고, 이에 대한 피드백을 받았던 것으로 보인다. 그래서 집단상담을 상담자 교육을 위한 최적의 방법론으로 이야기하기도 한다. 이는 이형득 등(2002)이 한국에서 집단상담 활성화의 원인으로 제시했던, 상담자들이 자신의 인간적 성숙과 전문성의 심화를 위해 집단상담을 선택하게 되는 이유로 설명될 수 있다.

또 다른 맥락에서 집단상담 대가들이 집단상담에 몰입하게 되는 중요한 이유는 이들이 집단상담을 통해 절정경험을 하였을 것이라는 점을 생각해 볼 수 있다. 그 가운데 이들이 상담자로서 발달 초기에 경험한 강렬한 집단 상담은 좋은 집단상담이 어떻게 자신과 다른 사람들을 변화시킬 수 있는지를 목격하는 체험을 제공한 것으로 나타났다. 이러한 체험은 그들이 집단 상담을 이끌 때 지향점이 되며, 좌절과 실패를 경험할 때에도 멈추지 않고 나아갈 수 있는 힘을 제공했던 것으로 보인다.

한편 집단상담 대가들의 집단상담에 대한 몰입은 Csikszentmihalyi(1990)의 몰입(flow)과 비교하여 살펴볼 필요가 있다. Csikszentmihalyi가 제시한 몰입의 구성 요소 9가지, 즉 도전과 기술의 조화, 명확한 목표, 구체적인 피드백, 과제에 집중, 통제감, 행위와 의식의 일치, 자의식의 상실, 시간 개념의 왜곡, 자기 목적적 경험이라는 요소와 중첩되는 부분들이 있다.

Csikszentmihalyi(1990)에 따르면 몰입은 어떤 활동에 집중할 때 일어나는 최적의 심리현상이라고 정의되고, 개인은 몰입과정을 통해 즐거움과 자기 충족감을 경험하게 된다고 했다. 실제로 집단상담 대가들은 집단상담을 통해 즐거움과 자기 충족감을 경험하는 것으로 보인다.

집단상담자들이 직접적으로 언급한 부분을 인용함으로써 4가지 하위범주로 정리가 되었지만 Csikszentmihalyi(1990)의 다른 몰입의 요소들도 집단상담 대가들의 집단상담 몰입의 특성으로 나타난다고 할 수 있다. 먼저 구체적 피드백으로서, 집단상담 대가들은 자신의 집단활동에 대해 집단원이나 기업, 또는 집단상담을 의뢰한 기관을 통해 구체적인 피드백을 즉각적으로 받는 것으로 나타났다. 이는 이들에게 집단을 지속할 수 있는 강화로 작용함이 확인되었다. 둘째, 수행 중인 과제 집중으로서, 집단상담이 진행될 때 집단에 집중함으로써 집중의 대상이 당면한 집단상담으로 제한되며 집단상담과 무관한 다른 생각이나 근심, 걱정은 순간적으로 의식과 차

단되는 경험을 가지는 것으로 나타났다. 셋째, 통제감으로서, 어렵고 힘든 상황에서 집단에 대한 통제감과 자신감을 느끼는 것은 목표달성의 잠재성을 지닌다고 할 수 있다. 넷째, 자의식의 상실로서, 〈사례 5〉는 자의식을 극복하는 과정 자체가 자신의 전문성의 중요한 부분이라고 말했다. 몰입상태에서 자아는 최적의 기능을 하지만 그러한 기능을 하고 있는 자신을 인식하는 데 관심을 두지 않고 현재 수행하는 활동에 모든 관심을 투자하게 된다고 한다. 자의식 상실 현상은 집단상담 대가 모두에게 너무나 자연스러운 현상으로 오히려 언급되지 않는 경우가 많았다. 다섯째, 자기 목적적 경험으로서, 어떤 외적인 보상이나 결과를 바라지 않고 행위 그 자체가 재미있어서 그리고 그 행위 자체의 활동을 유지하고 증진하는 것이 목적이 되는 경우 이런 활동을 자기 목적적 경험이라고 한다. 집단상담 대가들은 어떤 보상과 연결되지 않은 집단상담 자체에 대한 관심과 그 자체가 목적이 되는 경험을 후기로 갈수록 더 하게 되는 것으로 나타났다.

Csikszentmihalyi, Rathunde와 Whaleden(1993)은 몰입경험은 개인이 현재 가지고 있는 흥미와 관계있는 새로운 행동 능력일 뿐만 아니라 새로운 목표의 원천이라고 말한다. 즉, 집단상담을 수행하는 데 있어 집단상담 대가가 가진 기술과 흥미는 집단이 몰입을 경험하기 위한 전제 조건이며, 반대로 집단상담 몰입 경험은 대가가 가지고 있는 흥미와 관련된 기술의 발달뿐 아니라 집단에 대한 확신과 애정을 확장시키는 힘을 만들어 낸다. 동시에 몰입은 집단상담에 대한 과제나 기회를 제공할 뿐 아니라 대가들에게 지속적이면서도 깊이를 더해 가는 즐거움을 제공할 수 있는 등급화된 과제를 제공하기도 한다. 따라서 집단상담으로의 몰입은 주요한 현상인 동시에 발달의 전제 조건이며, 더 높은 목표를 만들어 내는 장치이자 발달 전략이라고 할 수 있다.

4. 한국적 상황에서 고려할 점

집단상담 대가의 특성과 발달 단계를 탐색하는 데 한국적 상황에서 고려하여야 할 몇 가지 사항들이 있다. 즉, 집단상담 대가의 선정 과정에서 집단상담 전문가들의 반응 및 2001년부터 지속되어 온 집단상담 시연 및 관찰집단, 대가들의 발달 과정에서 슈퍼비전 경험의 부재, 집단상담 대가들의 불교, 유교 및 한사상 같은 전통적 종교와 사상에 대한 관심 등이다.

먼저 집단상담 대가를 지명하는 과정에서 나타난 집단상담 전문가들의 반응은 크게 두 가지로 나뉜다. 대부분 흔쾌히 국내 최고의 집단상담 전문가들을 선정하는 일에 대해 가치와 의미 부여를 했으나 몇몇 경우에는 선정에 대한 우려를 표명하는 경우가 있었다. 전자는 시간적으로, 집단상담이 한국에 소개되어 지금에 이르기까지 36년이라는 시간이 집단상담자의 발달을 탐색하기에 적절한 시간이라고 보는 입장을 피력했으며, 후자는 아직은 이 영역에서 최고 전문가나 대가라는 이름을 붙일 만큼 전문가 층이 두텁지 않다는 의견을 개진했다.

두 가지 입장은 모두 의미 있는 견해로서 귀 기울일 필요가 있다고 생각된다. 이 두 가지 입장이 공존해 있는 것이 한국에서 집단상담의 현실이기도 하기 때문이다. 서구 사회와 같이 상담의 역사가 우리보다 길고, 두터운 전문가 층을 이루고 있는 사회에서의 대가 연구나 대가들의 특성을 탐색하는 것의 의미와 한국에서의 상담자 전문성에 대한 논의는 차이를 가질 수 있다. 하지만 서구 사회에서 대부분의 상담자 발달에 대한 관심이 개인상담의 맥락에서 다루어지고 있는 현실과 비교하여, 한국에서 집단상담은 확실히 많은 관심의 초점이 되고 상담자와 내담자에 의해 선택되는 상담의 방법이라고 할 수 있다(이형득 외, 2002). 또한 최근 상담자 요인이 상담의 성과에 중요한 영향을 미친다는 연구 결과들(Kim, Wampold, & Bolt, 2006;

Wampold, 2007; Wampold & Brown, 2006)을 감안할 때, 한국에서 집단상담 대가의 발달 과정을 탐색하는 것은 대가의 선정에 대한 전적인 합의가 이루어지지 않았다 하더라도 의의를 갖는다고 할 수 있다.

둘째, 집단상담 시연 및 전문가들의 관찰집단 참여이다. 2001년부터 한국상담학회의 분과인 집단상담학회가 주체가 되어 진행해 온 관찰집단과 집단상담 시연은 한국에서 집단상담에 대한 관심이 높아지게 된 또 하나의 계기라고 할 수 있다. 본 연구의 참여자 5명 모두는 이런 관찰집단 참여 및 집단상담 시연의 경험을 공유하고 있다. 내담자나 후학들의 입장에서는 일일이 집단을 참여해야만 볼 수 있었던 대가들의 특성을 한꺼번에 볼 수 있었던 유용한 학습의 기회였다. 집단상담 전문가들의 입장에서는 자신의 전문성이나 인간성을 수백 명의 사람들 앞에 노출시킨다는 위험성이 있는 일이지만 한편 자신의 전문성을 다른 사람들과 비교하여 확인할 수 있는 기회이기도 했다. 본 연구의 〈사례 1〉, 〈사례 2〉, 〈사례 4〉 등은 이 경험을 통해 자신감을 획득했다는 진술을 한다. 집단상담 전문가들이 집단원이 되어 2박 3일의 관찰집단에 참여했고, 관찰자들이 그 과정에 대한 피드백을 주고받는 식의 학습방식이 몇 년 동안 지속되어 온 것은 집단상담학계의 발전을 위해서 고무적인 일이다. 이는 한국에서의 집단상담의 활성화를 뒷받침했고, 상담자의 전문성 향상에 기여하였다고 평가할 수 있다.

셋째, 집단상담 대가들의 전문성 획득을 위한 전략에서 슈퍼비전 경험이 거의 없다는 점이다. 슈퍼비전 경험의 부재는 대가 개인의 선택이라기보다는 한국적 상황에서 집단상담자 1세대 내지는 2세들 대부분이 경험했던 학습에서의 제한점이다. 이들이 집단상담을 배울 시기에 집단상담 슈퍼비전을 체계적으로 실시할 슈퍼바이저가 거의 없었다는 것이 현실이다. 이들이 특정한 전문가와 밀착된 학습 경험을 가지고 있으면서도 체계적인 집단상담 슈퍼비전을 받지 않은 것은, 학습의 형태가 주로 집단 경험에 참여하는 형식이지 구조화된 슈퍼비전을 받는 식으로 이루어지지 않았기 때문이다.

그래서 대가들의 학습에는 독학적인 요소가 많이 있다. 따라서 이들이 보고한 초기 지도자의 경험 속의 많은 좌절 경험도 이러한 맥락과 연결될 수 있다고 본다. 한국의 집단상담 영역은 36년이라는 시간을 통해, 처음 상담자로 입문하여 집단상담자로서의 정체감을 가지며 더 나아가 탁월한 전문성을 획득하여 대가에 이르기까지 상담자가 어떤 발달 과정을 거치는가에 대한 실례가 될 수 있는 상담자들이 나타나기 시작한 것이다. 앞으로 몇 세대를 거듭하면서 집단상담자의 발달에 대한 지속적인 탐색은 이어져야 할 것이다.

넷째, 집단상담 대가들의 종교적, 철학적 힘의 축적에서 나타나는 불교 및 유교, 한사상 등에 대한 관심은 단순히 개인의 종교적, 철학적 입장이 아니라 우리 전통과 관련시킨 상담 접근으로 이해할 필요가 있다. 한국적 상담의 필요성을 이야기하며 상담자들은 한국 사람에게 가장 적합한 상담의 형태를 찾아가는 노력을 했고 그 노력의 근간이 되는 정신들을 전통적인 종교나 철학에서 찾아내고 있음을 확인할 수 있다. 한국적 상담에 대해 더 많은 고민과 노력들이 있어야 한다는 주장들이 있어 왔고(김창대, 1994; 장성숙, 1996) 실제로 이제는 서구의 이론을 그대로 답습하는 단계를 넘어서 한국인들에게 맞는 상담의 형태를 만들어 내는 데 더 많은 관심과 노력들을 기울이기 시작한 것을 볼 수 있었다. 하지만 이러한 측면에 대해서는 더 많은 관심과 노력, 그리고 연구가 이어져야 할 것으로 보인다.

5. 실천적 적용

집단상담 대가의 특성과 발달단계에 대한 탐색을 통하여 집단상담자들의 교육 및 훈련에 실제적으로 적용할 수 있는 몇 가지를 제시하고자 한다.

첫째, 첫 집단상담 또는 초기 집단상담 경험의 중요성을 알리고 최대한 긍정적인 경험으로 할 수 있도록 조력하는 것이다. 집단상담 대가들에게 있어 첫 집단상담이나 초기 집단상담 경험은 그들의 발달에 있어 매우 중요한 사건으로 기억되고 있으며, 집단상담자로서의 발달에 영향을 미치는 것으로 나타났다. 따라서 상담자들이 처음 집단상담을 경험할 경우 매우 신중할 필요가 있다고 생각된다.

대학원에서 석사 과정을 위한 수업의 일환으로 진행되는 집단상담이나 각 기관의 인턴 과정에서 처음 실시하는 집단상담의 지도자는 숙련된 집단상담 전문가를 선정하는 것이 바람직하다. 학생들에게는 수업이 집단상담을 처음 경험하는 기회가 되기 때문이다. 참여자들의 진술에서도 엿볼 수 있듯이 그들이 집단상담에 대해 열정을 가질 수 있었던 이유 중 하나는 상담자로서 발달 초기에 양질의 집단에 참여하였고 그곳에서 그들의 멘토를 만났기 때문이다. 또한 개인적인 선택으로 첫 집단상담이나 초기 집단상담에 참여할 경우에도, 도움을 받을 수 있는 최적의 집단상담과 집단상담자를 선택하는 것이 필요하다.

둘째, 장기 집단상담을 독려할 필요가 있다. 집단상담 대가들은 2년 이상의 장기 집단상담의 경험을 공유하고 있다. 개인상담에서는 장기 상담이 흔한 일이고 또 장기 상담의 기회도 자주 있지만 집단상담에서 2년 이상의 장기 상담이 이루어지는 경우는 보기 힘들며 실제로 참여하는 경우도 드물다. 하지만 집단상담자로서 전문성을 확보하기 위해서 장기 집단상담 경험은 매우 효과적인 방법으로 보인다. 장기적으로 사람의 변화를 살펴볼 수 있으며, 집단상담의 발달 단계를 제대로 경험할 수 있다는 점에서 그러하다. 장기 집단상담의 집단원으로서의 경험과 장기 집단상담 리더로서의 경험은 또한 각각 다른 성장요인을 가지고 있을 것으로 기대된다.

셋째, 집단상담 전문가와의 밀착학습의 중요성에 주목할 필요가 있다. 집단상담 대가들은 집단상담에 '모든 삶을 건' 대가들과의 밀착된 학습기회를 가지고 있다. 어느 정도 집단에 대한 이해를 기본적으로 한 후, 자신과 맞는 집단상담자를 선택하여 몇 년간의 밀착학습을 지속하는 것이 효과적인 교육방법이라고 집단상담 대가들은 권하고 있다.

넷째, 집단상담자로서 초창기 좌절 경험에 대한 대처로, 집단상담 대가들의 좌절 경험은 주로 리더로서 초창기에 많았던 것으로 나타났다. 따라서 대학원이나 상담 인턴 교육기관에서는 집단상담 지도자를 위한 초창기의 조력 시스템을 특별히 강화할 필요가 있다. 초심 집단상담자들이 겪는 어려움을 좀 더 분명히 확인하고 이를 구체적으로 조력하는 체계화된 슈퍼비전과 지지를 제공할 필요가 있다.

다섯째, 종교적, 철학적 고민에 대한 가치를 알게 할 필요가 있다. 눈에 보이지 않는 정신적인 힘이라는 특성 때문에 소홀히 하기 쉽지만 대가들의 인간에 대한 신뢰 및 높은 수용력, 공감능력의 근원은 바로 종교적 철학적 고민에서부터 비롯되는 것 같다. 특별히 그들의 인간관은 매우 강력한 힘으로 집단상담 장면에서 드러난다. 탁월한 전문성을 위해서는 이러한 인간관에 대한 공부와 고민이 선행되어야 하는 것으로 보인다. 상담과 관련된 이론뿐만 아니라 철학 영역에 대한 학습이 대학원의 과정에 좀 더 강조될 필요가 있다고 본다.

여섯째, 집단상담이나 집단원에 대한 기대조절 능력이 전문성의 중요한 형태로 나타남을 알게 할 필요가 있다. 전문성이라는 것이 더 많은 지식이나 경험을 통한 확장인 동시에 집단상담에 대한 기대나 내담자에 대한 기대를 조절하는 것의 결합이라는 것을 확인할 수 있었다. 집단상담 전문가로서 무엇을 더 채우고 쌓아가야 하는지와 함께, 어떤 부분에 대한 과도한 기대가 집단상담의 효과를 떨어뜨리는지에 대해 좀 더 선명하고 체계화된 지식을 가질 필요가 있다. 집단상담 대가들은 자신들의 탁월한 전문성을 획득한 방법으로 집단과 집단원에 대한 기대를 조절하는 것이 중요하다고 하였다. 집단상담자 교육에서 기대의 조절과 변화에 대한 상담자 욕구를 다루는 법 등이 체계적으로 학습될 필요가 있다.

일곱째, 집단역동의 세분화된 영역 및 중요 역동의 대처에 대한 학습이다. 집단상담자가 개인상담과 구분되는 여러 가지 점이 있지만 집단역동을 이해하거나 활용하는 것은 분명한 차이점이다. 집단역동을 보는 눈, 집단역동의 종류, 다루기 어려운 집단역동의 대처 방법 등에 대한 좀 더 다양한 연구들이 진행되어야 하고, 실제적인 기술도 정리될 필요가 있다고 본다.

여덟째, 집단상담 슈퍼비전 활성화 및 집단상담 전문가를 위한 집단상담의 개발 및 보급이다. 집단상담 대가들은 집단상담자의 발달에서 집단상담 슈퍼비전 활용의 중요성에 대해 이야기하고 있다. 개인상담 슈퍼비전이 보편화된 것에 비해 집단상담 슈퍼비전은 아직도 소극적인 측면이 있다. 집단상담에 대한 슈퍼비전 요구나 형식에 대한 더 많은 탐색과 연구가 이루어져야 할 것이다. 나아가 집단상담자들이 일정한 전문성을 획득하고 난 뒤에 집단원으로 참여할 수 있는, 집단상담 전문가를 위한 집단상담 프로그램이 필요하다. 여기에는 몇 가지 제약과 현실적 어려움이 있지만 전문성의 지속적인 향상과 상담자의 삶의 질을 위해서 전문가를 위한 집단상담 프로그램이 개발되고 보급되어야 할 것이다.

제8장

연구 방법

　본 장에서는 앞서 집단상담 대가들의 특성과 발달 단계를 탐색하기 위해 사용된 구체적인 방법론에 대한 설명을 제시하였다. 이는 권경인(2007)의 연구를 토대로 한 것으로서, 국내 집단상담 대가의 인간적 특성, 전문적 특성 및 발달 단계, 발달 과정을 촉진시키거나 제한시킨 요인들, 탁월한 전문성을 획득한 전략 등이 탐색되었다. 이를 위해 전문가들이 최고 수준의 집단상담 전문가로 지목한 5인을 대상으로 면접을 실시하고 면담내용을 근거 이론(Grounded theory) 방법으로 분석하였다.

　근거 이론이 현상에서 적합한 개념이 아직 확인되지 않았고 개념 간의 관계에 대한 이해가 부족하거나, 특정한 현상에 적합한 변인과 그렇지 않은 변인들이 구체화되지 않은 경우, 기존의 이론적 기반이 갖추어지지 않은 분야들이나 비록 기존 이론이 있으나 수정되거나 명확하게 규정될 필요성이 있는 분야들에 적절하게 활용될 수 있기 때문이다(Strauss & Corbin,

1998). 본 연구의 분석방법으로 근거 이론 방법을 선택한 것은 집단상담이라는 구체적 영역에서 국내의 상담자 발달과 전문성에 관여된 요인을 밝히는 연구가 없었기 때문이다. 개인상담 맥락에서 확인된 이론적 모형들이 있지만 이는 집단상담의 맥락에서 수정, 보완되고 재확인될 필요가 있다. 근거 이론 방법은 집단상담자 발달과 전문성에 개입되는 새로운 개념들을 확인하고 개념들 간의 관계를 살펴보는 데 적절한 연구 방법론이라고 할 수 있다. 또한 지금까지 주된 초점이 되지 못한 상담자 발달 후기를 포함한 상담자 발달을 탐색할 때, 기존의 발달 모형에서 미진한 부분을 좀 더 명확히 한다는 점에서 근거 이론 방법은 적합하다. 한편 상담자 발달이라는 과정에서 발생하는 일련의 변화에 대해 이해하기 위해서는 어떤 특정 시점에서 척도 점수를 통해 평가될 수 있는 것이 아니라 일정한 시간의 경과와 환경적, 경험적 맥락에서 이해해야 한다. 따라서 이런 과정에 대한 심층적 이해를 위해서 근거이론 방법은 유용하게 활용될 수 있다.

1. 근거 이론 방법

집단상담 대가의 특성 및 발달 단계 분석을 위해 질적 연구 방법 중 하나인 근거 이론(grounded theory) 방법을 채택하였다. Glasser와 Strauss에 의해 개발된 근거 이론은 1960년대 말부터 사회학의 상징적 상호작용주의의 관점에서 복잡한 사회현상을 연구하기 위해 개발된 연구 방법이다(Munhall, 2001). 근거 이론의 기본 가정은 인간에게는 다양한 사회 심리적 문제 또는 경험이 있으며, 자신이나 타인과의 상호작용을 통해 자신이 대상물에 부여한 의미에 따라 행동한다는 것이다. 근거 이론은 경험적 자료로부터 이론을 도출해 내기 위해 고안된 일련의 체계적인 과정을 통하여 어떤 현상에 대해 귀납적으로 이끌어진 하나의 근거를 발전시키는 연구 방법이다. 즉, 근거 이론이란 현상에 속한 자료를 체계적으로 수집하고 분석하면서 발견되고, 발전되며 잠정적으로 증명되는 이론이다(Strauss & Corbin, 1990).

근거 이론의 목적은 어떤 특정한 상황과 관련된 현상에 대한 추상적이고 분석적 도식으로 이론을 형성하거나 발견하는 데 있다. 이러한 상황은 개인이 상호작용하고, 행동을 취하며, 현상에 반응하기 위한 과정 중에 있는 것들이다. 특정한 현상에 대해서 어떻게 행동하고 반응하는가를 연구하기 위해서 연구자는 면접자료를 수집하고 현장에 직접 참여하고, 범주를 발전시키고 연결지어 이론적인 가설을 진술하거나 이론적 모형을 제시한다(Creswell, 1998).

근거 이론 방법론을 적용할 때 고려해야 할 주요 사항들을 살펴보면 다음과 같다. 첫째 근거 이론의 참여자 선정은 이론적으로 적합한 대상자를 인위적으로 표집하는 이론적 표본추출(theoretical sampling)에 의한다. 이론적 표본추출은 연구자가 개념에 근거하여 표본을 추출하는 것으로 개념의 속성을 변화시키는 차원이나 조건을 탐색하는 것이다. 표본추출은 자료를 수집하고 분석해 나감으로써 더 목적적이고 초점이 맞추어지게 되며 모든 범주가 포화될 때까지 진행된다. 처음의 표본추출에서는 연구자가 가능한 한 많은 범주를 만들어 내는 것에 관심이 있다. 그러므로 표본추출은 자료를 수집하고 일단 몇 개의 범주를 얻게 되면, 이러한 범주를 발전시키고, 범주의 밀도를 포화시키는 것을 목적으로 한다.

둘째, 이론적 민감성(theoretical sensitivity)으로 연구자가 자료의 의미나 가치를 지각할 수 있는 능력 또는 통찰력으로서 이는 기존 자료에 대한 고찰이나 직접 경험을 통해 축적한 관련 상황에 대한 지적 수준을 말한다. 이론적 민감성은 연구자가 현상을 전체적으로 볼 수 있게 하고 비교분석을 가능하게 하며 추가 자료수집 영역이나 방법을 제시하는 데 중요한 역할을 한다. 이론적 민감성은 연구자의 개인적 자질로서 통찰력과 연결되며, 자료에 의미를 부여하고 이해할 수 있는 능력, 관련 있는 것과 관련 없는 것을 구분해 낼 수 있는 능력을 말한다. 이론적 민감성에 있어서 연구자의 전문적 경험, 개인적 경험과 자료를 분석하는 과정이 모두 자원이 될 수 있다 (신경림 역, 2001).

셋째, 근거 이론의 핵심적인 특징이자, 주된 분석방법은 지속적 비교방법(constant comparative method)이다. 지속적 비교방법은 자료를 수집하고 분석해 나가면서 여기에서 출현한 개념들을 이전에 나온 개념들과 비교하는 것으로 이 개념이 얼마나 자주 출현하며 다양한 조건 하에서 어떻게 보이는가에 대해 관심을 갖는다. 연구자는 자료수집에 의한 정보(사건, 행위)들을 가지고 이전에 나온 개념들과 유사성과 차이점을 지속적으로 비교하면서 범주화를 한다. 이러한 과정은 계속해서 되풀이되어 자료에 대한 재검토를 통해 더 이상 새로운 통찰을 만들어 내지 못할 때까지 계속한다 (Strauss & Corbin, 1998).

넷째, 근거 이론의 기본적인 분석과정은 Strauss와 Corbin(1990, 1998)이 제시한 개방코딩(open coding), 축코딩(axial coding), 선택코딩(selective coding)의 세 가지 과정을 거친다. 개방코딩에서는 정보의 범주를 만들어 내고, 축코딩에서는 범주들을 서로 연결시키고 선택코딩에서는 범주들을 연결하는 이야기를 구성하게 된다. 이를 좀 더 자세히 살펴보면 개방코딩은 원자료 자체를 면밀히 읽고 조사함으로써 주어진 현상에 특별한 이름을 붙이고 범주화하는 과정이다. 축코딩은 개방코딩 과정을 통해 도출된 범주들을 그 범주를 중심으로 한 하위범주와 연결시키는 것이다. 선택코딩은 개방코딩과 중추적 코딩과정을 통해 정교화된 범주들 중에서 핵심이 되는 범주(core category)를 선택하고, 이야기 윤곽(story line)을 기술하며, 가설을 형성해 냄으로써 이론적 통합을 하는 과정이다.

다섯째, 근거 이론에서 분석의 결과로 제시되는 패러다임 모형(paradigm model)은 [그림 8-1]과 같다. 이는 이론 구축의 축을 중심에 놓고 하나의

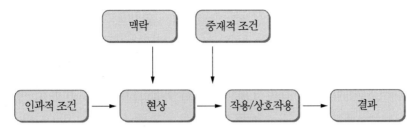

[그림 8-1] 패러다임 모형(Strauss & Corbin, 1990)

범주에 하위범주를 관련짓는 귀납적 사고와 연역적 사고방식을 동시에 포함시킨다. 패러다임 모형은 인과적 조건(casual condition), 현상(phenomenon), 맥락(context), 중재적 조건(intervening condition), 작용/상호작용(action/interaction), 결과(consequence)로 구성되어 있다.

　인과적 조건은 현상에 영향을 미치는 사건이나 일을 말하며 현상은 참여자가 일련의 작용/상호작용에 의해 다루는 중심 생각이나 사건이다. 맥락은 사람들이 작용/상호작용을 통해 반응해야 하는 상황이나 문제들을 만들어 내는 특수한 조건의 집합이다. 즉, 전후관계인 맥락은 특정한 작용/상호작용 전략을 취할 수밖에 없도록 하는 일련의 조건들이다. 중재적 조건은 작용/상호작용 전략에 내포된 구조적 조건(structural conditions) 중의 하나로 특정 상황에서 취한 작용/상호작용 전략을 촉진하거나 제한하는 것이다. 이는 우연적 조건이 현상에 미치는 영향을 경감시키는 조건들이다. 작용/상호작용은 현상에 대처하거나 다루기 위해 취해지는 참여자들의 의도적인 행위나 반응이며, 결과는 작용/상호작용의 결과물이다.

　여섯째, 메모는 연구에서 연구자가 전개시키고 있는 이론에 대한 아이디어를 적는 것이다. 연구자는 연구 진행 동안 떠오르는 생각, 해석, 질문, 방향, 계획, 주제, 가설 등을 기록한다. 통상적으로 메모하기는 이론형성을 돕는 분석기록을 적은 것이다(Strauss & Corbin, 1990).

　일곱째, 근거 이론의 핵심적인 부분은 연구하고자 하는 현상의 맥락에

밀접하게 관련되는 이론을 개발 혹은 생성하는 것이다. 즉, 어떤 현상에 대한 추상적인 분석적 구조를 생성하거나 발견하고자 하는 것이다. 이러한 상황이란 개인이 한 현상에 대한 반응으로 상호작용하고 행동하며 혹은 하나의 과정이 관여하는 상황을 말한다(Creswell, 1998). 따라서 본 연구는 집단상담 대가의 특성을 이해하고 이들의 발달에 영향을 미치는 다양한 맥락적 중재적 요인을 확인하여 집단상담 대가의 발달 모형을 도출하고자 하였다.

2. 연구 참여자

근거 이론 연구에서 참여자 선정은 이론적으로 적합한 대상자를 표집하는 것으로 이루어진다(Strauss & Corbin, 1998). 본 연구에서 탁월한 집단상담자의 특성과 집단상담자의 발달 과정을 선명하게 보여 줄 수 있는 참여자들을 선정하기 위해서 눈덩이 표집을 통한 동료 지명 방법(snowball sampling peer nomination)(Patton, 1990; Jennings & Skovholt, 1999)을 사용하였다.

동료가 지명하는 방법은 상담자의 성격적 또는 대인관계적 특성과 다른 광범위한 대상 집단에 비교적 정확하게 접근할 수 있는 방법이다(Cole & White, 1993; Hillerbrand & Claiborn, 1990; Luborsky et al., 1985; Serbin, Lyons, Marchessault, Schartzman, & Ledingham, 1987). Luborsky 등(1985)은 눈덩이 표집 방법을 사용한 연구에서 이 방법의 장점을 언급하면서, 상담자들이야말로 다른 상담자를 평가하는 데 있어 잠재적으로 유능한 상담자를 확인할 수 있고, 누가 덜 유능한지를 잘 구별해 낼 수 있다고 하였다. 눈덩이 표집-동료 지명 방법은 한 번이나 두 번 또는 그 이상 지명을 받은 개인들로 구성된 전체 표본에서 최종적으로 선별된 표본을 골라내는 방법이다. 동료 지명 절차는 Anastasi와 Urbina(1997)에 의해 심리측정학적으로 지지되었다. 그들은 동료 지명이 다양한 환경에서 사용되는 신뢰할 만한 기법이라고 결론내리고 대인관계에 의존하는 실제적인 기준(practical criteria)에 따라 조사할 때, 동료 지명 방법은 좋은 공인(concurrent) 타당도와 예언(predictive) 타당도를 갖는다고 말했다.

1) 주요 정보 제공자

본 연구에서는 집단상담 대가를 선정하기 위해서 눈덩이 표집-동료 지명 방법을 사용하였고 이는 주요 정보 제공자(key informants)에 의해서 시작되었다. 이들은 남자 2명, 여자 2명으로 구성되었다. 주요 정보 제공자의 선정기준은 ① 상담자 훈련에 관여된 자, ② 한국의 상담 학회에 장기적으로 관여한 자, ③ 잘 알려진 상담자로 명성을 가진 자 등이다. 이러한 기준에 해당하는 자로 상담자의 활동 지역, 전공 학과, 성별 등을 감안하여 선정하였다. 심리학 박사 2명, 교육학 박사 2명이었고, 평균 24년(SD = 2.82)의 임상 경험을 가지고 있으며, 집단상담학회 및 한국상담심리학회 및 한국상담학회와 같은 상담 관련 학회에 관여하여 지속적인 활동을 해 오고 있다. 또한 집단상담에 관련된 저서와 연구를 수행했으며, 집단상담자로서도 활동을 지속해 오고 있다. 이들은 임상심리 전문가, 상담심리 전문가, 슈퍼바이저급 전문가로서 활동하고 있다. 이들 중 1명은 교수였고, 2명은 개인 상담센터를 개설하여 운영하고 있었으며, 1명은 교수와 상담센터 운영을 겸하고 있었다.

2) 집단상담 대가로 지목된 연구 참여자

눈덩이 표집을 통해 선발된 연구 참여자의 선정 기준은 ① 가장 유능한 집단상담 전문가로 생각되는 사람, ② 가까운 가족이나 친한 친구를 집단 상담에 의뢰할 때 이 상담자가 전문가라고 가장 자주 생각하게 되는 사람, ③ 상담자 자신이 집단상담에 참여한다면 이 집단상담 전문가의 집단에 참 여할 것이라고 생각되는 상담자 등이다.

본 연구자는 주요 정보 제공자에 의해 지명된 집단상담 전문가들에게 메 일을 보내고 전화를 했다. 지명된 전문가들은 동일한 준거를 사용하여 3명 의 다른 전문가를 지명하도록 요구되었다. 이때 자기 자신을 지명할 수는 없다.

Patton(1990)은 특정한 개인들이 반복적으로 지명되고, 새로운 이름이 거의 등장하지 않을 때 지명 절차를 종료할 것을 권하고 있다. 본 연구에서 는 새로운 이름이 등장하지 않을 때까지 지명 절차를 계속하여 총 27명의 전 문가가 지명되었다. 그중 1번 지명된 사람이 12명, 2번 지명된 사람이 7명, 3번 지명된 사람이 4명, 4번 지명된 사람이 1명, 5번 지명된 사람이 1명, 6번 지명된 사람이 1명, 11번 지명된 사람이 1명이었다.

이 중 최상위 그룹의 5명을 선택하였으며, 각각 11번, 6번, 5번, 4번, 3번 지명을 받았다. 이는 폭(많은 피험자에 대한 짧은 인터뷰)과 깊이(소수의 피험자에 대한 상세한 인터뷰) 간 선택에서, 폭과 깊이를 동시에 만족시키려는 의도에서 집단상담자로서 분명한 정체감과 왕성한 활동을 하고 있는 5명 을 선택한 것이다. 특히 다른 전문가로부터 3번의 지명을 받은 전문가가 총 4명이었으나 이들 중 1명만을 참여자로 선정하였다. 이는 3번 추천을 받은 상담자들이 집단상담뿐만 아니라 개인상담, 연구, 교수 등 다른 영역 에서도 활발한 활동을 하는 경우가 많았으므로 최대한 집단상담 전문가에 초점을 맞추려는 의도로 4명의 지명순서를 점수화해서 가장 높은 1명을 참 가자로 선정한 것이다.

5명의 면접 대상자들에게는 연구 참여를 위한 안내 메일과 전화를 통하 여 연구와 인터뷰에 대해 소개했고 모두 연구의 참여에 동의를 했다. 5명의 연구 참여자들은 남자 4명, 여자 1명이었으며, 이들의 전공을 살펴보면 교육학 박사 3명, 심리학 석사 2명이었다. 모두 각 한국상담학회 및 한국심리학회 전문가 자격증을 갖고 있었고 기타 전문가 자격증을 가지고 있었다. 본 연구에서 대가로 지목된 연구 참여자의 나이는 평균 52.6세로 46세에서 63세였다($SD=6.5$). 이들은 상담 실제 경력에 있어서는 평균 26.2년의 경력을 가지고 있었고($SD=5.4$), 집단상담 지도자 경력은 평균 21.6년으로 12년에서 35년 사이였다($SD=9.0$). 현재 대학교수 1명, 개인 클리닉을 개업해 있는 경우가 4명이었다. 지역적으로 서울 3명, 대구 1명, 광주 1명이었다. 각 사례에 대한 기본적인 사항에 대해서 간략히 진술하면 다음과 같다.

참여자 1(〈사례 1〉)은 51세 남자로서 상담경력 24년, 집단상담 지도자 경력이 19년이다. 임상심리 전문가와 상담심리 전문가, 수련감독 전문상담사(집단상담) 자격을 가지고 있었다. 주요 이론적 배경은 인간중심, 정신역동, 실존치료의 통합이었고, 주요 내담자의 유형은 일반인, 상담 전공 관련 대학원생, 기업체에 속한 사람 등이었다. 학부에서 철학을 전공하였고 대학원 석사 과정에서 심리학과, 박사 과정에서 교육학을 전공하였다. 상담 전공 교수로서의 경력을 가지고 있으며 현재 개인 상담센터를 운영하고 있다.

참여자 2(〈사례 2〉)는 54세 남자로서 상담경력 26년, 집단상담 지도자 경력이 16년이다. 상담심리 전문가이며 수련감독 전문상담사(집단상담) 자격을 가지고 있었다. 주요 이론적 배경은 인본주의, 인지치료였으며, 주요 내담자의 유형은 가정문제, 자녀관계, 회사에서의 대인관계 관련 내담자 등이었다. 학부에서 철학을 전공하였고, 대학원에서 심리를 전공하였으며 석사학위를 취득하였다. 기업체 상담 경력이 6년이며 현재 개인클리닉을 운영하고 있다.

참여자 3(〈사례 3〉)은 63세 남자로서 상담 경력 및 집단상담 지도자 경력이 35년이다. 수련감독 전문상담사(집단상담) 자격을 가지고 있다. 주요 이론적 배경은 인본주의, 감수성 훈련 및 의사소통 이론들의 통합이었으며, 주요 내담자 유형은 기업체 직원, 상담 전공 관련 대학원생들 및 일반인들이다. 학부에서 축산학을 전공했으며, 대학원에서 상담심리를 전공하고 석사 학위를 취득하였다. 기업컨설팅을 하고 있으며 현재 컨설팅센터를 운영하고 있다.

참여자 4(〈사례 4〉)는 49세 여자로서 상담 경력 및 집단상담 지도자 경력이 26년이다. 상담심리 전문가이며, 수련감독 전문상담사(집단상담) 자격을 가지고 있다. 주요 이론적 배경은 인본주의 특히 인간 중심 이론이었으며, 주요 내담자 유형은 일반인 및 상담 전공 관련 대학원생, 기업체 대상이다. 학부와 대학원에서 교육학을 전공했으며 박사 학위를 취득하였다. 현재 상담연구소 소장으로 활동하고 있다.

참여자 5(〈사례 5〉)는 46세 남자로서 상담경력 20년, 집단상담 지도자 경력이 12년이다. 상담심리 전문가이며, 수련감독 전문상담사(집단상담) 자격을 가지고 있다. 주요 이론적 배경은 인본주의, 대상관계 이론의 통합이었으며, 주요 내담자 유형은 상담 전공 관련 대학원생 및 일반인이다. 학부와 대학원에서 교육학을 전공했으며 박사 학위를 취득하였다. 현재 대학에서 상담관련학과 교수로 재직 중이다.

3. 연구 절차 및 자료 수집

1) 연구 참여자의 선정

눈덩이 표집-동료 지명 과정에서 27명이 집단상담 최고 전문가로 지명을 받았다. 지명 과정에서 5명의 전문가는, 자신은 다른 전문가에 의해 지명되었으나 다른 사람을 최고의 집단상담 전문가로 지명하지는 않았다. 1명

〈표 8-1〉 집단상담 대가 선정과정

연번	과정	내용
1	주요 정보 제공자 선정	남자 2, 여자 2명 ① 상담자 훈련에 관여된 자 ② 상담 관련 학회에 장기적으로 관여한 자 ③ 잘 알려진 상담자로 명성을 가진 자
2	주요 정보 제공자의 집단상담 전문가 지명	주요 정보 제공자가 국내 집단상담자 중 최고 전문가라고 생각하는 전문가 3명을 지명
3	지명자의 지명	지명된 집단상담 전문가는 자신을 제외하고 전문가를 3명 다시 지명함(이 과정을 반복)
4	지명종료 핵심대상표본 (core subject pool) 형성	한 개인이 반복적으로 지명을 하고 새로운 이름이 거의 나타나지 않는 포화 상태에서 지명을 마침
5	집단상담 전문가 선정 및 완료(cut-off 결정)	의미를 부여할 수 있는 적절한 수를 결정

은 자신은 지명받았으나 집단상담 전문가가 아니라고 이야기했으며, 집단 영역에 대해서 잘 알지 못하므로 다른 전문가를 지명하는 것이 적절하지 않다고 말하며 지명을 거절했다. 다른 2명은 집단상담을 하고 있지만 다른 전문가들의 집단을 경험한 바가 없고 실제로 그들이 어떻게 집단상담을 하는지에 대해 알지 못하는 상태에서 추천하는 일이 어렵다고 밝혔다. 또 다른 1명은 한국에서 집단상담이라는 것이 집단상담, 집단치료, 집단교육 등이 혼재되어 있다고 말했으며 이런 기본적인 개념의 규명이 우선되어야 한다고 하며 지명을 보류하였다. 나머지 1명은 3번의 통화와 3번의 메일을 통해 지명에 대한 설명과 부탁 과정이 있었고 이후 지명 과정의 비밀유지에 대한 우려를 표했으며, 3명의 지명자를 생각해 내기가 어렵다는 의사를 밝혔다.

이상의 연구 참여자의 선정 과정을 정리하면 〈표 8-1〉과 같다.

2) 면담흐름표 제작

연구자는 연구 참여자와 면담을 통해 얻은 내용을 주된 자료로 삼았고, 이외에도 참여자들이 경험한 집단상담의 축어록, 집단상담 경험 보고서, 상담자로서 자신의 개인적 삶을 회고한 글 등을 고찰하였다. 자료를 수집하는 동안 연구자가 인식한 연구 참여자의 감정, 태도, 경험, 반응 등을 현장에서 메모한 현장 기록 노트도 참고하였다.

연구 참여자와의 면담을 일관성 있게 이끌어 가기 위해 연구자는 다음과 같이 연구문제에 따라 면담흐름표(interview schedule)를 작성하여 활용하였다. 면담흐름표의 내용은 연구문제에 관한 정보를 수집할 수 있도록 하되 특히 탁월한 집단상담자의 특성 및 발달 단계, 발달 과정상의 특징 및 후학들의 의사 결정에 도움이 되는 질문 등으로 구성되었다.

본 면담흐름표의 질문을 구성하기 위해서 상담자의 유능성(effectivness) 및 특성, 발달단계 등에 대한 문헌 고찰(Goldberg, 1992; Harrington, 1988; Jackson & Thompson, 1971; Luborsky et al., 1985; Miller, 1993; Schwebel, & Coster, 1998; Skovholt & Jennings, 2004; Wicas & Mahan, 1966) 및 집단상담 관련 문헌의 검토가 포함되었다. 특별히 생애 이론가(lifespan theorist)인 Baltes와 Reese와 Lippsitt(1980)의 상담자 발달에 관련된 사건들에 대한 연구, 상담자 발달 과정에 촉매 역할을 하는 중대 사건을 확인한 Skovholt와 McCarthy(1998)의 연구, 상담 대가의 특성을 연구한 Jennings와 Skovholt (1999)의 연구 등은 질문 구성에 영향을 주었다.

집단상담 전문가 2인이 문헌고찰을 바탕으로 질문의 전체 목록을 형성하고, 이를 다른 집단상담 전문가 2인이 검토하도록 하였다. 이들의 피드백을 통하여 1차 문항 수정을 한 뒤 이를 다시 근거 이론 연구 경험이 있는 상담 전공 박사에게 보이고 피드백을 받았다. 한편 이런 작업과 동시에 집단상담에 관심을 가지고 있는 석·박사 12명에게 개별적 접촉과 메일을 통하여 탁월한 전문성을 나타내는 집단상담자에게 질문하고 싶은 내용을 조사하여 총 45개의 질문을 수집하였다.

질적 분석 전문가의 피드백과 함께 상담 전공 석·박사 12인의 질문을 유목화하고 통합하여 면담흐름표 2차 수정을 하고 20개의 문항으로 정리하였다. 면담흐름표 2차 수정안을 가지고 집단상담 대가 표집 과정에서 3명 이상의 추천을 받은 집단상담 전문가를 대상으로 1차 예비연구(pilot study)를 실시하였다. 3시간의 면담을 녹음하여 완전 축어록으로 풀었고 그 내용을 근거 이론 방법에 따라 분석하였다. 분석 결과를 반영하여 다시 문항수정을 하고 면담흐름표 3차 수정안을 만들었다. 면담흐름표 3차 수정안을 가지고 집단상담 경험이 15년 이상인 전문가급 집단상담자에게 2차 예비연구로 면담을 실시하였다. 2차 예비연구의 결과를 가지고 다시 문항수정을 하고 상담 교수 2인의 피드백과 전체 과정을 통합하여 면담 흐름표의

〈표 8-2〉 집단상담 대가 면담흐름표 제작 과정

연번	과 정	내 용
1	문헌 고찰을 통한 질문 목록 구성 및 질문 선정	문헌 고찰을 통한 질문 전체 목록 구성 및 질문 선정
2	1차 수정	전문가 피드백(집단상담 전문가 2인, 근거 이론 경험이 있는 상담 전공 박사)
3	상담 전공자들의 질문 목록 조사	상담전공 석·박사 12인의 질문(45개의 질문 목록 형성)
4	1차 예비연구	연구대상: 지명 과정에서 3번 지명받은 집단상담 전문가
5	2차 수정	4, 5단계 결과를 피드백하여 수정
6	2차 예비연구	연구대상: 집단상담 경력 15년인 집단상담 전문가
7	3차 수정	2차 예비연구의 결과를 피드백하여 수정
8	4차 수정 및 확정	상담 교수 2인의 피드백을 통해 전체 과정 통합 및 16개 질문 확정

최종안인 4차 면담흐름표를 제작하였다. 면담흐름표를 작성한 과정은 〈표 8-2〉와 같다.

면담흐름표는 면담을 효과적으로 수행하기 위한 것으로 집단상담 대가로 지명된 전문가들의 특성 및 발달 과정에 초점을 맞춘 총 16개의 질문으로 구성되었다. 주요 질문과 하위 질문은 〈표 8-3〉에 나타나 있다.

▌〈표 8-3〉 면담흐름표

주요 질문	하위 질문
집단상담 대가의 특성은 무엇인가?	• 탁월한 개인상담자와 탁월한 집단상담자의 가장 큰 차이점은 무엇이라고 생각하는가? • 두 사람이 똑같이 훈련을 받은 집단상담자라고 한다면, 왜 한 사람은 탁월한 집단상담 전문가가 되는 반면 다른 한 사람은 평범한 집단상담자가 되는가? • 집단상담자로서 당신의 무엇이 특별히 '치유적'인가? • 무엇이 당신으로 하여금 많은 가능성 가운데 집단상담을 선택하도록 했나? • 당신에게 집단상담은 무엇인가?
집단상담 대가는 어떤 발달 과정을 거쳐 성장하는가?	• 당신이 집단상담을 시작하였을 때와 지금이 어떻게 다른가? • 탁월한 집단상담자로서 당신의 발달 과정을 집단상담자의 발달 단계의 모형으로 제시하고자 한다. 당신은 어떤 발달 단계를 거쳐 성장하였는가? • 집단상담자로서의 당신에 초점을 둔 자서전을 쓴다면 반드시 포함시켜야 하는 중대 사건(사람)은 무엇인가?
집단상담 대가가 되는 과정상의 특징은 무엇인가?	• 집단상담자로서 학습과정에서 독특한 점이 있다면? • 집단상담 전문가로서 당신이 경험한 좌절은 어떤 것이며, 극복방법은 무엇인가? • 당신에게 가장 어려운 내담자는 어떤 경우인가? 다른 사람들이 잘 처리하지 못하는 어려운 집단원을 특별히 처리하는 방법이 있는가? • 집단상담자로서 비약적인 성장을 가져온 결정적인 경험이 있는가? • 당신의 전문성을 유지하고 성숙시키기 위한 당신만의 비법이 있는가?
후학들의 의사결정에 관련된 질문	• 당신의 자녀(인생에 매우 중요한 사람)가 집단상담자로 삶을 살아가겠다고 한다면 당신은 어떤 반응을 할 것인가? 그(녀)의 의지가 견고하다면 구체적으로 무엇을 하도록 할 것인가? • 당신이 후학들을 보면서 집단상담자가 되지 않는 것이 더 낫겠다고 생각하는 사람이 있다면 그들은 어떤 특성을 가진 사람인가? • 탁월한 전문성에 있어, 경험은 어느 정도 중요한가? 경험을 제외한 중요한 다른 요인은 무엇인가?

3) 연구 참여자 면담

집단상담 대가로 지명된 전문가들과 3차에 걸친 면담을 실시하였다. 이는 초기면담—추후면담 설계(interview-follow-up design)(Jennings & Skovholt, 1999)에서 추후면담을 한 번 더 실시함으로써 대화 전반에 대한 타당도(validity through dialogue)를 확보하고자 한 것이다. Guba와 Lincoln (1981)은 연구에서 분석한 각 범주가 참여자들의 이슈와 관심을 적절하게 반영한 것을 가장 잘 평가할 수 있는 사람은 참여자 자신들이기 때문에 추후면담을 통해 개념과 범주에 대해 참여자들이 직접 확인하는 방법이 타당도를 강화시킨다고 주장했다.

2006년 9월부터 인터뷰를 시작하여 2006년 12월까지 3차에 걸친 면담이 실시되었다. 참여자에 따라서 최소 3회에서 최대 5회 면담을 했으며, 면담 시간은 최소 6시간에서 최대 10시간이었다.

1차 면담에서는 본 연구자가 5명의 집단상담 대가로 지명된 전문가와 일대일 면담을 실시하였다. 면담흐름표를 가지고 면담을 실시했으며, 참여자에 따라서 1차 면담이 2회에 걸쳐서 진행되기도 했다. 각 참여자는 2시간 30분에서 4시간 동안 면담을 하였다.

2차 면담은 추후면담의 성격으로 근거 이론의 개방코딩과 축코딩에 의해 이루어진 개념, 하위범주, 범주 표와 패러다임 모형을 면담 전에 참여자들에게 전달하여, 검토한 후 이를 가지고 면담을 진행했다. 각 참여자는 30분에서 2시간에 걸쳐 면담을 진행했다.

3차 면담은 강화된 추후면담으로 연구 결과를 사전에 메일로 보내고 검토하게 한 후 각 개념에 인용된 참여자의 축어록 내용이 이 맥락에 적용된 것이 적절한지, 또한 더하거나 뺄 내용이 있는지를 검토했다. 더불어 집단상담자로서 더 이야기하고 싶은 부분에 대해 자유로운 면담이 이루어졌으며, 연구 결과에 대한 소감을 이야기했다. 참여자에 따라서 3차 면담이 1회

```
┌─────────────────────────────────────────────────────────┐
│                     연구 주제 선정                          │
│                 집단상담 대가의 특성 분석                    │
└─────────────────────────────────────────────────────────┘
```

```
┌─────────────────────────────────────────────────────────┐
│                 문헌고찰 후 연구문제 수립                    │
└─────────────────────────────────────────────────────────┘
```

```
┌─────────────────────────────────────────────────────────┐
│                     연구 참여자 선정                        │
├─────────────────────────────────────────────────────────┤
│ • 눈덩이 표집-동료 지명 방법(snowball sampling peer nomination) 사용 │
│   추적된 국내 집단상담 전문가 중 가장 높은 빈도의 최상위 5명을 참여자로 선정 │
└─────────────────────────────────────────────────────────┘
```

```
┌─────────────────────────────────────────────────────────┐
│                        자료 수집                          │
├─────────────────────────────────────────────────────────┤
│ • 면담흐름표 제작                                          │
│ • 2차에 걸친 예비연구(Pilot study)                         │
│ • 1차 면담                                                │
└─────────────────────────────────────────────────────────┘
```

```
┌─────────────────────────────────────────────────────────┐
│                        자료분석                           │
├─────────────────────────────────────────────────────────┤
│ • Strauss와 Corbin(1990, 1998)에 의해 제시된 근거 이론 방법으로 개방적 코딩, │
│   축코딩, 선택적 코딩의 순서로 분석                          │
└─────────────────────────────────────────────────────────┘
```

```
┌─────────────────────────────────────────────────────────┐
│                        추후면담                           │
├─────────────────────────────────────────────────────────┤
│ • 2차 면담                                                │
│ • 3차 면담                                                │
└─────────────────────────────────────────────────────────┘
```

```
┌─────────────────────────────────────────────────────────┐
│                       결과 및 논의                         │
├─────────────────────────────────────────────────────────┤
│ • 한국 집단상담 대가의 인간적 특성, 전문적 특성              │
│ • 한국 집단상담 대가의 발달 과정                            │
│ • 한국 집단상담 대가의 발달 과정의 촉진 및 제한 요인, 전문성 획득 전략 │
└─────────────────────────────────────────────────────────┘
```

[그림 8-2] 본 연구의 진행 과정

혹은 2회로 이루어졌으며, 면담 시간은 2시간에서 3시간 50분 동안 진행되었다. 면담 내용을 녹음하여 완전축어록(transcript)을 작성했고 다시 분석 과정을 거쳐 결과를 수정 및 보완했다. 그 밖에 필요에 따라 각 참여자들과 메일 또는 전화를 통한 질문과 답변 과정이 여러 차례 있었다.

연구 참여자들의 윤리적 측면을 고려해서 면담시작 전에 연구 참여자에게 연구자의 목적을 설명하고 연구 참여에 대한 연구 참여자의 동의서를 받았다. 면담 장소는 참여자들의 개인 사무실이나 상담실이었다.

면담 시작 전에 질문할 내용을 다시 한 번 정리하고 녹음기와 MP3 작동 여부를 확인했다. 면담을 하는 동안에는 참여자의 표정이나 어조 등을 주의 깊게 관찰하면서 면담의 진실성을 확보하기 위해 노력했다. 면담 후에는 현장 기록 노트에 참여자의 비언어적 표현과 특징, 면담의 주요 내용 등이 들어 있는 면담 상황에 대한 기록과 본 연구자에게 떠오르는 생각이나 질문 사항, 느낀 점 등을 기록하였다. 면담 내용은 모두 녹음하고 면담 즉시 녹음 내용을 여러 번 반복하여 들으면서 참여자가 표현한 언어 그대로 필사했다.

연구 참여자와 본 연구자는 이전의 집단상담 참여나 교육 등을 통하여 서로에 대해서 잘 알고 있는 경우가 대부분이었다. 참여자 중 4명의 경우, 본 연구자가 참여자들이 진행하는 집단상담 및 교육에 참여한 적이 있었다. 집단상담의 종류는 1박 2일 집단상담에서부터 2년 6개월 동안의 장기 집단상담에 이르기까지 다양했다. 또한 본 연구자는 참여자 5명이 집단상담을 진행하는 과정을 관찰한 경험을 가지고 있다. 이러한 이전의 관계에서 형성된 신뢰와 친밀감은 면담 과정을 매우 부드럽게 만들어 주었고 깊이 있는 면담이 되는 데 도움이 되었다. 전체 연구 과정을 요약하면 [그림 8-2]와 같다.

4. 자료 분석 방법

자료 분석 방법은 근거 이론 방법의 분석절차를 따랐고 수집된 녹음자료를 텍스트로 필사하여 이를 원자료(raw data)로 사용하는 방식을 채택하였다. 연구자는 연구 참여자의 감정, 태도, 반응, 경험 등을 현장에서 메모하는 것에서부터, 즉 자료를 수집하는 과정에서부터 분석을 함께 실시하였고 면담이 끝난 후 바로 그 사례에 대한 완전축어록을 작성하였다.

각 사례의 텍스트는 주로 연구 참여자와 면담 일시, 면담 장소, 면담을 하면서 느낀 점, 완전축어록 등의 구조로 작성되었다. 면담 상황에는 면담이 언제 진행되었고 면담의 시작 시간과 종료 시간은 각각 언제인지, 면담 전후에 어떤 일이 일어났는지에 대한 내용이 기록되어 있다. 면담을 하면서 느낀 점, 면담 장소의 분위기, 참여자에 대한 선이해, 면담 과정의 분위기, 돌아오는 길의 느낌, 참여자의 감정, 느낌, 태도 등에 대한 현장에서의 메모 등을 기록하였다. 완전축어록을 작성한 후에는 Strauss와 Corbin (1998)이 제시한 코딩 절차에 따라 내용 분석방법을 활용하여 분석하였다. 코딩 절차는 주로 개방코딩, 축코딩, 선택코딩 순으로 진행하였다. 초기 명명화 단계에서 근거 이론으로 박사학위 논문을 쓴 상담 전문가 1인과 별도로 명명화 작업을 하고 차후에 만나서 연구자의 것과 비교, 검토해 나가면서 최종적인 개념과 범주들을 설정하였다. 또한 패러다임 모형을 찾는 축코딩 이후 박사 학위 논문에 근거 이론 방법을 사용한 질적분석 전문가 1인과 검토 작업을 하였다. 이 검토 작업은 차후에도 수차례 지속되었다.

1) 개방코딩

개방코딩(Open Coding)은 근거 자료를 통해 개념을 발견하고 이름을 붙이고 유사하거나 의미상 관련 있다고 판단되는 사건, 물체, 작용/상호작용을 하위범주로 묶은 후 범주화하는 과정이다(Strauss & Corbin, 1998). 범주화하는 과정은 지속적인 질문과 비교를 통해서 이루어진다. 본 연구에서는 또한 줄 단위 분석방법을 사용해서 범주의 속성과 차원을 계속적으로 발달시켜 나갔다. 즉, 면담한 내용을 한 줄씩 읽고 분석해 가면서 의미 있다고 판단되거나 흥미로운 진술에 개념의 이름을 붙였다. 이때 최대한 연구 참여자가 진술한 단어를 그대로 인용하려 하였으며, 연구자가 연구 참여자의 진술이 의미하고 있는 것을 추상적 해석을 통해 명명하였다. 개념 명명의 예를 들면,

(1) 참여자 1: 첫 번째 집단을 경험했다는 것. 그래서 10여 년간 젊은 시절에 방황하며 찾아 헤매던 것을 거기서 찾고 해결했다는 것 그것을 빼놓을 수 없고 〈사례 1〉 – 강렬한 첫 집단상담

(2) 참여자 2: 사람들이 막 2년도 하는 사람도 있고 3년도 하는 사람도 있고 그러거든요. 그 집단을. 그 사람들을 대상으로 그냥 내가 뭐 이것도 해 보고 저것도 해 보고 그런 것이 집단에 대해서 경험할 수 있는 정말로 되게 편안한 장소였던 것 같아요. 〈사례 2〉 – 2년 이상의 장기 집단상담 경험

2) 축코딩

축코딩(axial coding)은 개방코딩으로부터 출현한 범주들을 체계적으로 발전시키고 연결시키며, 속성과 차원 수준에서 밀도 있고 잘 개발된 범주를 형성하여 범주들 간의 관계를 밝혀 낸다. 이때 드러나는 관계를 정렬하고 조직화하는 데 사용될 수 있는 분석적 도구인 패러다임을 통해, 인과적 조건, 맥락적 조건, 중재적 조건, 작용/상호작용 전략, 결과의 관계를 통합한다.

패러다임 모형에 의한 범주 분석(category analysis)에서 연구자는 개방코딩으로부터 출현한 범주들의 밀도를 계속 높여 나가면서 범주 간의 유사점과 차이점을 발견하였다. 이 과정에서 떠오르는 생각이나 발견된 것들에 대한 메모를 만들고, 도표를 그리고 계속적으로 수정하면서 범주들의 연결 및 관계를 확인하였으며, 이를 축코딩에서 분석적 도구인 패러다임을 통해 인과적 조건, 현상, 맥락, 중재적 조건, 작용/상호작용, 결과의 관계로 통합하였다. 예를 들면 참여자들의 중심 현상인 '집단상담에 몰입'의 인과적 조건은 '집단상담을 선택함'이며, 집단상담 몰입을 야기하는 맥락은 '외부와 내부의 요구', '생계수단으로서의 집단상담', '선구자 역할' 등이었고, '집단상담에 몰입'을 위해서 이들이 취한 작용/상호작용 전략은 개인 내적인 측면, 행동적 측면, 개별화 측면의 작용/상호작용 전략 등이 있었다. 작용/상호작용 전략에 영향을 끼친 중재적 조건은 '개인내적인 특성', '중요한 타자와의 관계', '좌절과 이에 대한 대처방식', '고통, 결핍, 불안의 기여' 등이 나타났다. 작용/상호작용 전략이 촉진되어 나타나는 결과는 '탁월한 전문성의 획득'이다. 이들의 탁월한 전문성은 '인간적 자질', '전문적 자질', '개별화' 등이다.

과정 분석(process analysis)은 자료에서 작용/상호작용의 연속적 연결을 탐색함으로써 시간의 흐름에 따른 상황의 변화를 추적하는 과정을 말한다. 본 연구에서는 집단상담 대가들의 발달 과정으로써 집단상담자들이 처음 집단상담을 시작하여 탁월한 전문성을 획득하게 되는 과정을 시간적 순서에 따라 정리하고자 했다. 또한 각 과정의 특성 및 과정 전환의 중요한 전략 및 각 참여자의 중요한 개별적 전략에 대해서 정리하였다.

3) 선택코딩

선택코딩(selective coding)은 범주를 통합하고 정련화시키는 과정으로 분석의 차원을 이론으로까지 발전시키는 과정이다(Strauss & Corbin, 1998). 이 과정을 통하여 결정된 핵심범주와 모든 개념 간의 관계를 통합적으로 설명할 수 있는 전형적인 이야기를 서술하고 그에 대한 포괄적인 개념을 찾는다. 이 과정에서의 통합은 오랜 시간에 걸쳐 일어나는 지속적인 과정으로 연구자와 자료 간의 상호작용을 통해서 이루어진다. 선택코딩의 첫 번째 단계는 핵심범주를 결정하는 것으로, 핵심범주를 밝히고 개념의 통합을 촉진하기 위하여 이야기 윤곽(story line) 적기, 도표 사용하기, 메모 정리하기와 검토하기 등의 방법을 사용하였다. 본 연구자는 핵심범주를 명명하는 과정에서 모든 개념 간의 관계를 통합적으로 설명할 수 있는 포괄적인 개념을 찾고자 노력했다. 이 연구가 무엇에 관한 것인지에 대해 각 사례별 이야기 윤곽을 적었으며, 도표를 이용하여 상호작용 전략이 중재적 조건의 영향을 받아 어떤 결과를 나타내는지를 그려보고자 하였다. 또한 원자료를 여러 번 읽으면서 이들의 중심 현상을 설명할 수 있는 핵심범주를 발견하기 위해 각각의 참여자가 가지고 있는 집단상담 몰입과 탁월한 전문성 획득 관련 주제를 메모하고 고치는 과정을 반복하면서 집단상담 대가로 지목된 전문가들의 특징 및 발달 과정을 아우르는 범주를 찾고자 노력하였다.

본 연구의 선택코딩에서 모든 개념 간의 관계를 아우르며 통합적으로 설명할 수 있는 핵심범주를 '집단상담에 대한 애정과 확신이 깊어감'이라고 명명하였다. 이는 집단상담 대가가 되어 가는 과정이기도 하며, 또한 결과이기도 하고 그들이 가진 전문성의 핵심적인 특징이 되기도 한다. 선택코딩에서는 이 핵심범주를 기초로 하여 이야기 윤곽(story line)을 전개하였다. 본 연구에서의 이야기 윤곽의 전개는 다음과 같이 서술되었다.

집단상담 대가들이 처음 집단상담을 만나고 집단상담을 선택하게 되는데는 몇 가지 체험과 이유가 있다. 이들 중 대부분은 첫 집단상담을 강렬한 경험으로 기억하고 있다. 긍정적으로든지 충격적으로든지 첫 집단상담은 강렬한 체험으로 기억되며 그것은 차후에 이들이 집단상담 전문가로 성숙하는 데 중요한 경험으로 자리 잡는다. 또한 이들은 집단상담을 통하여 자기 자신이 변화한 경험들을 공유하고 있다. 그 경험의 강도는 집단상담에 대한 신뢰와 연결된다. 집단상담에서 다른 상담방법이 제공할 수 없는 독특한 치료적 요인을 발견하는 것도 집단상담과의 관계가 깊어지도록 자극하는 요인이 된다. 집단상담 대가들은 자신들이 경험한 좋은 경험을 다른 사람에게도 전해주고픈 마음에서 집단상담을 실시하기도 한다. 그리고 현실적인 이유로는 집단상담이 개인상담보다 많은 수입이 가능함, 기업 및 교육프로그램으로 전환이 용이한 점, 집단상담 능력에 대한 인정 등이 있었다.

이런 이유들로 집단상담을 선택하게 되는 참여자들에게서 또한 공통적으로 나타나는 것은 집단상담에 몰입하는 것이다. 집단상담에 몰입한다는 중요한 현상은 몇 가지 구별된 현상을 포함하고 있다. 첫째 그들에게 집단상담은 재미있는 것이다. 재미있을 뿐만 아니라 집단상담에서 의미를 발견한다. 재미와 의미를 넘어서 집단상담은 그들에게 도전이 되고 힘든 것이 되기도 하지만 그들은 이 도전에 대처할 수 있는 기술과 능력을 가지고 있다. 무엇보다 어떤 보상이 주어지지 않더라도 그들은 집단상담 자체가 좋아서 그 자체에서 만족과 재미를 누리기도 한다. 참여자에 따라 일련의 요인들이 가지는 중요도는 다르지만 그들 모두는 일정한 수준 이상의 집단상담 몰입 경험을 가지는 것으로 나타났다.

집단상담 대가들이 집단상담에 몰입하게 되는 데 기여하는 상황들이 있다. 집단상담 대가들은 집단상담에 대한 내부적 요구와 함께 강한 외부적 요구를 받는다. 그들이 다른 집단상담 대가의 첫 제자가 되거나 집단상담 세부전공으로 교수가 되는 경우 등이다. 이때 이들은 집단에 몰입해야 하는 외부적 요구를 강하게 받게 된다. 한편 외부적 요구보다는 내적인 요구에 의해서 집단상담에 몰입하는 경우도 있다. 집단상담이 한국에 소개되던 초창기에 집단을 시작한 참여자들은 시대적 맥락에 따라 선구자 역할을 한 경우도 있다. 한편 여러 가지 상황 중에 집단상담에 몰입하게 되는 또 한 가지 중요한 것은 집단상담을 생계수단으로 선택한 정도이다. 집단상담 자체가 생계수단인 경우와 부수적인 수단인 경우가 있다.

집단상담 대가들이 집단상담에 몰입하는 과정은 이들이 전문가로서 성숙해 가는 발달 과정이라고도 할 수 있다. 이 과정에서 이들이 취하는 다양한 행동에 영향을 주는 것들은 그들의 집단상담과 맞아떨어지는 개인내적인 특성이다. 또한 중요 타자와의 관계로 멘토, 동료, 집단원들과의 관계는 그들을 집단상담자로 성숙시켜 가는 데 촉진적인 역할을 한다. 집단상담자로서 그들이 겪은 좌절과 이에 대한 대처방식 또한 그들이 높은 수준의 전문성을 획득하는 데 영향을 준 것으로 나타났다. 한편 집단상담 대가들은 개인적 삶과 상담자로서의 삶에서 고통과 결핍, 불안 등을 경험하는 것으로 나타났다. 그러나 이러한 고통과 결핍, 불안이 그들이 수십 년간 지속적으로 집단상담에 몰입하고, 자신만의 개별적 전략을 추구해 올 수 있었던 원천적인 힘으로서 기여한 것으로 나타났다.

집단상담 영역에 있어 이들이 전문가 중의 전문가로 성장하기 위해서 취한 다양한 행동들 중 주목되는 부분은 먼저 그들의 지속적인 자기보기이다. 지독하게 끊임없이 이루어지는 자기보기는 그들에게 발달을 위한 전략이자, 집단상담자로서 자신의 비법의 원천이기도 한다. 그들 모두는 종교적, 철학적 관심이 많다. 종교와 철학을 통한 인간관의 확립은 집단상담자로서 그들의 힘을 심오하게 만드는 것으로 나타났다. 집단상담 경험을 축적해 나가는 행동은 이들의 전문성을 탁월하게 만드는 중요한 전략이다. 이들 대부분은 2년 이상의 장기 집단상담 경험과 집단상담 시연과 관찰집단 경험을 가지고 있으며, 집단상담에 '삶을 걸었다'고 할 수 있는 분들과 밀착된 학습 경험을 가지고 있다. 그들의 표현대로 '밥 먹듯이' 집단상담을 경험하였고, 어려운 집단원들과 많은 집단상담 경험을 가지고 있다. 집단상담 대가들은 자신의 집단상담 운영을 돌아보며, 슈퍼바이저로서의 역할을 감당하기도 한다. 그들은 배움에 있어 지칠 줄 모르는 학습자이다. 그들은 열심히 배우고, 배우는 것을 즐긴다. 또한 지식 앞에 정직하려는 태도를 가지고 있다. 이들은 이런 확장 속에서 자신만의 집단상담을 만들려는 의도와 노력을 지속하였다. 이러한 다양한 노력 가운데 집단상담 대가들은 전문성 발달을 위해 각자 독특하고 고유한 전략을 지속하는 것으로 나타났다. 즉, 참여자에 따라 '게걸스러울' 정도의 다양한 학습을 통해 다양한 방법을 집단상담에 적용하는 경우, 한 가지 이론의 깊이 있는 내면화를 추구하는 경우, 구체화되고 체계화된 기술을 습득하는 경우, 다양한 프로그램 개발과 지속적인 도제교육을 받는 경우, 집단상담의 실제와 이론을 통합하려는 노력을 하는 경우 등으로 나누어진다.

이러한 노력과 행위들이 축적되면서 집단상담 대가들은 탁월한 전문성을 획득하게 된다. 이들의 전문성은 인간으로서, 전문가로서 두 가지 영역에서 모두 확인된다. 특별히 집단상담자로서 다른 영역의 상담자와 차별화된 영역으로 집단역동에 대한 이해와 활용 능력이 발달하는 것을 볼 수 있다. 이들은 숙련된 전문가로서 자신만의 집단상담을 만듦으로써 개별화에 이르는 것으로 나타났다. 집단상담 대가들은 전체 과정을 통해 집단상담에 대한 확신과 애정이 깊어져 간다.

본 연구에서는 집단상담자의 발달에서 탁월한 성취를 이룬 대가들의 발달 과정이라는 하나의 유형에 대한 이론적 모형을 보여준다고 할 수 있다. 따라서 세부적인 유형을 나누는 작업보다는 각 참여자별로 발달 과정에서 전문성 획득을 강화하기 위한 전략에서의 차별성에 대해서 탐색했다. 전체적인 자료 분석 과정에서 메모와 도표가 이용되었다. Strauss와 Corbin(1998)도 메모를 통해 연구자는 계속적인 내적 대화에 몰입해야 한다고 말하고 있다. 본 연구자에게 연구 맥락에서의 메모가 초기에는 매우 어색하게 느껴졌으나 어느 시기부터는 때와 장소를 가리지 않고 메모를 하게 되

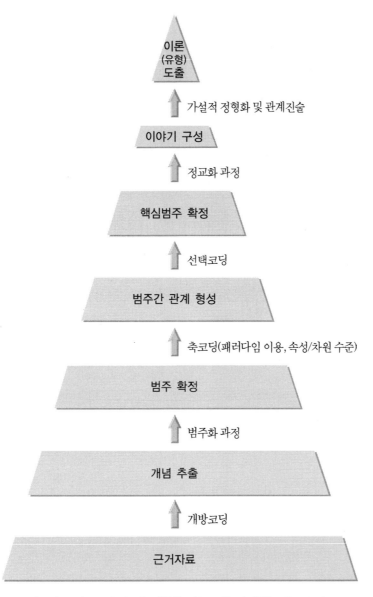

이론
(유형)
도출

↑ 가설적 정형화 및 관계진술

이야기 구성

↑ 정교화 과정

핵심범주 확정

↑ 선택코딩

범주간 관계 형성

↑ 축코딩(패러다임 이용, 속성/차원 수준)

범주 확정

↑ 범주화 과정

개념 추출

↑ 개방코딩

근거자료

[그림 8-3] 근거 이론을 이용한 이론 도출 과정(최금혜, 2006)

고, 연상된 생각이나 질문들을 적을 때나 지속적인 비교를 위한 작업 과정에서 메모는 매우 유용하게 활용되었다. 도표의 사용도 연구자가 범주 간의 관계와 작용/상호작용의 흐름을 파악하는 데 공헌을 하였다. 처음에는 축코딩 과정에서 범주 간의 관계를 묘사하기 위해 주로 사용되었다. 처음엔 간단하고 직선적인 형태였으나 분석이 심화됨에 따라 복잡한 모양으로 발전하였다. 이러한 도표는 개념 간의 관계 및 참여자 간의 상호작용을 보다 명확하고 가시적으로 보여 줌으로써 연구결과를 통합하는 데 도움을 주었다.

본 연구의 전체적인 자료 분석 과정을 요약하면 [그림 8-3]과 같다.

5. 연구 과정 평가

본 연구에서 Lincoln과 Guba(1983)의 평가 기준에 따라 사실적 가치 (truth value), 적용성(applicability), 일관성(consistency), 중립성(neutrality)을 연구의 평가 기준으로 삼았다.

'사실적 가치' 란 연구의 발견이 얼마나 실재를 정확하게 반영하였는가에 초점을 둔다. 이는 신빙성(credibility)이라고도 표현되는데 현상을 얼마나 생생하고 충실하게 서술하고 해석하였는가를 의미한다. 본 연구에서 연구자는 2차와 3차 면담을 통하여 참여자들에게 이 연구의 발견이 실재를 드러내고 있는지 피드백받았다. 참여자들이 지각과 체험이 그대로 연구결과에 드러났는가를 확인하기 위해서 먼저 2차 면담에서 개방코딩 및 축코딩을 통해 찾아낸 범주와 하위범주, 개념을 참여자들과 함께 검토했고, 필요한 부분에 수정작업을 거쳤다. 또한 3차 면담을 통해 연구 결과와 축어록 인용문 및 선택코딩 결과를 참여자에게 설명함으로써 참여자들의 체험이 제대로 유목화되고 정리되었는지를 검토하는 작업을 반복적으로 가졌으며, 연구 결과에 대한 각 참여자들의 주요 소감 및 평가를 연구 결과에 정리하고 축어록으로 제시하였다.

'적용성' 이란 양적 연구의 외적 타당도와 유사한 개념인데, 외적 타당도란 연구 결과가 일반화될 수 있는가를 측정하는 것이다. 그러나 Guba와 Lincoln(1981)은 적용성은 적합성(fittingness)이란 개념으로 설명할 수 있다고 하였다. 적합성이란 연구 결과가 이루어진 상황 밖에서도 적합한지, 그리고 독자들이 연구 결과를 읽고 자신의 고유한 경험에 비추어 보았을 때 의미 있고, 그들 자신의 경험에서 의미 있고 적용할 만한 것으로 볼 때에 이 기준이 충족된다고 하였다. 본 연구에서는 연구 결과를 집단상담 전문가 자격증을 가지고 있는 전문가 2인에게 보여 주고 자신의 경험에 비추어 연구 결과가 본인에게도 적용 가능한지 검증을 실시하여 범주 및 개념이 매우 설득력 있으며, 집단상담자의 발달 과정을 잘 보여 주고 있다는 긍정적인 피드백을 받았다.

'일관성' 이란 양적 연구에서는 신뢰도를 의미하는 것으로 비슷한 참여자와 비슷한 설정에서 반복되었을 때 그 연구 결과가 동일한 것인지를 나타낸다. Guba와 Lincoln(1981)은 이러한 일관성이라는 용어보다는 감사 가능성(audibility)이라는 용어가 더 적절할 수 있음을 제안하였다. 왜냐하면 사람들의 경험과 환경의 독특성을 강조함으로써 공통적인 반복(replication)이 아니라 경험의 다양성이 추구되기 때문이다. 따라서 연구자가 사용한 분명한 연구 절차를 다른 연구자가 따라갈 수 있고 연구자의 자료, 시각, 상황에 따라 전혀 모순되지 않는 비슷한 결론에 도달할 수 있을 때에 일관성이 높다고 볼 수 있다(박승민, 2005). 본 연구에서는 면담흐름표의 제작 과정부터 예비연구, 면담 절차, 분석 과정 등에 상세한 절차를 제시했다. 또한 분석 과정과 결과에 대한 객관성을 확보하고자 근거 이론 방법으로 박사 학위 논문을 썼고 상담 전문가 자격증을 가진 교육학 박사 2인, 집단상담 전문가 자격증이 있고 질적 연구의 경험이 있는 상담 전공 박사 과정 수료생 2인에게 자문과 논의 과정을 가졌으며 이를 통해 수정해 나갔다.

중립성이란 연구 과정과 결과에서 편견이 배제되어야 함을 의미한다. 양적 연구에서는 신뢰도와 타당도가 높을 때 이 기준이 충족되며 이는 확인가능성(conformability)이라고 표현된다. Guba와 Lincoln(1981)은 중립성이 확보되기 위해서는 앞의 사실적 가치, 적용성, 일관성이 확립될 때 획득된다고 하였다. 본 연구에서는 연구자의 편견적 지식에 의해 결론을 도출한 것이 아니라, 근거 이론의 방법에 따른 절차와 분석 과정에 의해 참여자들이 경험한 내용을 충분히 드러내고자 하였으며, 앞서 언급한 2차에 걸친 추후면담, 질적 분석 전문가 및 집단상담 전문가들의 분석에 대한 자문과 논의 등을 통하여 중립성을 유지하려고 노력하였다.

6. 연구 결과에 대한 참여자들의 평가

연구 결과에 대한 평가의 한 방법으로 Lincoln과 Guba(1983)의 평가 기준 중 '사실적 가치'를 확인하기 위해 연구 참여자들의 평가를 제시하였다. '사실적 가치'란 연구의 발견이 실재를 정확하게 반영하고 있는가에 초점을 둔 것이다. 이들의 평가에 대해 개념 및 하위범주, 범주의 실제 반영 정도, 논문의 전체적인 구조에 대한 평가, 제한점, 수정 요구 사항, 소감 등으로 정리하였다.

연구 참여자들은 개념 및 하위범주의 실제 반영 정도에 대해서 전체적으로 자신들이 전달하고 싶은 내용이 왜곡되지 않고 전달되었다고 말했으며, 자신들이 말한 내용 중에 중요한 부분들이 강조되어 만족스럽다고 평가했다.

전체적으로 내가 전달하고 싶은 게 왜곡되지 않고 제대로 전달됐다. 재밌

네. 중요한 부분, 강조하고 싶은 부분들은 강조됐네. 대단히 만족스럽고 고
맙다.   〈사례 3〉

    내가 이야기한 부분이 잘 정리된 것 같아.   〈사례 1〉

  개념 및 하위범주, 범주가 연결되어 있는 패러다임 모형과 발달 과정 분
석에서 연구 결과의 전체적인 구조에 대한 참여자들의 평가가 있었는데,
전반적으로 범주화 및 범주의 연결이 잘 이루어졌다는 평가와 집단상담자
들의 발달 과정이 구체적인 항목으로 잘 설명되었다는 평가를 하였다.

    생각보다 카테고리 있는 것들이 되게 야무지게 정리가 된 것 같아요.
                                                                 〈사례 4〉

    집단상담자들이 거쳐 가는 과정이 되게 구체적으로 항목들로 잘 설명이
    되어 있다는 그런 생각들이 많이 드네요.   〈사례 2〉

  한편 연구 결과에서 참여자들은 몇 가지 제한점에 대해 이야기했다. 참
여자 5는 연구의 결과가 꽤 심층적인 이야기를 했지만 보다 더 개인적인 이
야기가 이 연구에서 드러나지 않은 점에 대한 아쉬움을 말했다. 실제 연구
를 진행하면서 각 집단상담 대가들의 삶의 중요 타자 중 가족이나 어린 시
절, 개인적 삶의 좌절 등에 대해서 더 심도 있는 탐색이 이루어진다면 이들
을 더 깊이 이해할 수 있을 것이라는 생각을 하기도 했다. 한편 참여자 1의
경우는 본 연구가 매우 사적이고 개인적인 특성에 집중되어 있다는 상반된
평가를 내리기도 했다.

  연구 결과에 대해서 집단상담 전문가들이 주로 사용하는 집단상담 기술
이나 이론적 배경에 대한 이야기가 많지 않다는 평가도 있었다. 집단상담
장면에서 실제로 이루어지는 전문가들의 기술이나 이론적 접근이 어떻게
실현되고 있는지에 대한 이해가 필요하다는 지적으로 이해된다.

꽤 많이 심층적으로 얘기를 하긴 했는데, 개인적인 삶의 태도나 철학이나 이런 것을 소위 앵커로 해서 위에 얘기된 것들의 맥락을 제공하는 삶의 방식, 개인적 이야기가 이 연구에서 드러나는 게 좋을까 안 드러나는 게 좋을까, 욕심 같았으면 그게 되면 좋겠다 하는 생각은 들어. 근데 그게 가능한 얘기인지, 또는 그래도 좋은 얘기인지 그건 내가 모르겠어. 〈사례 5〉

대부분 상담 연구가 양적, 통계적인 점에 치우쳐 있지만, 이 연구는 보다 상담자의 매우 사적이고 개인적인 특성에 집중되어 있어 후학들이 상담자 모델링하는 데 실질적인 도움이 될 수 있을 것 같아. 〈사례 1〉

집단상담 전문가들이 주로 사용하는 집단상담 기술, 상담 이론적 접근에 대한 이야기가 많지 않아. 〈사례 1〉

연구 참여자들은 개념과 범주, 하위범주, 범주에 대해서 수정을 요구했다. 참여자 1의 경우 처음에 집단상담자의 인간적 특성으로 분류되었던 '낮은 자의식'에서 자의식은 병리적 특성으로 오해의 여지가 있다는 지적을 했다. 오히려 남을 의식하지 않는 측면에서는 '자기개방에 대한 두려움이 적음'으로 함께 묶을 것을 제안했다. 이후 참여자 5명의 의견을 수렴하여 낮은 자의식은 개념에서 삭제되었다. 참여자 2의 경우는 카리스마라는 말이 강요성 측면과 연결되어 강한 주도성으로 이해되기 쉽다고 지적했다. 따라서 이를 집단상담 전체와 관계를 맺는 리더십과 통합시켰다. 참여자 4는 지속적인 자기보기가 상담자 발달 과정에서 매우 중요한 측면이며 이것 자체가 발달 과정의 초기에 한 단계로 들어가야 할 것을 제안했다. 이를 반영하여 지속적인 자기보기를 집단상담자 발달 과정의 전체적인 과정에 영향을 주는 주요 전략으로 제시하였다. 참여자 5는 '첫 집단상담 리더가 멘토가 됨'이라는 하위범주가 첫 집단이라는 너무 한정된 숫자에 매이기보다는 집단상담자들의 발달 초기 집단의 중요성에 초점을 두는 것이 더 정확한 의미를 전달하는 것이라고 제안했다. 따라서 '첫 집단상담 리더가 멘토가 됨'을 '초기 집단상담 리더가 멘토가 됨'으로 수정하였다.

연구 참여자들은 이 면담 과정을 통하여 자기 자신을 돌아볼 수 있는 기회가 되었다고 말하며, 자신의 삶에서 중요한 집단상담에 대해서 돌아봄으로써 스스로에게 학습의 기회가 되었다고 말했다. 이들의 소감을 제시하면 다음과 같다.

내 스스로 집단상담이 나에게 무엇인가. 어떤 의미인가를 정리할 수 있어서 좋았어. 그리고 내 삶의 많은 시간과 비중을 할애하는 작업을 묘사한다는 자체가 큰 기쁨이지. 인터뷰 시간이 참 좋았어. 〈사례 1〉

집단상담을 잘 하는 사람들이 어떻게 해서 잘 하게 되는지 그런 것을 생각해 본 적은 없었는데 잘 하고 있는 사람들의 여러 사례들을 보니까 집단상담자가 되기 위해서는 하나의 길은 아니지만 되게 비슷한 여러 과정들을 거치는 것이 정말 필요하겠다 그런 생각이 들어요. 〈사례 2〉

내가 이야기하고 싶은 내용이 거의 전달됐다 싶어서 내가 고마워. 반갑고. 니가 이런 연구를 안 하면 내가 생각도 안 하고 잊혀질 뻔한 거를. 시골에 내버려져 있는 골동품 같은 거 있잖아. 누가 주워 와서 닦아서 보면, 보물 같은 그런 느낌이지 지금 내가. 나한테 잊혀져 있던 걸 니가 하나하나 찾아줘서 고맙다. 〈사례 3〉

내 자신을 돌아볼 수 있어서 참 좋았어. 내 자신에 대해서 전체 흐름으로, 여러 각도로 내가 생각해 보지 않았던 여러 가지까지도 생각해 볼 수 있는 기회가 되어서 이거 자체가 내 자신의 변화나 발전에 크게 도움이 된 것 같고… 그리고 이건 바램인데 이 연구 결과가… 집단상담을 공부하는 후학들한테 도움이 될 수 있다면 더 좋겠다… 이런 바램이에요. 〈사례 4〉

내가 돌아볼 기회가 많이 있었음에도 이렇게 많이 돌아본 적은 별로 없는 거 같애. 집단에 대해서, 집단과 나와의 관계에 대해서. 그냥 막연하게 머릿속으로 마음속으로 있던 거를 말로 하면서, 말을 해보니까 이게 구체적인 내 모습이었구나 이런 게 확인이 되네. 나한테는 참 좋은 학습 경험이야. 〈사례 5〉

부 • 록

연구자: 이게 집단상담 학문에 전 중요한, 뭐라 그러나, 논문이 중요하다기보다는 이제는 그런 걸 여쭤 볼 시기가 된 것 같거든요. 저는 사실 이 연구가 흥미진진해요. 앞으로 또 여기서 끝나는 게 아니라 좀 자세하게 집단상담자 발달에 대해서 계속 보고 싶은 욕심도 좀 있고요.

참여자: 도와줄게.

연구자: 질문이 좀 많습니다. 근데 숫자를 많이 하는 게 아니라 집단을 오랫동안 진짜로 중요하게 생각하는 분들을 소수로 모시고 인터뷰를 다섯 분밖에 안해요. (아) 정말로 집단 쪽으로 하신 분들만 하는 거라서 양이 많고 그런데 양해를 좀 해 주시고요. 첫 번째….

참여자: 오늘 (네) 혹시나 여차해서 안 끝나면 ○○동이나 ○○대 쪽으로 갈게. 진짜.

연구자: 아니예요. (웃음) 첫 번째 질문은요 제가 질문을 드리긴 할 건데 선생님이 말씀 중에 떠오르는 게 있으면 자유롭게 말씀해 주셔도 돼요. 탁월한 개인상담자도 있고 집단상담자도 있잖아요, 그 둘 간에 가장 큰 차이점이 뭔가가 첫 번재 질문이예요. 그러니까 둘 다 탁월하다고 하면 개인상담자와 집단상담자의 차이점이 뭔가가 첫 번째 질문입니다.

참여자: 그룹이니까 직관, 일단 전체를 파악하는 힘. 개인을 파악하는 거하고 전체를, 그 역동을 파악하는 거는 상당히 다르다고 생각이 되네. 아 일단 그런 역동이 어떤지, 즉 group process에서 무슨 일이 일어나고 있는지를 알아야 되는데 그걸 볼래면은 먼저 개개인에 대한 파악도 가능해야 되고 개개인의 총합, 그들이 만들어 내는 전체적인 칼라를 파악할 수 있는 지각 능력. 고걸 다른 말로 하면은 일단 그때그때 process에 대한 평가와 진단 능력, 흘러가는 그 미묘한 분위기, 총체적으로 역동이라고 그러지. 아 일단 그거고. 그담에는 리더십이 되겠지. 개인을 다루는 거를 우리가 리더십이라 하진 않을 테고 뭐 다른 말로 하면 개인을 다룰 때는 관계 맺는 능력, 즉 뭐냐 뭐냐 〈working alliance〉 그치 치료적 동맹인데, 여기서는 친근감을, 신뢰를 얻고 친근감을 얻을 수 있는 그룹과, 개인을 넘어서 그룹과 친근감을 살 수 있는 관계 맺는 능력이 되

겠지. 그담에 고걸 세분화하면 인간적인 관계, 인간적인 신뢰를 얻을 수 있는 것하고, 뭐랄까 리더십으로서 좀 더 사회적인 의미로 리더십을 인정받는 것, 다른 말로 하면 카리스마가 되겠지. 어떤 인간적인 인성, 인품적인 자질을 인정받아야 되고, 어떤 그룹을 이끌어가는 리더십, 다른 말로 하면 카리스마가 있어야 된다. 그 점이 개인하고 좀 많이 차이가 난다고 보여. 두 가지를 얘기했는데 그담에 연결짓기라고 할 수 있는데 집단의 특징이 서로를 연결해 주는, 각 참가자들을 연결해 주는 건데 그러니까 음 어 여러 멤버들이 있으면 서로의 유사한 문제들을 엮어 줌으로써 더 효율적인 통찰을 제시해 줄 수 있지. 난 이게 하나의 기술이라고 봐. 각 멤버들이 얘기했던 거를 의도적으로 기억하진 않는데 이렇게 쫙 이렇게 무의식적으로 기억이 됐다가 필요할 때 이게 재깍재깍 나와서 아까 누구도 그런 말을 했는데 똑같은 고민을 안고 계시는군요. 아까 A라는 사람은 그걸 이렇게 해결했는데 당신은 똑같은 장면에서 어떻게 생각하시냐 라든가. 이런 것이 진짜 그룹만이 가지고 있는, 집단상담만이 가질 수 있는 매력이라고 생각을 해. 이걸 총칭해서 연결짓기라고 생각을 하고. 그것도 하나의 능력이겠지. 그리고 굳이 또 하나 얘기를 하면은 내 경우는 치료라는 거를 어떤 단일한 개입방법이 있다고 생각하질 않어. 그니까 통합적 접근, 절충적 접근이라는 입장을 갖고 있는데, 절충보다는 통합이라는 표현이 날 것 같애. 사람에 따라 그때그때 한 개인에 있어서도 어떤 때는 정신역동 쪽으로, 어떤 때는 인지적으로, 어떤 때는 행동적으로, 어떤 때는 실존치료적으로 접근할 수도 있고. 개인에 따라서도 다르게, 어떤 사람은 과거와 연결짓는 게 중요할 수도 있고 어떤 사람에게는 삶의 의미를 찾을 수 있는 좀 더 실존적인 접근을 하는 게 적절할 수 있거든. 그러니까 집단치료를 하는 사람들은 내 생각으로는 다양한 개입방법을 알 필요가 있을 것 같애. 그러지 않은 경우에는 어떤 멤버는 그 리더가 맘에 든다고 하는데 아닌 사람들이, 한 가지 개입방법을 가진 경우에는 그런 얘기를 좀 듣지 않나 하는 그런 생각을 좀 하지. 그리고 이거는 능력에 대한, 탁월한 집단상담자에 대한 얘긴 줄은 모르겠는데, 그것도 되겠네. 개인상담은 내담자를 고르기가 좀더 용이하지만 그룹도 우리가 물론 고를 순 있어. 스크리닝, 선별과정을 하게 되어 있는데, 선별과정을 거의 못할 경우도 많이 있거든. 예컨대 집단이 통째로 의뢰되어 오는 경우가 현실적으로 많거든. 그러기 때문에 그룹 리더는 여러 다양한 성격과 다양한 병리, 장애를 가진 사람들을 다 소화할 수 있고, 비교적 개인상담자에 비해서 소화능력이 뛰어나야 된다. 그담에 아까 카리스마와 견주어서 신뢰를 얻는 거, 치료적 동맹, 그거를 응집성이라고 그러지. 나는 응집성이라는 표현을 쓰진 못했던 것 같은데 그룹을 하나의 정신으로 응집시킬 수 있는 것도 능력인 것 같애. 한 개인에게만 신뢰받는 게 아니라 멤버 간에, 모든 멤버가 리더에게… 겹치는 것도 뭐. 지금 한 거는 맨 처음에 한 거랑 겹치는 것 같다. 또 조금 다른 표현으로는 이런 것들을 종합해 보면은 그런 리더들이 에너지 레벨이 좀 더 높은 게 아닌가 싶어. 게다가 '탁월한' 이라는 표현까지 들어가니까 에너지 레벨이라는 말을 어떻게 표현해야 될지 모르겠는데 심리학적 용어로는 자아강도, 성숙성, 뭐 좀 더 너무 자화자찬이 되지 않을까, (웃음) 뭐 더 지혜롭고 더 힘도 좋고 더 인내하고 소위 상담자로서의 인격적인 요소들이 있잖아, 그런 걸 더 많이 더 강하게 있어야 되지 않나 하는 생각을 하네. 이상.

연구자: 주옥같은 말씀을… (웃음) 감사합니다. (중략)

〈부록 2〉 근거 이론 패러다임 모형에 의한 자료의 개념, 하위범주, 범주

범 주		하위범주	개 념	속 성	차 원
인과적 조건	집단 상담을 선택함	강렬한 첫 집단상담을 경험함	긍정적으로 첫 집단상담을 경험함 충격적으로 첫 집단상담을 경험함	경험	있음-없음
		집단상담을 통한 개인적 변화 경험함	나를 변화시킨 집단상담을 경험함	경험	많음-적음
		집단상담만의 치료적 요인을 발견함	집단상담만의 치료적 요인을 발견함	정도	큼-작음
		이타심을 가짐	나에게 명약인 집단상담을 다른 사람에게도 전해주고파	정도	큼-작음
		강화물이 됨	개인상담보다 많은 수입이 가능함 기업 및 교육 프로그램으로 전환 용이 집단상담 능력에 대한 인정	정도	큼-작음
현상	집단 상담에 몰입	집단상담이 재미있음	집단상담이 재미있음	정도	큼-작음
		집단상담에서 의미를 발견	집단상담에서 의미를 발견	정도	큼-작음
		도전과 기술의 조화	도전이 되지만 잘 해낼 수 있음	정도	큼-작음
		집단상담 그 자체가 좋음	집단상담 그 자체가 좋음	정도	큼-작음
맥락	선구자 역할을 함	외부와 내부의 요구가 있음	집단상담 세부전공으로 교수가 됨 집단상담 전공인 지도교수의 제자가 됨 집단상담을 잘하고 싶음	위치	외부-내부
		선구자 역할을 함	현장에 집단상담 도입자가 됨	행위	있음-없음
	생계수단으로 선택함	생계수단이 됨	집단상담을 생계수단으로 선택함	정도	강함-약함

범 주	하위범주		개 념	속 성	차 원
중재적 조건	개인 내적 특성	개인내적 특성	인간에 대해 깊이 신뢰함 수용력이 놀라울 정도로 높음 자기개방에 대한 두려움이나 꺼림이 매우 적음 다양성에 대한 호감과 추구 높은 위험감수 경향 있음	정도	큼-작음
	중요한 타자 와의 관계	멘토	멘토와 강렬한 관계 경험을 함 초기 집단상담 지도자가 멘토가 됨	경험	많음-적음
		동료	함께 길을 가는 좋은 동료가 있음	경험	많음-적음
		집단원	집단원은 나의 스승이자 자원	경험	많음-적음
	좌절과 이에 대한 대처방식	좌절의 특성	집단상담자로서의 초창기 좌절이 많았음 압도될 만한 큰 좌절은 없었음 후기의 내면적 좌절, 성장하기 위해 만들어낸 좌절	경험	많음-적음
		좌절의 대처방식	집단상담에 더 많이 나를 밀어넣기 집단상담에 대한 기대를 조절함 자신의 한계에 대해 수용함 연결된 다른 영역으로 잠시 관심을 돌림 좌절에 대한 지속적 성찰과 책을 통한 학습	행위	적극적-소극적
	고통, 결핍, 불안의 기여	고통, 결핍, 불안의 기여	개인적 삶의 고통 결핍 불안	정도	큼-작음

<부록 2〉 근거 이론 패러다임 모형에 의한 자료의 개념, 하위범주, 범주 ■ ■ ■ 285

범 주	하위범주	개 념	속 성	차 원
작용/상호작용전략	개인내적 측면의 작용/상호작용전략	지속적인 자기보기를 함	지독하게 끊임없이 자기보기를 함	정도	큼-작음
		종교적, 철학적 힘의 축적함	종교적, 철학적 힘을 축적함	정도	큼-작음
	행동적 측면의 작용/상호작용전략	집단상담 경험 축적	2년 이상의 장기 집단상담의 운영 및 경험하기 집단상담 시연 및 관찰집단 경험 집단상담에 모든 삶을 건 분들과 밀착 학습하기 밥 먹듯 집단상담하기 어려운 집단원들과 집단상담을 많이 하기	경험	많음-적음
		집단상담 돌아보기	집단상담 돌아보기 슈퍼바이지와 슈퍼바이저 역할하기	경험	많음-적음
		지칠 줄 모르는 학습자 되기	지칠 줄 모르는 학습자 되기	정도	큼-작음
	개별화 측면의 작용/상호작용전략	내 식의 집단상담 만들기	내 식의 집단상담 만들기	정도	큼-작음

범 주	하위범주	개 념	속 성	차 원
결과	탁월한 전문성의 획득	인간적 자질	깊은 공감능력을 가짐 깊이 있는 진정성을 가짐 서두르지 않는 기다림의 명수가 됨 유연함과 융통성 가짐 무거움과 아픔을 생산적으로 처리하 도록 돕는 유머 다양하고 강렬한 감정에 대한 두려움 이 적음	정도	큼-작음
		전문적 자질	집단역동에 대한 깊은 이해와 활용 집단 전체와 관계 맺는 리더십(강력 한 관계 기술) 집단상담 진행에서 편안함과 가벼움을 가짐 저항의 존중 빠르고 정확하게 개개인에 대한 이해 를 함 집단목표와 개인목표를 자유롭게 조 형함 인지적 유능성: 많은 정보량, 정보 간 통합, 변별적 적용, 우수한 기억력 집단상담을 조직, 사회, 민족문제의 해결책으로 확장	정도	큼-작음
		개별화	자신의 능력에 대한 현실적인 기대를 함 개별화되고 특화된 스킬을 가짐 자신의 상담 이론 형성함	정도	큼-작음

참고문헌

권경인(2001). 상담성과에 영향을 미치는 집단상담자의 요인-집단상담자 경력을 중심으로-. 학생연구, 35(1), 96-111. 서울대학교 대학생활문화원.

권경인(2004). 상담자 발달모형과 상담자 발달연구의 최근 경향. 학생연구, 38(1), 27-44. 서울대학교 대학생활문화원.

권경인(2007). 한국 집단상담 대가의 발달과정 분석. 서울대학교 대학원 박사 학위 논문.

김계현(2000). 상담심리학 연구. 서울: 학지사.

김계현(2002). 카운슬링의 실제. 서울: 학지사.

김민성(2006). 온라인 상황에서 교사-학생간의 배려 관계 형성에 관한 질적연구, 교육심리연구, 20(2), 363-385.

김진숙(2001). 상담자 발달 모형과 청소년 상담자 발달 연구의 필요성. 한국심리학회지: 상담 및 심리치료, 13(3), 19-37.

김창대(1994). 상담과학의 문화적 맥락. 청소년상담연구, 2, 19-42.

김창대(1998). 정서적 능력의 교육과 집단상담. 집단상담연구, 창간호. 대구: 집단상담학회.

박승민(2005). 온라인 게임 과다사용 청소년의 게임행동 조절과정 분석. 서울대학교 대학원 박사 학위 논문.

송은정 (2000). 상담자 발달 수준별 사례 개념화의 차이. 이화여자대학교 대학원 박사 학위 논문.

신경림 역(2001). 근거이론의 단계. 서울: 현문사.

심흥섭(1998). 상담자 발달수준 평가에 관한 연구. 숙명여자대학교 박사 학위 논문.

여혜경(2000). 전문상담자와 초심상담자의 내담자에 대한 가설형성의 차이 연구. 이화여자대학교 대학원 석사 학위 논문.

유성경(2003). 상담자에 대한 이해. 서울대학교 대학원 수퍼비전 수업자료.

이윤주(2001). 상담사례화 요소목록 개발 및 타당성 검증 연구. 서울대학교 대학원 박사 학위 논문.

이장호, 김정희(1998). **집단상담의 원리와 실제.** 서울: 법문사.

이형득, 김성회, 설기문, 김창대, 김정희 공저(2002). **집단상담.** 서울: 중앙적성출판사.

장성숙(1996). 한국인을 위한 상담접근: 현실 역동 상담. **사회과학연구, 14.** 57-70.

최금혜(2006). 한국남성과 결혼한 중국 조선족 여성들의 한국생활 적응에 관한 연구. 서울대학교 박사 학위 논문.

Albert, G. (1997). What are the characteristics of effective psychotherapist? The experts speak. *Journal of Practical Psychology and Behavioral Health, 3,* 36-44.

Anastasi, A., & Urbina, S. (1997). *Psychological testing* (7th ed.). Englewood Cliffs, NJ: Prentice-Hall.

Baltes, P. B., Reese, H. W., & Lippsitt, L. P. (1980). Life-span developmental psychology. *Annual Review of Psychology, 31,* 65-110.

Benner, P. (1982). From novice to expert. *American Journal of Nursing, 82,* 402-407.

Berry, G. W., & Sipps, G. J. (1991). Interactive effects of counselor-client similarity and client self-esteem on termination type and number of sessions. *Journal of Counseling Psychology, 38,* 120-125.

Beth, A. D. (2004). *"Somewhere between repartee and discourse": Students' experience of a synchronous, computer-mediated discussion.* unpublished doctoral dissertation. The university of Texas at Austin.

Beulter, L. E., Crago, M., & Arizimendi, T. G. (1986). Therapist variables in psychotherapy process and outcome. In S. L. Garfied & A. E. Bergin, *Handbook of psychotherapy and behavior change* (3rd ed., pp. 257-310).

New York: John Wiley.

Beulter, L. E., Machado, P. P., & Neufeldt, S. A. (1994). Therapist variables. In S. L. Garfied & A. E. Bergin, *Handbook of psychotherapy and behavior change* (4rd ed., pp. 257-310). New York: John Wiley.

Bloch, S., Reibstein, J., Crouch, E., Holroyd, P., & Themen, J. (1979). A method for the therapeutic factors in group psychotherapy. *British Journal of Psychiatry, 134,* 257-263.

Blocher, D. H. (1983). Toward a cognitive developmental approach to counseling supervision. *The Counseling Psychologist, 11*(1). 27-34.

Brammer, R. (1997). Case conceptualization strategies: The relationship between psychologists' experience levels, academic training, and mode of clinical inquiry. *Educational Psychology review, 9,* 333-351.

Boders, L. D., Fong-Beyette, M. L., & Cron, E. A. (1998). In-session cognitions of a counseling student: A case study. *Counselor Education and Supervision, 28,* 59-70.

Borders. L. D., & Leddick, G. R. (1987). *Handbook of counseling supervision.* Alexandria, VA: Association for Counselor Education and Supervision.

Cantor, D. W. (1991). Women as therapists: What we already know. In D. W. Cantor (Eds.), *Women as therapists: A multitheoretical casebook* (pp. 3-19). New York: Springer.

Chi, M. T. H., Glaser, R., & Farr, M. J. (1988). *The nature of expertise.* Hillsdale, NJ: Erlbaum.

Chickering, A. W. (1969). *Education and identity.* San Francisco: Jossey-Bass.

Corey, M. S, Corey, G. (2000). 집단상담 과정과 실제[Group: Process and Practice, Fifth Edition]. (김명권, 김창대, 박애선, 전종국, 천성문 역). 서울: 시그마프레스(원전은 1996에 출판).

Cole, D. A., & White, K. (1993). Structure of peer impression of children's competencies: Validation of the peer nomination of multiple competencies. *Psychological Assessment, 5,* 449-456.

Coward, F. L. (2002). *The challenge of "doing discussions" in graduate* seminars: *A qualitative study of international students from China, Korea, and Taiwan.* Unpublished doctoral dissertation. The university of Texas at Austin.

Creswell. J. W. (1998). *Qualitative Inquiry and Research Design: Chooing Among Five Traditions.* Thousand Oaks, CA: Sage.

Csikszentmihalyi, M. (1990). *Flow: The psychology of optimal experience.* New York: Harper & Row.

Csikszentmihalyi, M., Rathunde, K., & Whaleden, S. (1993). *Talented teenagers the roots of success and failure.* New York: Cambridge University Press.

Cummings, A. L. Hallberg, E. T., Martin, J., Slemon, A., & Hiebert, B. (1990). Implications of counselor conceptualizations for counselor education. *Counselor Education and Supervision, 30,* 120-134.

Dreyfus, H. L., & Dreyfus, S. E. (1986). *Mind over machine: The power of human intuition and expertise in the era of the computer.* New York: Free Press.

Etringer, B. D., Hillerbrand, E., & Clariborn, C. D. (1995). The transition from novice to expert counselor. *Counselor Education and Supervision, 35,* 4-17.

Fleming, J. (1953). The role of supervision in psychiatric training. *Bulletin of the Menninger Clinic, 17,* 157-159.

Friedman, D., & Kaslow, N. J. (1986). The development of professional identity in psychotherapists: Six stages in the supervision process. In F. W. Kaslow (Ed.), *Supervision and training: Models, dilemmas, and challenges* (pp. 29-49). New York: Haworth.

Glasser, W., & Chi, M. T. H. (1988). *Overview.* In M. T.

Goldberg, C. (1992). *The seasoned psychotherapist.* New York: Norton.

Goldfried, M. R. (2002). *How therapists change: Personal reflection.* Washington: America Psychological Association.

Goleman, D. (1995). *Emotional intelligence.* New York: Bantam Books.

Grater, H, A. (1985). Stages in psychotherapy supervision: From therapy skills to skilled therapist. *Professional Psychology: Research and Practice, 16,*

605-610.

Guba, E. G. & Lincoln, Y. S. (1981). *Effective Evaluation.* Jossey-Bass Publishers.

Hammond, K. R. (2000). Coherence and correspondence theories in judgment and decision making. In T. Connelly & H. Arkes (Eds.), *Jugement and decision making: An interdisciplinary reader* (pp. 53-65). New York: Cambridge University Press.

Harrington, K. M. (1988). *Personal characteristics of diplomates defined as master therapist.* Unpublished doctoral dissertation, University of Minnesota.

Hawking, S. (2004). *The illustrated on the shoulders of giants: The greate works of physics and astronomy.* L. L. C.: The Book Laboratory. Inc

Hess, A. K. (1987). Psychotherapy supervision: Stages, Buber and theory of relationship. *Professional Psychology: Theory, Research, and Practice, 18,* 251-259.

Hill, C. E, & O'Grady, K. E. (1985). List of therapist intentions illustrated in a case study and with therapists of varying theoretical orientations. *Journal of Counseling Psychology, 32,* 3-22.

Hill, C. E. Charles, D., & Reed, K. G. (1981). A longitudinal analysis of counseling skills during doctoral training in counseling psychology. *Journal of Counseling Psychology, 28,* 428-436.

Hillerbrand, E. (1989). Cognitive differences between expert and novice: Implication for group supervision. *Journal of Counseling and Development, 67,* 293-296.

Hillerbrand, E. T., & Clariborn, C. D. (1990). Examining reasoning skill differences between expert and novice counselors. *Journal of Counseling and Development, 68,* 684-691.

Hogan, R. A. (1964). Issues and approaches in supervision. *Psychotherapy: Theory, Research and Practice, 1.* 139-141.

Holemes, S. E., & Kivklighan, D. M. (2000). Comparison of Therapeutic Factors in Group and Individual Treatment Processes. *Journal of Counseling Psychology, 47*(4), 478-484.

Holloway, E. L., & Wampold, B. E. (1986). Relation between conceptual level and counseling-related tasks: A meta-analysis. *Journal of counseling Psychology, 33.* 310-319.

Holyoak, K. J. (1991). Symbolic connectionism: Toward third-generation theories of expertise. In K. A. Ericsson & J. Smith (Eds.), *Toward a generation theory of expertise: prospects and limits* (pp. 301-335). New York: Cambridge University Press.

Horvath, A. O., & Greenberg, L. S. (1989). Development and validation of the Working Alliance Inventory. *Journal of Counseling Psychology, 56,* 885-892.

Horvath, A. O., & Symonds, B. D. (1991). Relation between working alliance and outcome in psychotherapy: A meta analysis. *Journal of Counseling Psychology, 38,* 139-149.

Hoshmand, L. L. S. T. (1989). Alternate research paradigms: A review and teaching proposal. *Counseling Psychologist, 17,* 3-79.

Jablon, M. (1987). Psychotherapists' perceptions of their professional development and supervision. *Dissertation Abstracts International, 47,* SECB, 4302.

Jackson, M., & Thompson, C. L. (1971). Effective counselor: Characteristics and attitudes. *Journal of Counseling Psychology, 18,* 249-254.

Jennings, L. & Skovholt, T. M. (1999). The cognitive, emotional, and relational characteristics of master therapists. *Journal of Counseling Psychology, 46,* 3-11.

Johnson, W. C., & Heppner, P. P. (1989). On reasoning and cognitive demands in counseling: Implications for counseling training. *Journal of Counseling Psychology, 38,* 415-423.

Kim, D. M., Wampold, B. E., & Bolt, D. M. (2006). Therapist effects in psychotherapy: A random effects modeling of NIMH TDCRP data. *Psychotherapy Research, 16*(2), 161-172.

Kivlighan, D. W. Jr., & Quigley, S. T. (1991). Dimensions used by experienced and novice group therapists to conceptualize group process. *Journal of*

Counseling Psychology, 38, 415-423.

Lincoln, Y. S. & Guba, E. G. (1983). *Naturalistic Inquiry.* Sage Publication, Inc.

Littrell, J, M., Lee-Borders, N., & Lorenz, J. (1979). A developmental framework for counseling supervision. *Counselor Education and Supervision, 19,* 129-136.

Loganbill, C. Hardy, E., & Delworth, U. (1982). Supervision: A Conceptual Model. *The Counseling Psychologist, 10*(1), 3-42.

Luborsky, L. McLellan, T. A., Woody, G. E. O'Brien, C. P., & Auerbach, A. (1985). Therapist success and its determinants. *Archive of General Psychiatry, 42,* 602-611.

Martin, J. Selmon, A. G., Hiebert, B., Hallberg, E. T., & Cummings, A. L. (1989). Conceptualization of novice and experienced counselors. *Journal of Counseling Psychology, 36,* 395-400.

Mayfield, W. A., Kardash, C. M., & Kivlighan, Jr. D. M. (1999). Differences in experienced and novice counslors' knowledge structures about clients: Implications for case conceptualization. *Journal of Counseling Psychology, 46,* 504-512.

Miller, A. (1993). Who are the best psychotherapist? *Psychotherapy in private practice, 12,* 1-18.

Munhall, P. L. (2001). *Nursing research: A qualitative perspective* (3rd ed.). Sudbury, MA: Jones and Bartlett.

Na, Y. H. (2003). *A bakhtinian, analysis of computer-mediated communication: How L1 and L2 students co-construct CMC texts in a graduate coures.* unpublished doctoral dissertation. The university of Texas at Austin.

Orlinsky, D. E., & Howard, K. I. (1975). *Varieties of psychotherapeutic experience.* New York: Teachers College Press.

Orlinsky, D. E., Ambuehl, H., Ronnestad, M. H., Davis, J., Gerin, P., Davis, M., Willutzki, U., Botermans, J., Dazord, A., Cierpka, M., Aapro, N,. Buchheim, Sae, S., Davison, C., Friis-Jortensen, E., Joo, E., Kalmykova, E., Meyerberg,

J., Northcut, T., Parks, B., Scherb, E., Schroder, T., Shefler, G., Stiwne, D., Stuart, S., Tarragona, M., Vasco, A. B., Wiseman, H., SPR Collborative Network. (1999). Development of psychotherapists: concepts, questions, and methods of a collaborative international study. *Psychotherapy Research, 9,* 127-153.

Patton, M. Q. (1990). *Qualitative evaluation and research methods* (2nd ed.). Newbury Park, CA: Sage.

Patton, S. M. (1986). The training and development of counselors and psychotherapists: Toward a comprehensive developmental model. *Dissertation Abstracts International, 47.* SECB, 3538.

Pepinsky J. N., & Pepinsky, N. (1954). *Counseling theory and practice.* New York: Ronald Press.

Propst. L. R. (1980). The comparative efficacy of religious and nonreligious imagery for the treatment of mild depression in religious individuals. *Cognitive Therapy and Research, 4,* 167-178.

Ricks, D. F. (1974). Supershrink: Methods of a therapist judged successful on the basis of adult outcomes of adolescent patients. In D. F. Ricks, M. Roff, & A. Thomas (Eds.), *Life history research in psychopathology.* Minneapolis: University of Minnesota Press.

Schwebel, M., & Coster, J. (1998). Well-functioning in professional psychologists: As program heads see it. *Professional Psychology: Research and Practice, 29*(3). 284-292.

Serbin, L. A. Lyons, J. A., Marchessault, K., Schartzman, A. E., & Ledingham, J. E. (1987). Observational validation of a peer nomination technique for identifying aggressive, withdrawn, and aggressive/withdrawn children. *Journal of Counseling and Clinical Psychology, 55,* 109-110.

Sexton, T. L., & Whiston, S. C. (1994). The status of the counseling relationship: An empirical review, theoretical implication, and research directions. *The Counseling Psychologist, 22,* 6-27.

Skovholt, T. M. (2000). *The resilient practitioner: Burnout prevention and self-*

care strategies for counselor, therapists, teachers, and health professionals.
Boston: Allyn and Bacon.

Skovholt, T. M., & Rønnestad, M. H. (1992). Themes in therapist and counselor development. *Journal of Counseling and Development, 70.* 505-515.

Skovholt, T. M., & Rønnestad, M. H. (1995). *The evolving professional self: Stages and themes in therapist and counselor development.* New York: John Wiley & Sons.

Skovholt, T. M., Rønnestad, M. H., & Jennings, L. (1997). In search of experties in counseling, psychotherapy, and professional psychology. *Educational Psychology Review, 9,* 361-369.

Skovholt, T. M., & Jennings, L. (2004). *Master therapist.* New York: Pearson Education, Inc.

Skovholt, T. M., & McCarthy, P. R. (1998). Critical incidents catalysis for counselor development. *Journal of Counseling and Development. 67*(2). 69-72.

Stoltenberg, C. D. (1981). Approaching supervision from a developmental perspective: The counselor complexity model. *Journal of Counseling Psychology, 28,* 59-65.

Stoltenberg, C. D., & Delworth, U. (1987). *Supervising counselors the therapists: A developmental approach.* San Francisco: Jossey-Bass.

Strauss, A., & Corbin, J. (1990). *Basic of qualitative research: Grouned theory procedures and techniques.* Newbury Park: Sage.

Strauss, A., & Corbin, J. (1998). *Basic of qualitative research: Grouned theory procedures and techniques* (2nd ed.). Thousand Oaks, CA: Sage.

Wampold. B. E. (2007). *Evidence based practice.* 서울경기인천상담학회 초청 워크숍 자료.

Wampold. B. E., & Brown, G. S. (2006). Estimating variability in outcomes attribute to therapists: A naturalistic study of outcomes in managed care. *Journal of Consulting and Clinical Psychology, 73*(5), 914-923.

Wicas, E. A., & Mahan, T. W. (1966). Characteristics of counselors rated effective by supervisors and peers. *Counselor Education and Supervision, 6*, 50-56.

Wiggins, J. D., & Weslander, D. L. (1979). Personality characteristics of counselors rated as effective or ineffective. *Journal of Counseling Psychology, 43*, 25-34.

Wilkins, P. (1997). *Personal and professional development for counselor.* Thousand Oaks, CA: Sage Publications.

Worthington, E. L. Jr. (1984). An empirical investigation of supervision of counselors as they gain experience. *Journal of counseling psychology, 31*, 63-75.

Worthington, E. L. Jr. (1987). Changes in supervision as counselor and supervisors gain experience: A review. *Professional Psychology: Research and Practice, 16*, 843-850.

Yogev, S. (1982). An eclectic model of supervision: A developmental sequence for beginning psychotherapy students. *Professional Psychology, 13*, 236-243.

찾아보기

인명

권경인 12, 35, 45, 247
김계현 9, 11, 13, 19
김진숙 22, 35
김창대 242

박승민 273

신경림 250
심흥섭 22, 30

유성경 15, 37
이형득 9, 10, 237, 240

장성숙 242

최금혜 271

Albert, G. 43, 230
Anastasi, A. 253
Arizimendi, T. G. 19

Berry, G. W. 19
Beulter, L. E. 19

Blocher, D. H. 29
Bolt, D. M. 14, 20, 240
Borders, L. D. 15, 37
Brammer, R. 15, 37
Brown, G. S. 14, 20, 241

Cantor, D. W. 19
Charles, D. 24
Chi, M. T. H. 15, 37
Claiborn, C. D. 37, 38, 252
Cole, D. A. 252
Corbin, J. 165, 247, 264
Coster, J. 258
Crago, M. 19
Creswell, J. W. 249, 252
Csikszentmihalyi, M. 44, 238, 239
Cummings, A. L. 15, 37, 38

Delworth, U. 14, 21, 22, 30

Etringer, B. D. 37, 38

Fleming, J. 22, 23

Glasser, W. 15, 37, 248
Goldberg, C. 18, 43, 230, 258
Goldfried, M. R. 41
Goleman, D. 44
Greenberg, L. S. 19
Guba, E. G. 261, 272

Hallberg, E. T. 15, 37
Hammond, K. R. 44
Harrington, K. M. 258
Hawking, S. 13
Heppener, P. P. 37
Hess, A. K. 31
Hiebett, B. 15, 37
Hill, C. E. 19, 24
Hillerbrand, E. 37, 38, 252
Hogan, R. A. 22, 23
Holloway, E. L. 19
Holyoak, K. J. 44
Horvath, A. O. 19
Howard, K. I. 42

Jackson, M. 42, 258

용어

▌ 저자 소개

권경인(kki70@kw.ac.kr)

　　서울대학교 사범대학 교육학과에서 석사와 박사 학위를 받았다. 계명대학교 학생생활
연구소와 서울대학교 대학생활문화원에서 전임상담원으로 일했고, 서울대학교 교육연
구소 객원연구원으로 활동했다. 현재는 광운대학교 상담복지정책대학원 상담심리치료
학과 교수로 재직 중이다. 집단상담과 상담자 요인에 관심을 가지고 개인 연구와 상담
실제에 임하고 있다. 주요 논문으로 「집단상담 활동의 유형화연구」(2001), 「집단상담
치료적 요인의 최근 동향과 과제」(2003), 「한국집단상담 대가의 발달과정 분석」(2007)
등이 있다. 저서로 『이론적 촉진요인으로 구분한 집단상담 활동』(교육과학사, 2007)이
있으며, 역서로 『상호작용중심 집단상담』(시그마프레스, 2002) 등이 있다.

김창대(cdkim@snu.ac.kr)

　　서울대학교 사범대학 교육학과에서 학사 및 석사 학위를, Columbia University의
Teachers College 상담심리학과에서 석사 및 박사 학위를 받았다. 한국청소년상담원
상담교수와 계명대학교 사범대학 교육학과 교수를 역임한 후 현재 서울대학교 사범대
학 교육학과 교수로 재직 중이다. 한국가족상담센터에서 심리상담과 상담실 운영에 참
여하고 있으며, 최근에는 애착 이론과 대상관계 이론에 관심을 가지고 개인 연구와 상
담 실제에 임하고 있다. 저서로 『카운슬링의 원리』(교육과학사, 1999), 『학교상담과 생
활지도』(학지사, 2000), 『특수아동상담』(공저, 학지사, 2002) 등이 있으며, 역서로 『결
혼예비상담』(도서출판 두란노, 1996), 『상호작용중심 집단상담』(시그마프레스, 2002),
『치료의 선물』(시그마프레스, 2005), 『상담 및 심리치료의 기본기법』(학지사, 2006)
등이 있다.

대가에게 배우는 집단상담

2008년 4월 21일 1판 1쇄 발행
2022년 2월 25일 1판 6쇄 발행

지은이 • 권경인 · 김창대
펴낸이 • 김 진 환
펴낸곳 • (주) **학지사**

   04031 서울특별시 마포구 양화로 15길 20 마인드월드빌딩 5층
대표전화 • 02) 330-5114   팩스 • 02) 324-2345
등록번호 • 제313-2006-000265호

홈페이지 • http://www.hakjisa.co.kr
페이스북 • https://www.facebook.com/hakjisabook

ISBN 978-89-5891-634-5 93180

정가 **14,000**원

┃ 출판 · 교육 · 미디어기업 학지사

간호보건의학출판 **학지사메디컬** www.hakjisamd.co.kr
심리검사연구소 **인싸이트** www.inpsyt.co.kr
학술논문서비스 **뉴논문** www.newnonmun.com
원격교육연수원 **카운피아** www.counpia.com